中国能源统计年鉴

CHINA ENERGY STATISTICAL YEARBOOK

2004

国家统计局工业交通统计司
国家发展和改革委员会能源局 编

Compiled by
Department of Industry and Transport Statistics,
National Bureau of Statistics, People's Republic of China,
and Energy Bureau,
National Development and Reform Commission,
People's Republic of China

中国统计出版社
China Statistics Press

（京）新登字 041 号

图书在版编目（CIP）数据

中国能源统计年鉴—2004/国家统计局工业交通统计司，国家发展和改革委员会能源局编．-北京：中国统计出版社，2005.2
ISBN 7-5037-3454-X

Ⅰ．中…
Ⅱ．①国… ②国…
Ⅲ．能源经济-经济统计-中国-2004-年鉴
Ⅳ．F426.2-54

中国版本图书馆 CIP 数据核字（2005）第 011831 号

中国能源统计年鉴—2004

作　者/国家统计局工业交通统计司　国家发展和改革委员会能源局
责任编辑/王立群
封面设计/艺编广告·张　冰
出版发行/中国统计出版社
通信地址/北京市西城区月坛南街 75 号　邮政编码/100826
办公地址/北京市丰台区西三环南路甲 6 号
电　话/（010）63459084/63266600-22500（发行部）
印　刷/北京京科印刷有限公司
开　本/880×1230mm　1/16
字　数/600 千字
印　张/19.75
版　别/2005 年 3 月第 1 版
版　次/2005 年 3 月北京第 1 次印刷
书　号/ISBN 7-5037-3454-X/F·1758
定　价/150.00 元

《中国能源统计年鉴 2004》
编辑人员

Editorial Staff

[illegible]

[illegible]

[illegible]

[illegible]

[illegible]

Editorial Board

[illegible]

[illegible]

[illegible]

Editorial Board [illegible]

[illegible]

[illegible]

[illegible]

[illegible]

[illegible]

Wang [illegible]

Zhang [illegible]

编 辑 说 明

一、《中国能源统计年鉴》是一部全面反映中国能源建设、生产、消费、供需平衡的权威性资料书，创办于1986年，由国家统计局工业交通统计司主编，2000－2002年版起由国家统计局工业交通统计司与国家发改委能源局共同主编，中国统计出版社出版，向国内外公开发行。

二、为满足广大读者对中国能源统计数据的需求，提高数据应用的时效性，从2004年起，由每两年出版一册改为每年出版一册，封面的年份由数据年份改为出版年份，数据与以往年度相衔接，内容有所扩充。

三、本书信息量大，特别突出数据的权威性、完整性。全书共分为7个部分：1. 综合；2. 能源建设；3. 能源生产；4. 全国能源平衡表；5. 能源消费；6. 地区能源平衡表；7. 香港、澳门特别行政区能源数据；附录台湾省能源数据、国外能源数据、主要统计指标解释以及各种能源折标准煤参考系数。

四、本书大部分资料来源于国家统计局年度统计报表及《中国统计年鉴》。国外能源数据，来自国际能源机构及相关组织。全国性统计数字均未包括香港、澳门特别行政区和台湾省。能源平衡表均未包括非商品能源数据。

五、本书中，中国能源数据截止到2003年，世界和各国能源数据截止到2002年。

本书编辑过程中得到各省市区统计局的大力支持，该书的出版得到BP中国有限公司的资助，在此一并表示感谢。

PREFACE

China energy statistical yearbook is an annual statistical publication, which covers very comprehensive data in energy construction, production, consumption, equilibrium of supply and demand in an all-round way, established in 1986, edited by the Department of Industrial and Transport Statistics of National Statistics Bureau. *2000 – 2002* annual is edited together by the Department of Industrial and Transport Statistics of Natonal Statistics Bureau and Energy Bureau of National Development and Reform Commission, China Statistics Press publishing and distributing it in public to the domestic and overseas.

In order to satisfy the masses of readers´demands for Chinese energy statistics, improve the efficiency and timeliness of the data use, from each of 2004, *China energy statistical yearbook* is published one volume every year to change into and publish every 2 years, extends the scope of the previous energy statistical yearbooks, the content was expanded to some extent, the year of front cover also switched over to publishing year.

The amount of information in *China energy statistical yearbook* is large, especially stress the authoritativeness, integrality of the data. The book consists of seven chapters: 1. General Survey; 2. Construction of Energy Industry; 3. Energy Production; 4. Energy Balance Table of China; 5. Energy Consumption ; 6. Energy Balance Table by Region; 7. Energy data for the Hong Kong and Macao Special Administrative Region. Additional information provided in the appendices include major energy data for Taiwan province, energy data for other countries and explanatory notes of main statistical indicators and conversion factors from physical units to coal equivalent.

Annual statistical reports from the National Bureau of Statistics and the *China Statistical Yearbook* are the main data sources of this document and the energy data for other country is from IEA and other correlated organization. However, the national data in this book does not include that of the Hong Kong and Macao Special Administrative Region, the Taiwan province. Also, the data in the energy balance tables does not cover non-commercial energy.

The Chinese energy data were by the year of 2003, energy data for the world and other countries were by the year of 2002.

We would like to express our sincere thanks to those organizations that have provided supports to us, especially each provincial statistical bureau for supporting the data compilation. The BP China Limited is also acknowledged for providing financial support to publish the book.

目　录
CONTENTS

一、综合
Chapter 1　GENERAL SURVEY

二、能源建设
Chapter 2　Construction of Energy Industry

三、能源生产
Chapter 3　Energy Production

四、全国能源平衡表
Chapter 4　Energy Balance Table of China

五、能源消费
Chapter 5 Energy Consumption

六、地区能源平衡表
Chapter 6　Energy Balance Table by Region

七、香港、澳门特别行政区能源数据

Chapter 7　Energy Data for Hong Kong and Macao Special Administrative Region

附录1　台湾省能源数据
Appendix Ⅰ　Energy Data for Taiwan Province

附录2　国外能源数据
Appendix Ⅱ　Energy Data for Other Countries

一、综　　合
Chapter 1　General Survey

1－1 能源生产、消费与国民经济增长速度
GROWTH RATE OF ENERGY PRODUCTION AND CONSUMPTION COMPARED WITH GROWTH RATE OF GDP

	1991	1995	2000	2001	2002	2003
国内生产总值增长速度（%） Growth Rate of GDP（%）	9.2	10.5	8.0	7.5	8.3	9.3
能源生产增长速度（%） Growth Rate of Energy Production	0.9	8.7	-2.0	13.0	14.4	15.6
电力生产增长速度（%） Growth Rate of Electricity Production	9.1	8.6	9.4	8.6	11.5	16.5
能源消费增长速度（%） Growth Rate of Energy Consumption	5.1	6.9	0.1	3.5	9.9	15.3
电力消费增长速度（%） Growth Rate of Electricity Consumption	9.2	8.2	9.5	8.6	11.6	16.5
能源生产弹性系数 Elasticity of Energy Production	0.10	0.83		1.73	1.73	1.68
电力生产弹性系数 Elasticity of Electricity Production	0.99	0.82	1.18	1.15	1.39	1.77
能源消费弹性系数 Elasticity of Energy Consumption	0.55	0.66	0.01	0.47	1.19	1.65
电力消费弹性系数 Elasticity of Electricity Consumption	1.00	0.78	1.19	1.15	1.40	1.77

注：国内生产总值增长速度按可比价格计算.

GDP growth rate is calculated at comparable prices.

1－2 国民经济和能源经济主要指标
MAIN INDICATORS OF NATIONAL ECONOMY AND ENERGY ECONOMY

指　　标	Item	单位 unit	1991	1995	2000	2001	2002	2003
1.年底人口总数	1. Year-end Population	万人 10^4person	115823	121121	126743	127627	128453	129227
城镇	Urban	万人 10^4person	30543	35174	45906	48064	50212	52376
乡村	Rural	万人 10^4person	85280	85947	80837	79563	78241	76851
2.国内生产总值	2. Gross Domestic Products	亿元 10^8yuan	21618	58478	89468	97315	104791	117252
第一产业	Primary Industry	亿元 10^8yuan	5289	11993	14628	15412	16117	17092
第二产业	Secondary Industry	亿元 10^8yuan	9102	28538	44935	48750	53541	61274
工业	Industry	亿元 10^8yuan	8087	24718	39047	42375	46536	53093
建筑业	Construction	亿元 10^8yuan	1015	3820	5888	6375	7005	8181
第三产业	Tertiary Industry	亿元 10^8yuan	7227	17947	29905	33153	35133	38886
3.全社会固定资产投资总额	3. Investment in Fixed Assets	亿元 10^8yuan	5509	20019	32918	37214	43500	55567
能源工业(国有)	Energy Industry (State-owned)	亿元 10^8yuan	957	2025	2840	2622	2626	2876
煤炭采选业	Coal Mining and Processing	亿元 10^8yuan	177	282	199	199	233	310
石油和天然气开采业	Petroleum and Natural Gas Extraction	亿元 10^8yuan	273	500	365	375	158	236
电力、蒸汽、热水生产和供应业	Electricity, Steam Production and Supply	亿元 10^8yuan	410	1043	2130	1861	2082	2158
石油加工及炼焦业	Petroleum Processing and Coking	亿元 10^8yuan	96	162	95	127	93	90
煤气生产和供应业	Gas Production and Supply	亿元 10^8yuan		39	60	58	60	82
4.进出口总额	4. Total Value of Exports and Imports	亿元 10^8yuan	7226	23500	39273	42184	51378	70484
出口总额	Exports	亿元 10^8yuan	3827	12452	20634	22024	26948	36288
进口总额	Imports	亿元 10^8yuan	3399	11048	18639	20159	24430	34196
5.煤炭保有储量	5. Coal Ensured Reserves	亿吨 10^8tn	9668	10087	10084	10202		
6.水利资源蕴藏量	6. Hydropower Resource	亿千瓦 10^8kW	6.76	6.76	6.76	6.76	6.76	6.76
可开发量	Developable Resources	亿千瓦 10^8kW	3.78	3.79	3.79	3.79	3.79	3.79
7.海洋能源理论蕴藏量	7. Theoretical Sea－energy Reserves	亿千瓦 10^8kW	6.30	6.30	6.30	6.30	6.30	6.30
8.一次能源生产总量(发电煤耗计算法)(＊)	8. Primary Energy Production (coal equivalent calculation)(＊)	万吨标准煤 10^4tce	104844	129034	106988	120900	138369	159912
一次能源生产总量(电热当量计算法)(＊＊)	Primary Energy Production (calorific value calculation)(＊＊)	万吨标准煤 10^4tce	101490	123519	101130	113997	130623	152018
9.能源消费总量(发电煤耗计算法)	9. Total Energy Consumption (＊) (coal equivalent calculation)(＊)	万吨标准煤 10^4tce	103783	131176	130297	134914	148222	170943
能源消费总量(电热当量计算法)	Total Energy Consumption (＊＊) (calorific value calculation)(＊＊)	万吨标准煤 10^4tce	100413	125763	124646	128452	140654	163226

注:(＊)发电煤耗计算法是指电力按当年平均火力发电煤耗换算成标准煤.(下表同)

(＊＊)电热当量计算法是指电力按自身的热功当量换算成标准煤. 采用的折标系数为1万千瓦时＝1.229吨标准煤.(下表同)

(＊)Electricity is converted to TCE by average quantity of fuel used for power generation. (the same as in the following tables).

(＊＊)Electricity is converted to TCE by 10^4kW·h＝1.229tce. (The same as in the following tables)

1-3 平均每万元国内生产总值能源消费量
ENERGY INTENSITY BY GDP

年份 Year	能源消费总量（吨标准煤/万元）Total Energy Consumption (tce/10^4 yuan)	煤炭（吨/万元）Coal (tn/10^4 yuan)	焦炭（吨/万元）Coke (tn/10^4 yuan)	石油（吨/万元）Petroleum (tn/10^4 yuan)	原油（吨/万元）Crude Oil (tn/10^4 yuan)	燃料油（吨/万元）Fuel Oil (tn/10^4 yuan)	电力（万千瓦小时/万元）Electricity (10^4 kW·h /10^4 yuan)
1991	5.12	5.46	0.35	0.61	0.61	0.17	0.34
1992	4.72	4.94	0.34	0.58	0.57	0.15	0.33
1993	4.42	4.61	0.34	0.56	0.53	0.14	0.32
1994	4.18	4.38	0.31	0.51	0.48	0.12	0.32
1995	4.01	4.21	0.33	0.49	0.46	0.11	0.31
1996	3.88	4.04	0.30	0.49	0.44	0.10	0.30
1997	3.53	3.57	0.28	0.50	0.45	0.10	0.29
1998	3.15	3.08	0.26	0.47	0.41	0.09	0.28
1999	2.89	2.81	0.23	0.47	0.42	0.09	0.27
2000	1.46	1.39	0.12	0.25	0.24	0.04	0.15
2001	1.40	1.31	0.11	0.24	0.22	0.04	0.15
2002	1.42	1.31	0.12	0.24	0.22	0.04	0.16
2003	1.50	1.44	0.13	0.24	0.22	0.04	0.17

注:2000 年起国内生产总值增长速度按 2000 年可比价格计算.

GDP growth rate is calculated at 2000 comparable prices.

1-4 能源加工转换效率
EFFICIENCY OF ENERGY TRANSFORMATION

单位:% (%)

年份 Year	总效率 Total Efficiency	发电及电站供热 Power Generation and Heating by Power Station	炼焦 Coking	炼油 Petroleum Refinery
1991	65.90	37.60	89.90	98.10
1992	66.00	37.80	92.70	96.80
1993	67.32	39.90	98.05	98.49
1994	65.20	39.35	89.62	97.48
1995	71.05	37.31	91.99	97.67
1996	71.50	38.30	94.07	97.46
1997	69.23	35.89	92.08	97.37
1998	69.44	37.06	94.97	97.42
1999	70.45	38.99	95.80	97.51
2000	70.96	39.91	96.28	97.32
2001	70.41	39.40	97.17	97.83
2002	69.78	39.41	97.96	96.71
2003	69.79	39.25	97.47	96.80

1-5 人均能源生产量和消费量
ENERGY PRODUCTION AND CONSUMPTION PER CAPITA

年 份 Year	人均能源生产量 Per-Capita Energy Production				人均能源消费量 Per-Capita Energy Consumption			
	能源总量 Total Energy (千克标准煤) (kgce)	原煤 Raw Coal (千克) (kg)	原油 Crude Oil (千克) (kg)	电力 Electricity (千瓦小时) (kW·h)	能源总量 Total Energy (千克标准煤) (kgce)	原煤 Raw Coal (千克) (kg)	原油 Crude Oil (千克) (kg)	电力 Electricity (千瓦小时) (kW·h)
1965	263.2	324.4	15.8	94.5	264.3	320.0	19.0	94.5
1970	378.7	432.6	37.5	141.6	357.9	405.5	36.8	141.6
1975	532.0	526.0	84.1	213.7	495.7	498.8	73.1	213.7
1980	649.5	631.9	108.0	306.4	614.4	621.8	89.2	306.4
1985	818.9	834.8	119.6	393.2	734.1	781.2	87.8	394.2
1990	915.5	951.4	121.8	547.2	869.5	929.6	101.2	548.8
1991	905.2	944.0	122.5	588.8	901.8	959.6	107.6	591.3
1992	915.4	958.0	122.0	647.2	937.1	979.3	114.6	651.5
1993	937.1	975.9	123.2	712.3	984.3	1021.7	124.9	715.1
1994	990.6	1040.4	122.6	778.6	1029.8	1078.4	125.5	777.0
1995	1065.3	1129.6	124.5	835.8	1088.7	1142.7	133.3	831.9
1996	1089.2	1147.0	129.2	888.1	1141.2	1188.7	143.2	884.1
1997	1056.2	1116.1	130.7	922.3	1123.3	1132.0	160.1	917.3
1998	991.1	1006.3	129.6	938.8	1064.4	1042.5	159.5	933.7
1999	870.5	833.6	127.6	988.6	1038.0	1008.0	168.1	981.6
2000	847.3	790.4	129.1	1073.6	1031.9	986.3	177.7	1066.9
2001	950.6	912.7	128.9	1157.1	1060.8	992.3	179.6	1150.6
2002	1080.7	1077.8	130.4	1281.2	1157.6	1066.9	193.5	1275.5
2003	1241.2	1293.9	131.6	1482.9	1326.8	1270.8	210.5	1477.1

注:本表按年平均人口数计算。

This table is calculed by anaual average population.

1-6 人均生活用能量
RESIDENTIAL ENERGY CONSUMPTION PER CAPITA

年 份 Year	人均生活用能量 Annual Average Residential Energy Consumption Per Capita						
	(千克标准煤) (kgce)	煤炭 Coal (千克) (kg)	电力 Electricity (千瓦小时) (kW·h)	煤油 Kerosene (千克) (kg)	液化石油气 LPG (千克) (kg)	天然气 Natural Gas (立方米) (cu. m)	煤气 Gas (立方米) (cu. m)
1980	97.7	118.0	10.7	1.0	0.4	0.2	1.4
1985	127.5	149.6	21.3	1.2	0.9	0.4	1.3
1990	139.2	147.1	42.4	0.9	1.4	1.6	2.5
1991	138.1	142.0	46.9	0.8	1.7	1.6	3.1
1992	133.4	126.1	54.6	0.7	2.0	1.8	4.4
1993	130.6	120.5	61.2	0.6	2.5	1.4	4.5
1994	129.3	109.5	72.7	0.6	3.2	1.7	6.3
1995	130.8	112.3	83.5	0.5	4.4	1.6	4.7
1996	145.5	118.3	93.1	0.5	5.8	1.6	3.9
1997	133.1	99.5	101.8	0.5	6.0	1.7	4.9
1998	115.9	71.5	106.6	0.5	6.2	1.9	6.0
1999	116.1	67.1	118.1	0.6	7.0	2.1	9.3
2000	118.3	62.6	132.4	0.5	7.8	2.6	10.0
2001	121.3	61.6	144.6	0.6	7.9	3.5	9.4
2002	133.0	59.4	156.3	0.4	9.1	4.0	9.8
2003	149.5	63.4	173.7	0.4	10.0	4.4	10.2

1－7 重点工业企业主要技术经济指标
MAIN TECHNIQUE INDICATORS OF MAJOR INDUSTRIAL ENTERPRISES

指 标		Item	1985	1990	1995	2000	2001	2002
煤炭工业		**Coal Industry**						
综合电力单耗	千瓦·时/吨	Electricity Consumption Coal (kW·h/tn)	37.29	43.98	52.63			
电力工业		**Electricity Industry**						
发电标准煤耗	克/千瓦·时	Coal Consumption for Power Generation (gce/kW·h)	398	392	369	363	357	356
供电标准煤耗	克/千瓦·时	Coal Consumption for Power Supply (gce/kW·h)	431	427	403	392	385	383
发电厂用电率	%	Rate of Electricity Used by Power Plant(%)	6.42	6.90	6.78	6.28	6.24	6.15
水电厂用电率	%	Rate of Electricity Used by Hydropower Plant (%)	0.28	0.30	0.37	0.49	0.46	0.49
火电厂用电率	%	Rate of Electricity Used by Thermalpower Plant (%)	7.78	8.22	7.95	7.31	7.25	7.10
线路损失率	%	Rate of Distribution Loss (%)	8.18	8.06	8.77	7.70	7.55	7.52
石油工业		**Petroleum Industry**						
油田原油生产自用率	%	Rate of Own Used Oil for Crude Oil Production in Oil Feild (%)	1.52	2.01	1.77	1.81	1.73	1.54
油田原油损耗率	%	Proportion of Crude Oil Loss in Oil Feild (%)	1.65	1.80	1.82	1.93	2.03	2.00
原油(气)生产用电单耗	千瓦·时/吨	Electricity Consumption for Crude Oil (Gas) Production (kW·h/tn)	51.58	87.97	135.47	137.61	136.06	141.14
原油加工损失率	%	Rate of Loss for Crude Oil Processing (%)	0.80	1.37	1.54	1.15	1.12	1.08
加工一吨原油耗电	千瓦·时/吨	Electricity Consumption for Crude Oil Processing (kW·h/tn)	41.86	49.33	59.64	59.71	62.85	62.82
加工一吨原油耗燃料油	千克/吨	Fuel Oil Consumption for Crude Oil Processing (kg/tn)	18.73	20.95	21.01	11.58	10.10	9.05
加工一吨原油综合能耗(标油)	千克/吨	Fully Energy Consumption for Crude Oil Processing (kgoe/tn)	143.04	148.94	82.99	82.91	82.32	82.56
钢铁工业		**Iron and Steel Industry**						
入炉焦比	千克/吨	Coke Ratio of Iron-smelting (kg/tn)	565	577	553	429.22	422.43	416.96
电炉钢冶炼耗电	千瓦·时/吨	Electricity Consumption for steel Smelting in Electric Furance (kW·h/tn)	626	689	617	504.03	488.54	422.69
有色金属工业		**Nonferrous Metals Industry**						
铜冶炼综合能耗(折标准煤)	千克/吨	Fully Energy Consumption for Copper-smelting (kgce/tn)	2031	1705	1184	1277.22	1079.45	1016.10
铅冶炼综合能耗(折标准煤)	千克/吨	Fully Energy Consumption for Lead-smelting (kgce/tn)	818	920	728	720.98	685.37	607.05
电锌综合能耗(折标准煤)	千克/吨	Fully Energy Consumption for Electrolytic-zinc (kgce/tn)			1776	2306.93	2050.20	187.71
氧化铝综合能耗(折标准煤)	千克/吨	Fully Energy Consumption for Alumina (kgce/tn)	1622	1916		1212.39	1179.96	1154.68
化学工业		**Chemical Industry**						
硫酸耗电	千瓦·时/吨	Electricity Consumption for Sulphuric Acid (kW·h/tn)	88	98	118			

续表 continued

指标		Item	1985	1990	1995	2000	2001	2002
浓硝酸耗电（直接法）	千瓦·时/吨	Electricity Consumption for Nitricacid (direct reaction) (kW·h/tn)	487	473	444			
隔膜液碱耗直流电(实耗)	千瓦·时/吨	Direct Current Consumption for Liquid Soda (actual process) (kW·h/tn)	2359	2413	2442			
水银液碱耗直流电(实耗)	千瓦·时/吨	Direct Current Consumption for mercury Liquid Soda(actual process) (kW·h/tn)	3307	3337	3367			
纯碱耗电（联碱法）	千瓦·时/吨	Electricity Consumption for Sodium (nonammonia soda process) (kW·h/tn)			356			
纯碱耗电（氨碱法）	千瓦·时/吨	Electricity Consumption for Sodium (ammonia soda process) (kW·h/tn)	122	138	128			
合成氨耗天然气（大型）	立方米/吨	Natural Gas Consumption for Sythetic Ammonia(large-sized) (cu. m/tn)	1043	1053	682			
合成氨耗天然气（中型）	立方米/吨	Natural Gas Consumption for Sythetic Ammonia(medium-sized) (cu. m/tn)			943			
合成氨耗电（中型）	千瓦·时/吨	Electricity Consumption for Calcium Carbide in Electric Furnace(kW·h/tn)			1465			
电石耗电炉电	千瓦·时/吨	Electricity Consumption for Sythetic Ammonia(medium-sized) (kW·h/tn)	1385	1385	3597			
建筑材料工业		**Buiding Materials Industry**						
熟料烧成耗标准煤	千克/吨	Coal Consumption for Clinker (kgce/tn)	201.1	185.4	158.6			
水泥综合电力消耗	千瓦·时/吨	Fully Electricity Consumption for Cement (kW·h/tn)	103.9	109.9	98.9			
水泥综合能耗	千克标煤/吨	Fully Energy Consumption for Cement (kgce/tn)	210.4	201.0	168.4			
平板玻璃综合能耗	千克/重量箱	Fully Energy Consumption for Plate Glass (kgce/wt. case)	37.05	34.79	27.74			
平板玻璃消耗电力	千瓦.时/重量箱	Electricity Consumption for Plate Glass (kW·h/wt. case)	5.26	7.32	7.46			
化学纤维工业		**Chemical Fibre Induestry**						
粘胶短纤维用标煤	千克标煤/吨	Coal Consumption for Viscose Staple Fibre (kgce/tn)	2342	2280	2015	1628.1	1518.3	
粘胶短纤维用电量	千瓦·时/吨	Electricity Consumption for Viscose Staple Fibre (kW·h/tn)				1508.4	1463.3	
粘胶长丝用标准煤量	千克标煤/吨	Coal Consumption for Viscose Filament Fibre (kgce/tn)	9228	9165	6425	5037.1	4834.0	
粘胶长丝用电量	千瓦·时/吨	Electricity Consumption for Viscose Filament Fibre (kW·h/tn)				7573.1	7782.6	
锦纶用标准煤量	千克标煤/吨	Coal Consumption for Polyamide Fibre (kgce/tn)	2638	1468	1013	965.6	1162.0	
涤纶短纤维用标煤	千克标煤/吨	Coal Consumption for Polyster Staple Fibre (kgce/tn)	757	723	554	293	267.5	
涤纶长丝用标准煤量	千克标煤/吨	Coal Consumption for Polyster Filament Yarn (kgec/tn)	970	630	454	317	228.4	
腈纶用标准煤量	千克标煤/吨	Coal Consumption for Acrylic Fibre(kgce/tn)	6338	4990	6137	2480	1627.8	
维纶用标准煤量	千克标煤/吨	Coal Consumption for Winylon Fibre (kgce/tn)	2385	2345	1705	2062	2897.9	
纺织工业		**Textile Industry**						
纱用电量(混合数)	千瓦·时/吨	Electricity Consumption for Yran (composite amount) (kW·h/tn)	1983	2129	2229	2320	2142.8	
丝织品用标准煤量	千克/百米	Coal Consumption for Silk Fabrics (kgce/100m)			21.01	16.60	17.1	

1-8 年末交通运输设备拥有量
NUMBER OF TRANSPORTATION EQUIPMENT(YEAR END)

指 标 Item	1991	1995	2000	2001	2002	2003
铁路机车合计(辆) Total Railway Locomotives(unit)	14295	15535	15253	15756	16026	16320
蒸汽机车 Steam Locomotives	6250	4607	911	699	374	343
内燃机车 Diesel Locomotives	6236	8411	10826	11081	11312	11355
电力机车 Electric Locomotives	1809	2517	3516	3976	3918	4622
铁路客车(辆) Railway Passenger Coaches(unit)	27612	32404	35989	37214	37942	38972
铁路货车(辆) Railway Freight Cars(unit)	370054	432731	439943	449921	446707	503868
民用汽车合计(10^4 辆) Total Civil Motor Vehicles(10^4unit)	606.11	1040.00	1608.91	1802.04	2053.17	2382.93
载客汽车 Passenger Vehicles	185.24	417.9	853.73	993.96	1202.37	1478.81
载货汽车 Trucks	398.62	585.43	716.32	765.24	812.22	853.51
其它机动车(10^4 辆) Others(10^4unit)	557.02	1494.62	4168.06	4724.05	6174.09	7108.9
公路部门营运车辆(10^4 辆) Motor Vehicles Owned by Highway Department(10^4unit)	31.67	27.49	702.82	764.39	826.34	924.64
私人汽车(10^4 辆) Private Vehicles(10^4unit)	96.04	249.96	625.33	770.78	968.98	1219.23
民航飞机合计(架) Total Civil Aircraft(unit)	438	720	982	1031	1112	1160
民用运输船舶合计(艘) Total Civil Transport Vessels(unit)	400594	364968	229676	210786	202977	204270
机动船 Motor Vessels	307127	299717	185018	169329	165936	163813
驳船 Barges	78410	57998	44658	41457	37041	40457
帆船 Sailing Boats	15057	7253				
私人运输船舶(艘) Private Transport Vessels(unit)	224224	196736	142117	121721	115108	114297

1-9 主要能源品种进、出口量
IMPORTS AND EXPORTS OF MAJOR ENERGY PRODUCTS

	1991	1995	2000	2001	2002	2003
进口量 Import						
煤(万吨) Coal(10^4tn)	136.80	163.51	212.00	249.00	1081.00	1109.77
焦炭(万吨) Coke(10^4tn)		0.12				0.17
原油(万吨) Crude Oil(10^4tn)	597.30	3400.63	7027.00	6026.00	6941.00	9102.01
汽油(万吨) Gasoline(10^4tn)	11.20	15.88	0.03	0.02		
柴油(万吨) Diesel Oil(10^4tn)	319.60	612.26	25.94	27.47	47.72	84.85
煤油(万吨) Kerosene(10^4tn)	2.60	76.13	255.47	201.89	214.53	210.27
燃料油(万吨) Fuel Oil(10^4tn)	126.40	659.14	1480.00	1823.60	1659.66	2395.45
液化石油气(万吨) LPG(10^4tn)		232.55	481.74	488.86	626.16	636.74
其它石油制品(万吨) Other Petroleum Products(10^4tn)	11.50	95.68	161.46	201.31	384.32	432.14
天然气(亿立方米) Natural Gas(10^8cu. m)						
电力(亿千瓦小时) Electricity(10^8kW·h)	31.10	6.39	15.46	17.98	23.00	29.80
出口量 Export						
煤(万吨) Coal(10^4tn)	2000.10	2861.70	5505.00	9012.00	8384.00	9402.89
焦炭(万吨) Coke(10^4tn)	108.30	886.12	1520.00	1385.00	1357.00	1472.11
原油(万吨) Crude Oil(10^4tn)	2259.80	1822.70	1031.00	755.00	766.00	813.33
汽油(万吨) Gasoline(10^4tn)	250.20	185.53	455.18	572.46	612.00	754.24
柴油(万吨) Diesel Oil(10^4tn)	121.00	130.63	55.48	25.62	124.00	224.00
煤油(万吨) Kerosene(10^4tn)	32.10	37.44	198.88	182.22	170.00	201.69
燃料油(万吨) Fuel Oil(10^4tn)	69.50	27.79	33.37	44.09	64.00	76.14
液化石油气(万吨) LPG(10^4tn)	1.10	7.08	1.60	2.09	5.60	2.40
其它石油制品(万吨) Other Petroleum Products(10^4tn)	148.80	131.05	280.48	325.48	246.00	261.84
天然气(亿立方米) Natural Gas(10^8cu. m)						
电力(亿千瓦小时) Electricity(10^8kW·h)	2.60	60.25	98.78	101.92	97.00	103.39

1－10　主要耗能产品的进、出口量
IMPORTS AND EXPORTS OF ENERGY INTENSIVE PRODUCTS

	1991	1995	2000	2001	2002	2003
进口量 Import						
钢材（万吨） Steel Products(10^4 tn)	356	1377	1596	1722	2449	3717
钢铁丝(吨) Iron and Steel Wire(tn)	21749	321531	336300	353771	427554	465540
铜及铜合金(吨) Copper and Copper Alloys(tn)	113966	187504	812126	954167	1330146	1562152
铝及铝合金(吨) Aluminum and Aluminum Alloys(tn)	43711	387925	914099	529419	581757	880735
锌及锌合金(吨) Zinc and Zinc Alloys(tn)	11705	66703	129974	141159	211722	310221
烧碱(吨) Caustic Soda(tn)	3631	8768	46458	27357	114834	104686
纯碱(吨) Soda Ash(tn)	54220	1793	134953	68665	293685	301277
化学肥料 Chemical Fertilizers(10^4 tn)	1818	1991	1189	1092	1682	1213
纸浆(万吨) Paper Pulp(10^4 tn)	129	82	335	490	526	603
纺织用合成纤维(万吨) Synthetic Fiber Suitable for Spinning (10^4 tn)	50	76	100	92	104	106
出口量 Export						
水泥(万吨) Cement(10^4 tn)	1074	819	605	621	518	533
平板玻璃(万平方米) Plate Glass(10^4 sq. m)	4194	5645	5592	6123	11359	12427
钢材（万吨） Steel Products(10^4 tn)	214	567	621	474	545	696
钢铁丝(吨) Iron and Steel Wire(tn)	231439	209275	190122	224484	310992	401235
铜材(吨) Copper Products	33655	87344	144484	123790	171710	232880
铝材(吨) Aluminum Products(tn)	27300	65436	130052	135630	188744	273293
锌及锌合金(吨) Zinc and Zinc Alloys(tn)	6284	191535	593336	562021	495987	484231
纸及 纸板(万吨) Paper and Paperboard(10^4 tn)	23	49	65	68	74	114

1－11　分地区工业废气排放量
EMISSION OF INDUSTRIAL WASTE GAS BY REGION

地　区 Region	工业废气排放总量（亿标准立方米）Total Volume of Industrial Waste Gas Emissions (10^8 cu. m)			燃料燃烧工业废气排放量 Waste Gas from Fuel (10^8 cu. m)		
	2000	2002	2003	2000	2002	2003
全国总计 National	**138145**	**175257**	**198906**	**81970**	**103776**	**116447**
北　京 Beijing	3227	2966	3005	1864	1816	1825
天　津 Tianjin	1749	3677	4360	1341	2722	3467
河　北 Hebei	9858	12743	15768	4847	7079	8147
山　西 Shanxi	6635	9402	12849	4203	5786	7191
内　蒙 Inner Mongolia	4768	5998	7961	3252	4391	5273
辽　宁 Liaoning	9432	10462	12774	5925	6077	6814
吉　林 Jilin	3082	3516	3869	2172	2375	2456
黑龙江 Heilongjiang	4326	4628	4841	3517	3787	3943
上　海 Shanghai	5755	7440	7799	3282	3288	3377
江　苏 Jiangsu	9078	14286	14633	6522	8826	8981
浙　江 Zhejiang	6509	8532	10432	4262	5921	7208
安　徽 Anhui	3945	5119	5383	2282	3092	3281
福　建 Fujian	2828	3565	4189	1297	1845	2379
江　西 Jiangxi	2220	2612	3202	1218	1458	1812
山　东 Shandong	12179	14306	16139	7438	8987	10314
河　南 Henan	7436	10645	11992	4408	6536	7093
湖　北 Hubei	5674	6440	6707	2468	2963	3248
湖　南 Hunan	3569	4190	4603	1718	2048	2497
广　东 Guangdong	8326	10579	11075	5169	6575	6934
广　西 Guangxi	4607	5693	6636	1787	2425	2937
海　南 Hainan	434	528	533	226	291	294
重　庆 Chongqing	1908	1979	2277	1130	1185	1341
四　川 Sichuan	4779	7287	6634	2332	4021	3384
贵　州 Guizhou	3882	3515	3477	2326	1953	1822
云　南 Yunnan	2749	3659	4197	1402	1650	1978
西　藏 Tibet	15	14	14	8	9	9
陕　西 Shaanxi	2379	3424	3861	1503	1944	2505
甘　肃 Gansu	2800	2972	4033	1523	1598	2292
青　海 Qinghai	607	937	1002	163	241	312
宁　夏 Ningxia	1445	1631	1727	995	957	1022
新　疆 Xinjiang	1944	2512	2934	1389	1930	2311

资料来源:《中国统计年鉴》。

Source: *STATISTICAL YEARBOOK OF CHINA.*

1－12 分地区工业废水排放及处理情况

DISCHARGE AND TREATMENT OF INDUSTRIAL WASTE WATER BY REGION

单位:万吨 (10[4]tn)

地 区	Region	工业废水排放总量 Total Volume of Industrial Waste Water Discharged			工业废水排放达标量 Volume of Industrial Waste Water up to the Discharge Standards		
		2000	2002	2003	2000	2002	2003
全国总计	**National**	**1942405**	**2071885**	**2122527**	**1493277**	**1830394**	**1892891**
北 京	Beijing	23164	18044	13107	21456	17745	13015
天 津	Tianjin	17604	21959	21605	17186	21898	21571
河 北	Hebei	89600	106772	108324	63649	97988	102609
山 西	Shanxi	32406	30777	30929	20056	26626	26939
内 蒙	Inner Mongolia	21844	22737	23577	14116	15759	15076
辽 宁	Liaoning	109044	92001	89186	87196	80819	81704
吉 林	Jilin	37386	34783	31365	24626	26782	24071
黑 龙 江	Heilongjiang	52644	47983	50286	44152	44515	47353
上 海	Shanghai	72446	64857	61112	67553	61521	58020
江 苏	Jiangsu	201923	262715	247524	185653	251997	241765
浙 江	Zhejiang	136433	168048	168088	115680	161873	163387
安 徽	Anhui	63106	64577	63525	53355	61827	60908
福 建	Fujian	57617	78511	98388	46574	75094	95633
江 西	Jiangxi	41956	46119	50135	28796	35786	41642
山 东	Shandong	110324	106668	115933	102743	102801	112590
河 南	Henan	109210	114431	114224	88297	103124	104480
湖 北	Hubei	106733	98481	96498	80591	82930	80848
湖 南	Hunan	112563	111788	124132	74396	86768	99127
广 东	Guangdong	114055	145236	148867	88271	130225	123453
广 西	Guangxi	81571	97126	119291	51287	81774	103212
海 南	Hainan	7064	7170	7181	6134	6712	6741
重 庆	Chongqing	84344	79872	81973	63612	71372	73663
四 川	Sichuan	116979	117638	120160	69596	93045	98313
贵 州	Guizhou	20598	17117	16815	9766	9720	9411
云 南	Yunnan	35117	33696	34655	16245	22186	24172
西 藏	Tibet	1006	1063	612			
陕 西	Shanxi	30903	30496	33526	19749	25491	29138
甘 肃	Gansu	23795	19677	20899	16973	14218	15901
青 海	Qinghai	4661	3583	3453	3777	2148	2067
宁 夏	Ningxia	10942	11534	10740	3867	6461	6288
新 疆	Xinjiang	15365	16426	16417	7923	11189	9794

资料来源:《中国统计年鉴》。

Source:*STATISTICAL YEARBOOK OF CHINA*.

二、能源建设

Chapter 2　Construction of Energy Industry

2－1 国有经济能源工业分行业固定资产投资
INVESTMENT IN FIXED ASSETS OF STATE-OWNED UNITS IN ENERGY INDUSTRY

单位:亿元 (100 million yuan)

	1991	1995	2000	2001	2002	2003
能源工业 Energy Industry	**956.75**	**2025.28**	**2839.59**	**2621.60**	**2626.17**	**2876.44**
煤炭采选业 Coal Mining and Processing	177.07	282.26	198.90	199.22	233.17	310.05
石油和天然气开采业 Petroleum and Natural Gas Extraction	273.43	499.68	355.55	375.19	157.57	236.37
电力、蒸汽、热水生产和供应业 Electricity, Steam, Hot Water Producing and Supply	410.19	1042.71	2130.30	1861.44	2082.18	2158.03
石油加工及炼焦业 Petroleum Processing and Coking	96.05	161.64	94.81	127.36	93.16	89.74
煤气生产和供应业 Coal Gas and Coal Products		38.99	60.03	58.39	60.09	82.25

2－2 国有经济能源工业分行业固定资产投资构成
PROPORTIONS OF INVESTMENT IN FIXED ASSETS OF STATE-OWNED UNITS IN ENERGY INDUSTRY

单位:% (%)

	1991	1995	2000	2001	2002	2003
能源工业 Energy Industry	**100.00**	**100.00**	**100.00**	**100.00**	**100.00**	**100.00**
煤炭采选业 Coal Mining and Processing	18.51	13.94	7.00	7.60	8.88	10.78
石油和天然气开采业 Petroleum and Natural Gas Extraction	28.58	24.67	12.52	14.31	6.00	8.22
电力、蒸汽、热水生产和供应业 Electricity, Steam, Hot Water Producing and Supply	42.87	51.48	75.02	71.00	79.29	75.02
石油加工及炼焦业 Petroleum Processing and Coking	10.04	7.98	3.34	4.86	3.55	3.12
煤气生产和供应业 Coal Gas and Coal Products		1.93	2.11	2.23	2.29	2.86

2-3 分地区国有经济能源工业固定资产投资
INVESTMENT IN FIXED ASSETS OF STATE-OWNED UNITS IN ENERGY INDUSTRY BY REGION

单位:亿元 (100 million yuan)

地　区	Region	1991	1995	2000	2001	2002	2003
北　京	Beijing	12.08	48.33	54.14	39.67	49.23	32.41
天　津	Tianjin	32.32	120.62	30.67	24.57	36.86	48.41
河　北	Hebei	35.94	108.93	166.82	91.52	80.94	88.76
山　西	Shanxi	59.53	70.05	106.57	104.55	100.04	120.43
内　蒙	Inner Mongolia	28.43	73.62	33.36	31.42	47.55	110.81
辽　宁	Liaoning	68.10	133.08	179.51	162.37	108.15	99.80
吉　林	Jilin	25.71	44.26	66.45	68.11	42.68	42.97
黑龙江	Heilongjiang	78.58	163.08	72.04	78.70	68.23	66.48
上　海	Shanghai	26.74	75.72	76.10	77.88	66.78	74.86
江　苏	Jiangsu	33.64	49.28	202.11	140.65	194.00	269.97
浙　江	Zhejiang	19.60	56.44	91.08	90.51	83.31	108.66
安　徽	Anhui	23.75	76.87	54.25	53.74	72.98	63.64
福　建	Fujian	20.36	38.19	70.64	61.41	51.07	37.34
江　西	Jiangxi	8.93	18.65	50.71	44.88	35.68	37.55
山　东	Shandong	77.35	180.99	330.44	291.03	174.07	196.99
河　南	Henan	54.60	99.65	180.77	167.61	148.98	157.64
湖　北	Hubei	18.04	138.42	221.63	227.98	241.71	191.77
湖　南	Hunan	17.67	57.75	88.95	85.76	100.82	81.78
广　东	Guangdong	68.89	84.91	90.46	119.04	159.48	192.01
广　西	Guangxi	8.41	21.36	71.02	46.79	60.67	59.08
海　南	Hainan	2.21	1.53	13.01	10.14	4.92	7.65
重　庆	Chongqing			42.89	34.55	32.74	34.09
四　川	Sichuan	52.42	110.55	94.62	80.25	89.10	66.52
贵　州	Guizhou	10.47	26.83	67.38	94.99	114.03	140.41
云　南	Yunnan	11.85	22.63	49.37	52.60	75.30	55.99
西　藏	Tibet	2.11	9.01	9.73	6.58	14.65	20.65
陕　西	Shaanxi	21.68	40.35	94.33	83.31	91.26	124.88
甘　肃	Gansu	15.10	33.99	53.01	45.03	39.54	67.17
青　海	Qinghai	10.45	22.24	10.59	15.22	18.41	29.69
宁　夏	Ningxia	8.89	11.57	16.32	20.85	34.38	31.59
新　疆	Xinjiang	48.70	106.91	49.90	59.69	54.87	61.01

2-4 分地区国有经济煤炭采选业固定资产投资
INVESTMENT IN FIXED ASSETS OF STATE-OWNED UNITS IN COAL MINING AND PROCESSING BY REGION

单位:亿元 (100 million yuan)

地 区 Region	1991	1995	2000	2001	2002	2003
北 京 Beijing	0.59	0.62	0.21	0.22	0.12	
天 津 Tianjin		60.30				
河 北 Hebei	10.84	62.86	19.54	9.93	16.56	16.70
山 西 Shanxi	37.16	46.59	34.25	42.14	51.63	68.61
内 蒙 Inner Mongolia	21.18	35.26	2.49	3.94	6.55	13.72
辽 宁 Liaoning	10.20	6.09	7.95	6.13	7.62	11.46
吉 林 Jilin	2.90	2.86	0.84	1.27	1.99	2.23
黑龙江 Heilongjiang	14.18	14.12	7.46	10.48	8.32	11.53
上 海 Shanghai	0.02					
江 苏 Jiangsu	5.76	6.16	5.48	5.39	8.40	15.82
浙 江 Zhejiang	0.36	0.12				0.21
安 徽 Anhui	12.80	34.64	13.16	21.54	21.51	35.44
福 建 Fujian	0.94	1.48	1.27	0.91	1.48	0.54
江 西 Jiangxi	1.70	1.72	0.89	2.57	2.83	4.62
山 东 Shandong	11.11	24.62	39.50	51.70	46.42	51.45
河 南 Henan	13.48	22.83	18.47	13.38	17.93	18.48
湖 北 Hubei	0.26	0.56	0.43	0.17	0.70	0.37
湖 南 Hunan	1.87	3.38	1.04	1.82	2.00	1.69
广 东 Guangdong	0.96	0.99	0.17	0.05		0.04
广 西 Guangxi	0.57	0.93	0.52	0.46	0.63	0.69
海 南 Hainan	0.01	0.01				
重 庆 Chongqing			1.08	1.20	1.00	1.19
四 川 Sichuan	6.65	6.61	2.21	1.89	2.43	3.87
贵 州 Guizhou	2.53	6.65	4.46	3.85	4.20	9.76
云 南 Yunnan	2.12	3.59	1.90	2.02	2.53	1.88
西 藏 Tibet		0.09				
陕 西 Shaanxi	5.82	8.38	3.20	2.88	6.12	8.36
甘 肃 Gansu	2.48	4.07	4.97	5.34	3.86	6.45
青 海 Qinghai	0.30	0.24	0.01	0.19	0.11	0.94
宁 夏 Ningxia	3.17	5.21	2.79	0.56	3.51	4.92
新 疆 Xinjiang	2.93	3.34	2.15	1.57	2.43	4.04

2-5 分地区国有经济石油和天然气开采业固定资产投资
INVESTMENT IN FIXED ASSETS OF STATE-OWNED UNITS IN PETROLEUM AND NATURAL GAS EXTRACTION BY REGION

单位:亿元 (100 million yuan)

地区	Region	1991	1995	2000	2001	2002	2003
北京	Beijing	0.02					
天津	Tianjin	19.81	30.77	4.11	6.79	8.18	19.76
河北	Hebei	3.29	3.06	3.35	0.40	0.48	230.00
山西	Shanxi						
内蒙	Inner Mongolia			0.70	0.59	0.60	5.46
辽宁	Liaoning	25.09	54.91	67.50	68.55	13.88	14.24
吉林	Jilin	10.02	17.39	20.85	32.40	5.49	5.95
黑龙江	Heilongjiang	41.55	103.85	0.40	0.67		2.00
上海	Shanghai	0.11	0.07	2.17	1.24	0.28	
江苏	Jiangsu	2.62	6.28	10.74	9.07	8.38	8.85
浙江	Zhejiang						
安徽	Anhui						0.01
福建	Fujian						
江西	Jiangxi						
山东	Shandong	42.31	79.97	132.95	125.18		0.15
河南	Henan	23.39	26.10	43.95	56.96	55.30	61.24
湖北	Hubei	2.73	3.77	13.20	16.05	12.79	10.36
湖南	Hunan						
广东	Guangdong	3.11	6.28	0.72	0.48	6.64	6.95
广西	Guangxi		0.04				
海南	Hainan			5.00	3.10		
重庆	Chongqing			0.09	0.12	0.32	1.15
四川	Sichuan	12.78	24.11	6.87	6.28	6.13	5.00
贵州	Guizhou	0.01			0.52	0.69	0.39
云南	Yunnan			0.03			
西藏	Tibet						
陕西	Shaanxi	1.48	2.76	23.98	29.07	31.72	55.01
甘肃	Gansu	1.28	4.29	6.57	0.01	0.08	3.15
青海	Qinghai	5.64	6.00	1.76	1.89	4.44	19.02
宁夏	Ningxia						
新疆	Xinjiang	39.75	85.85	10.61	15.81	2.17	17.63

2-6 分地区国有经济电力、蒸汽、热水生产和供应业固定资产投资
INVESTMENT IN FIXED ASSETS OF STATE-OWNED UNITS IN ELECTRICITY, STEAM, HOT WATER PRODUCTION AND SUPPLY BY REGION

单位:亿元 (100 million yuan)

地区 Region	1991	1995	2000	2001	2002	2003
北京 Beijing	7.93	36.72	35.85	25.70	33.77	19.65
天津 Tianjin	10.61	23.28	21.18	13.22	26.05	25.48
河北 Hebei	17.58	37.82	134.25	71.93	56.61	62.76
山西 Shanxi	20.60	21.33	66.63	55.25	43.36	38.82
内蒙 Inner Mongolia	6.93	32.63	29.17	24.71	38.22	87.92
辽宁 Liaoning	20.04	41.63	85.64	55.94	67.06	62.54
吉林 Jilin	10.88	19.95	43.46	33.39	34.69	34.38
黑龙江 Heilongjiang	13.04	25.76	58.69	56.56	45.66	49.13
上海 Shanghai	18.37	57.17	61.71	67.11	58.57	63.23
江苏 Jiangsu	18.64	29.18	172.25	114.51	166.52	232.25
浙江 Zhejiang	14.65	53.58	89.68	89.15	79.29	104.85
安徽 Anhui	9.42	26.96	39.05	26.91	49.66	25.35
福建 Fujian	11.48	32.89	67.33	59.22	48.62	34.31
江西 Jiangxi	6.67	14.28	47.42	40.60	30.23	29.59
山东 Shandong	16.42	60.82	148.94	101.84	113.01	128.25
河南 Henan	14.82	46.00	113.29	90.06	72.15	71.39
湖北 Hubei	13.25	126.00	204.23	208.59	225.65	173.93
湖南 Hunan	14.46	51.30	75.46	72.63	88.44	74.42
广东 Guangdong	56.99	64.11	81.64	100.36	146.38	180.41
广西 Guangxi	7.61	20.19	68.96	44.55	58.53	57.67
海南 Hainan	1.54	1.51	6.43	5.78	4.86	7.59
重庆 Chongqing			40.85	31.90	29.83	30.75
四川 Sichuan	32.27	77.03	82.51	68.10	77.19	52.99
贵州 Guizhou	6.60	19.98	62.37	90.33	108.71	129.31
云南 Yunnan	9.22	18.58	47.18	50.43	72.38	53.51
西藏 Tibet	2.11	8.92	9.73	6.58	14.65	20.65
陕西 Shaanxi	13.07	25.12	63.09	46.36	47.75	50.20
甘肃 Gansu	8.32	18.47	38.85	39.29	34.44	45.90
青海 Qinghai	4.51	16.00	8.82	12.90	13.67	9.73
宁夏 Ningxia	5.19	6.02	13.01	19.93	30.56	26.15
新疆 Xinjiang	5.43	12.11	34.39	34.99	44.21	34.49

2-7 分地区国有经济石油加工及炼焦业固定资产投资
INVESTMENT IN FIXED ASSETS OF STATE-OWNED UNITS IN PETROLEUM PROCESSING AND COKING BY REGION

单位:亿元 (100 million yuan)

地 区	Region	1991	1995	2000	2001	2002	2003
北 京	Beijing	3.55	6.95	5.59	2.42	1.63	1.38
天 津	Tianjin	1.90	5.17	1.48	2.10	0.07	0.15
河 北	Hebei	4.24	4.66	7.14	5.41	3.81	2.19
山 西	Shanxi	1.77	1.06	2.90	4.18	4.19	6.11
内 蒙	Inner Mongolia	0.32	5.59	0.26	1.42	1.31	1.82
辽 宁	Liaoning	12.76	28.90	16.59	29.61	18.63	9.54
吉 林	Jilin	1.92	3.15	0.55	0.86	0.51	0.41
黑龙江	Heilongjiang	9.81	16.74	4.26	8.82	11.86	2.88
上 海	Shanghai	8.23	10.05	5.33	5.83	5.30	6.93
江 苏	Jiangsu	6.62	6.80	12.24	10.20	6.17	8.72
浙 江	Zhejiang	4.60	1.36	0.24	0.34	1.90	0.11
安 徽	Anhui	1.54	14.39	1.42	3.94	0.69	0.40
福 建	Fujian	7.94	3.56				1.20
江 西	Jiangxi	0.56	1.87	1.76	1.34	2.38	2.78
山 东	Shandong	7.51	13.21	5.68	8.61	11.17	12.64
河 南	Henan	2.91	1.48	1.42	3.26	0.36	0.02
湖 北	Hubei	1.80	6.80	3.33	2.79	1.80	2.98
湖 南	Hunan	1.35	2.02	11.62	10.71	8.37	4.58
广 东	Guangdong	7.83	11.70	6.48	16.35	4.97	3.35
广 西	Guangxi	0.23	0.09	0.10	0.05	0.20	0.11
海 南	Hainan	0.68					
重 庆	Chongqing			0.15	0.17	0.13	0.14
四 川	Sichuan	0.72	0.53	0.03	0.37	0.68	0.70
贵 州	Guizhou	1.33		0.07	0.19	0.01	
云 南	Yunnan	0.51	0.05	0.06	0.04		
西 藏	Tibet						
陕 西	Shaanxi	1.31	3.31	1.70	1.80	3.42	8.49
甘 肃	Gansu	3.02	6.64	2.26	0.09	0.64	10.22
青 海	Qinghai				0.18		
宁 夏	Ningxia	0.53	0.25	0.05			
新 疆	Xinjiang	0.59	5.32	2.07	6.29	2.97	1.87

2-8 分地区国有经济煤气生产和供应业固定资产投资
INVESTMENT IN FIXED ASSETS OF STATE-OWNED UNITS IN GAS PRODUCTION AND SUPPLY BY REGION

单位:亿元 (100 million yuan)

地区	Region	1995	2000	2001	2002	2003
北京	Beijing	4.04	12.50	11.32	13.71	11.38
天津	Tianjin	1.10	3.90	2.45	2.57	3.02
河北	Hebei	0.53	2.53	3.85	3.48	7.10
山西	Shanxi	1.07	2.80	2.98	0.87	6.88
内蒙	Inner Mongolia	0.14	0.74	0.75	0.87	1.88
辽宁	Liaoning	1.55	1.83	2.14	0.96	2.02
吉林	Jilin	0.91	0.76	0.19		
黑龙江	Heilongjiang	2.61	1.22	2.17	2.39	0.93
上海	Shanghai	8.43	6.88	3.69	2.63	4.71
江苏	Jiangsu	0.86	1.41	1.47	4.52	4.33
浙江	Zhejiang	1.38	1.16	1.02	2.12	3.49
安徽	Anhui	0.88	0.61	1.36	1.12	2.44
福建	Fujian	0.26	2.03	1.27	0.97	1.28
江西	Jiangxi	0.78	0.64	0.37	0.24	0.56
山东	Shandong	2.37	3.38	3.69	3.47	4.50
河南	Henan	3.24	3.64	3.95	3.24	6.50
湖北	Hubei	1.29	0.44	0.38	0.77	4.12
湖南	Hunan	1.05	0.83	0.61	2.01	1.09
广东	Guangdong	1.83	1.45	1.79	1.49	1.24
广西	Guangxi	0.11	1.44	1.74	1.31	0.62
海南	Hainan	0.01	1.58	1.26	0.06	0.06
重庆	Chongqing		0.72	1.16	1.47	0.86
四川	Sichuan	2.27	3.00	3.60	2.68	3.96
贵州	Guizhou	0.20	0.49	0.09	0.42	0.94
云南	Yunnan	0.41	0.19	0.11	0.38	0.60
西藏	Tibet					
陕西	Shaanxi	0.78	2.37	3.20	2.25	2.83
甘肃	Gansu	0.52	0.36	0.30	0.51	1.45
青海	Qinghai			0.06	0.19	
宁夏	Ningxia	0.09	0.47	0.36	0.31	0.52
新疆	Xinjiang	0.29	0.68	1.02	3.09	2.97

2-9 城镇能源工业分行业投资

INVESTMENT OF URBAN IN ENERGY INDUSTRY

单位:亿元 (100 million yuan)

	1995	2000	2001	2002	2003
能源工业 Energy Industry	**2369.16**	**3991.48**	**3818.18**	**4261.94**	**5159.94**
煤炭采选业 Coal Mining and Processing	285.60	211.39	222.19	301.19	436.43
石油和天然气开采业 Petroleum and Natural Gas Extraction	503.82	789.41	809.65	814.63	945.99
电力、蒸汽、热水生产和供应业 Electricity Steam, Hot Water Producing and and Supply	1336.86	2744.47	2467.78	2822.82	3304.82
石油加工及炼焦业 Petroleum Processing and Coking	194.38	172.55	241.99	235.97	321.05
煤气生产和供应业 Gas Production and Supply	48.51	73.66	76.56	87.33	151.64

2-10 城镇能源工业分行业投资构成

INVESTMENT OF URBAN IN ENERGY INDUSTRY BY PROPORTIONS

单位:% (%)

	1995	2000	2001	2002	2003
能源工业 Energy Industry	**100.00**	**100.00**	**100.00**	**100.00**	**100.00**
煤炭采选业 Coal Mining and Processing	12.05	5.30	5.82	7.07	8.46
石油和天然气开采业 Petroleum and Natural Gas Extraction	21.27	19.78	21.21	19.11	18.33
电力、蒸汽、热水生产和供应业 Electricity Steam, Hot Water Producing and and Supply	56.43	68.76	64.63	66.23	64.05
石油加工及炼焦业 Petroleum Processing and Coking	8.20	4.32	6.34	5.54	6.22
煤气生产和供应业 Gas Production and Supply		1.85	2.01	2.05	2.94

2-11 各地区城镇能源工业投资

INVESTMENT OF URBAN IN ENERGY INDUSTRY BY REGION

单位:万元 (10 000 yuan)

地区	Region	1995	2000	2001	2002	2003
北京	Beijing	580106	577931	420828	518232	350754
天津	Tianjin	592634	997416	946526	960098	1257903
河北	Hebei	800280	2003185	1386287	1370340	1584197
山西	Shanxi	727468	1572844	1594360	1821173	3046474
内蒙	Inner Mongolia	737152	402299	662219	1046060	2130454
辽宁	Liaoning	1539475	1904716	1899458	1889294	1975754
吉林	Jilin	444053	798735	809928	880905	913772
黑龙江	Heilongjiang	1634605	2253840	2095923	2051676	2196129
上海	Shanghai	813844	1148266	1147515	900259	940675
江苏	Jiangsu	902150	2232172	1621076	2138867	3720192
浙江	Zhejiang	697792	2150971	1958579	1952084	2201857
安徽	Anhui	776267	813056	584737	895066	860286
福建	Fujian	636218	1254552	1135656	1147652	808188
江西	Jiangxi	253058	599004	663809	526847	559364
山东	Shandong	1955268	3931843	3662748	4033086	4778666
河南	Henan	1329607	1879757	1880376	1856095	2682376
湖北	Hubei	1458289	2389352	2447493	2704859	2457819
湖南	Hunan	590819	961959	978836	1085071	1175809
广东	Guangdong	1744346	1819912	2118455	2660235	2863810
广西	Guangxi	267558	873235	597010	879007	1116014
海南	Hainan	238795	145957	108719	93502	99970
重庆	Chongqing		498323	421764	477691	673475
四川	Sichuan	1228031	1365482	1164002	1397960	1628038
贵州	Guizhou	271653	717444	957381	1158315	1624957
云南	Yunnan	351856	572173	585909	911724	1022318
西藏	Tibet	90070	97340	65760	146541	206532
陕西	Shaanxi	418013	1058410	944772	1065301	1527677
甘肃	Gansu	340874	648601	620051	616677	948549
青海	Qinghai	222683	303079	441717	528514	510611
宁夏	Ningxia	117431	191842	242750	354187	403772
新疆	Xinjiang	1071295	1797885	2004030	2103791	2330512

2－12 分地区煤炭采选业城镇投资
INVESTMENT OF URBAN IN COAL MINING AND PROCESSING BY REGION

单位:万元 (10 000 yuan)

地　区	Region	1995	2000	2001	2002	2003
北　京	Beijing	6186	2076	2210	1206	1292
天　津	Tianjin		843	432	83	
河　北	Hebei	170999	199587	162338	211519	185274
山　西	Shanxi	473255	365317	465668	674181	903602
内　蒙	Inner Mongolia	352778	28201	42605	74389	204192
辽　宁	Liaoning	60867	79575	79402	114269	143183
吉　林	Jilin	29953	8873	14259	24005	28021
黑龙江	Heilongjiang	142853	114599	111284	122598	180684
上　海	Shanghai					
江　苏	Jiangsu	61551	55179	54419	84049	158717
浙　江	Zhejiang	1153		2110		
安　徽	Anhui	346997	141949	225600	235819	399678
福　建	Fujian	14812	13481	10867	15521	7115
江　西	Jiangxi	18561	9895	26633	34735	50593
山　东	Shandong	252635	403475	521094	714886	1055199
河　南	Henan	231828	187061	155816	204548	217554
湖　北	Hubei	5766	7809	2718	10345	17134
湖　南	Hunan	33756	12192	22039	26811	31860
广　东	Guangdong	9922	1712	1958	5511	6093
广　西	Guangxi	10419	5227	4775	6276	6854
海　南	Hainan	110				
重　庆	Chongqing		11115	12417	14366	31822
四　川	Sichuan	66415	28415	24616	35214	69094
贵　州	Guizhou	66497	53089	44177	50024	127172
云　南	Yunnan	36807	20673	20544	27088	37873
西　藏	Tibet	900				
陕　西	Shaanxi	87340	37459	42329	74737	129168
甘　肃	Gansu	40740	49806	53481	41583	68836
青　海	Qinghai	2379	130	2030	2168	13611
宁　夏	Ningxia	53710	28204	23400	38204	58373
新　疆	Xinjiang	33585	23451	18529	44890	78834

2-13 分地区石油和天然气开采业城镇投资
INVESTMENT OF URBAN IN PETROLEUM AND NATURAL GAS EXTRACTION BY REGION

单位:万元 (10 000 yuan)

地区	Region	1995	2000	2001	2002	2003
北京	Beijing					
天津	Tianjin	307679	601436	637441	583664	881913
河北	Hebei	30600	33545	34952	48913	23998
山西	Shanxi					
内蒙	Inner Mongolia		7003	5940	6110	56725
辽宁	Liaoning	549104	675014	685541	684719	717609
吉林	Jilin	173950	221980	331030	381403	435308
黑龙江	Heilongjiang	1038519	1394374	1213827	1235560	1136853
上海	Shanghai	654	21675	12422	6583	24702
江苏	Jiangsu	62806	107387	90713	83783	88482
浙江	Zhejiang					
安徽	Anhui			75	100	
福建	Fujian		1000		900	
江西	Jiangxi					
山东	Shandong	799717	1329483	1277307	1170090	1190383
河南	Henan	260967	439471	569613	553038	612420
湖北	Hubei	37705	131998	160476	127877	104470
湖南	Hunan					
广东	Guangdong	62844	44097	141971	212123	205617
广西	Guangxi	420				
海南	Hainan	36213	50000	30968	18885	5378
重庆	Chongqing		3377	2174	6664	15691
四川	Sichuan	242277	116256	89863	79145	65484
贵州	Guizhou		1000	5234	6865	3927
云南	Yunnan		300	2		
西藏	Tibet					
陕西	Shaanxi	31620	239757	291439	320380	550427
甘肃	Gansu	42928	65748	79739	102524	115455
青海	Qinghai	59969	169180	171812	177800	190245
宁夏	Ningxia			950		
新疆	Xinjiang	858475	1293814	1353340	1229048	1584775

2－14 分地区电力、蒸汽、热水生产和供应业城镇投资

INVESTMENT OF URBAN IN ELECTRICITY, STEAM, HOT WATER PRODUCTION AND SUPPLY BY REGION

单位:万元　　(10 000 yuan)

地　区	Region	1995	2000	2001	2002	2003
北　京	Beijing	464034	384200	272410	352019	221579
天　津	Tianjin	222172	340961	251723	333817	324895
河　北	Hebei	541859	1661981	1063374	1006117	1171473
山　西	Shanxi	222337	1054166	864803	862064	1304368
内　蒙	Inner Mongolia	326587	354399	586593	922244	1614378
辽　宁	Liaoning	495116	890619	693757	792353	850267
吉　林	Jilin	199538	546346	447591	465676	416588
黑龙江	Heilongjiang	257770	668546	644978	513428	591250
上　海	Shanghai	582874	887196	725712	621445	661562
江　苏	Jiangsu	687769	1873140	1331511	1834792	3257704
浙　江	Zhejiang	596495	2036481	1800779	1726987	1987327
安　徽	Anhui	269432	648320	303412	624109	393004
福　建	Fujian	582995	1208401	1004665	793259	760753
江　西	Jiangxi	207855	564657	620017	462586	456831
山　东	Shandong	738805	1899026	1680052	1892827	2069545
河　南	Henan	789102	1196424	1064173	1032245	1709460
湖　北	Hubei	1303271	2176337	2233167	2507727	2234034
湖　南	Hunan	525130	813996	803741	946510	1047758
广　东	Guangdong	1511922	1667758	1768108	2325886	2527506
广　西	Guangxi	254788	848859	571623	851179	1079966
海　南	Hainan	138897	71397	57848	67813	84234
重　庆	Chongqing		467102	390380	434464	594546
四　川	Sichuan	888303	1180216	984822	1223569	1342195
贵　州	Guizhou	203109	648738	903986	1093806	1471718
云　南	Yunnan	310470	546983	558803	867430	927028
西　藏	Tibet	89170	97340	65760	146541	206532
陕　西	Shaanxi	256452	732021	550197	592966	662604
甘　肃	Gansu	184703	501710	481954	457412	631574
青　海	Qinghai	160335	133689	264631	345816	304657
宁　夏	Ningxia	60259	145166	201536	311790	294489
新　疆	Xinjiang	122091	416024	459593	605028	444390

2-15 分地区石油加工及炼焦业城镇投资
INVESTMENT OF URBAN IN PETROLEUM PROCESSING AND COKING BY REGION

单位:万元 (10 000 yuan)

地区	Region	1995	2000	2001	2002	2003
北京	Beijing	69456	66661	33007	24822	13770
天津	Tianjin	51740	15221	21282	16851	16400
河北	Hebei	50918	76523	61960	58753	100033
山西	Shanxi	21173	118894	227589	266173	761553
内蒙	Inner Mongolia	56435	4941	19487	18790	136034
辽宁	Liaoning	418895	237034	418855	282581	242772
吉林	Jilin	31483	10852	8569	8407	29535
黑龙江	Heilongjiang	169346	62707	103490	156213	276382
上海	Shanghai	100510	170589	351115	203881	114189
江苏	Jiangsu	71219	174603	126281	69497	103939
浙江	Zhejiang	82441	98553	143878	196763	154892
安徽	Anhui	150488	14592	42106	18605	21283
福建	Fujian	35853	10493	107084	326454	19793
江西	Jiangxi	18737	17599	13364	24782	29329
山东	Shandong	140387	259955	130051	194168	324315
河南	Henan	15346	17635	35539	5794	36734
湖北	Hubei	98575	49743	44082	41612	48093
湖南	Hunan	20210	124671	140403	85624	71868
广东	Guangdong	118511	69631	174267	79517	83813
广西	Guangxi	852	1416	463	6162	16494
海南	Hainan	55993	3768	5331	793	400
重庆	Chongqing		1470	1720	1260	8958
四川	Sichuan	6654	1390	5850	22858	73807
贵州	Guizhou		4779	2426	620	9303
云南	Yunnan	458	2186	5373	12662	47762
西藏	Tibet					
陕西	Shaanxi	34818	20899	23205	42821	147840
甘肃	Gansu	66450	27787	1670	9698	112628
青海	Qinghai		1900	110	98	
宁夏	Ningxia	2536	8375	12344	300	42490
新疆	Xinjiang	54268	52535	157233	183107	166016

2-16 分地区煤气生产和供应业城镇投资
INVESTMENT OF URBAN IN GAS PRODUCTION AND SUPPLY BY REGION

单位:万元 (10 000 yuan)

地　区 Region	1995	2000	2001	2002	2003
北　京 Beijing	40430	124994	113201	140185	114113
天　津 Tianjin	11043	38955	35648	25683	34695
河　北 Hebei	5904	31549	63663	45038	103419
山　西 Shanxi	10703	34467	36300	18755	76951
内　蒙 Inner Mongolia	1352	7755	7594	24527	119125
辽　宁 Liaoning	15493	22474	21903	15372	21923
吉　林 Jilin	9129	10684	8479	1414	4320
黑龙江 Heilongjiang	26117	13614	22344	23877	10960
上　海 Shanghai	129806	68806	58266	68350	140222
江　苏 Jiangsu	18805	21863	18152	66746	111350
浙　江 Zhejiang	17703	15937	13922	28334	57528
安　徽 Anhui	9350	8195	13619	16458	46221
福　建 Fujian	2558	21177	13040	12418	19627
江　西 Jiangxi	7905	6853	3795	4744	22611
山　东 Shandong	23724	39904	54244	61115	139224
河　南 Henan	32364	39166	55235	60470	106208
湖　北 Hubei	12972	23465	7050	17298	54088
湖　南 Hunan	11723	11100	12653	26126	24323
广　东 Guangdong	41147	36714	32151	37198	40781
广　西 Guangxi	1079	17733	20149	15390	12700
海　南 Hainan	7582	20792	14572	6011	9958
重　庆 Chongqing		15259	15073	20937	22458
四　川 Sichuan	24382	39205	58851	37174	77458
贵　州 Guizhou	2047	9838	1558	7000	12837
云　南 Yunnan	4121	2031	1187	4544	9655
西　藏 Tibet					
陕　西 Shaanxi	7783	28274	37602	34397	37638
甘　肃 Gansu	6053	3550	3207	5460	20056
青　海 Qinghai		80	1344	2620	2000
宁　夏 Ningxia	926	10097	5470	3893	7470
新　疆 Xinjiang	2876	12061	15335	41718	56497

三、能源生产
Chapter 3 Energy Production

3－1　一次能源生产量和构成
PRIMARY ENERGY PRODUCTION AND COMPOSITION

		1991	1995	2000	2001	2002	2003
一次能源生产量(万吨标煤)(电热当量计算法) Primary Energy Production (10^4 tce) (calorific value calculation)		101490	123519	101130	113997	130623	152018
一次能源生产量(万吨标煤)(发电煤耗计算法) Primary Energy Production (10^4 tce) (coal equivalent calculation)		104844	129034	106988	120900	138369	159912
原煤（万吨）	Raw Coal (10^4 tn)	108741	136073	99800	116078	138000	166700
原油（万吨）	Crude Oil (10^4 tn)	14099	15004	16300	16396	16700	16960
天然气（亿立方米）	Natural Gas (10^8 cu. m)	161	179	272	303	327	350
水电（亿千瓦时）	Hydro Power (10^8 kW·h)	1251	1906	2224	2774	2880	2837
核电（亿千瓦时）	Nuclear Power (10^8 kW·h)		128	167	175	251	433
构成(电热当量计算法)(%) As Percentage of Primary Energy Production(%) (calorific value calculation)							
原煤	Raw Coal	76.53	78.69	70.49	72.63	75.46	78.33
原油	Crude Oil	19.85	17.35	23.03	20.55	18.26	15.94
天然气	Natural Gas	2.11	1.93	3.58	3.54	3.33	3.06
水电	Hydro Power	1.51	1.90	2.70	2.99	2.71	2.32
核电	Nuclear Power		0.13	0.21	0.19	0.24	0.35
构成(发电煤耗计算法)(%) As percentage of primary energy production(%) (coal equivalent calculation)							
原煤	Raw Coal	74.10	75.30	66.63	68.55	71.24	74.46
原油	Crude Oil	19.20	16.60	21.77	19.40	17.24	15.15
天然气	Natural Gas	2.00	1.90	3.38	3.34	3.14	2.91
水电	Hydro Power	4.70	5.85	7.65	8.17	7.71	6.49
核电	Nuclear Power		0.39	0.57	0.54	0.67	0.98

3-2 分地区原煤生产量

COAL PRODUCTION BY REGION

单位:万吨 (10 000 ton)

地 区	Region	1991	1995	2000	2001	2002	2003
全国总计	**National**	**108741**	**136073**	**99800.00**	**116077.66**	**138000.00**	**166700.00**
北 京	Beijing	997	995	553.00	690.22	880.95	822.57
天 津	Tianjin						
河 北	Hebei	6143	8101	5781.21	5865.70	6083.70	6600.15
山 西	Shanxi	29162	34731	19602.70	27614.67	24361.30	29508.66
内 蒙	Inner Mongolia	4923	7055	7247.29	8162.89	8880.30	11959.35
辽 宁	Liaoning	5235	5626	4454.89	4468.15	5180.77	5870.69
吉 林	Jilin	2559	2644	1636.71	1761.95	1685.25	2037.63
黑龙江	Heilongjiang	8514	7938	4974.36	5686.73	5882.58	6669.20
上 海	Shanghai						
江 苏	Jiangsu	2471	2651	2479.02	2505.14	2593.59	2760.40
浙 江	Zhejiang	139	125	72.96	121.02	73.50	69.39
安 徽	Anhui	3084	4444	4678.31	5524.98	6137.84	6726.41
福 建	Fujian	857	1134	375.03	1063.00	644.51	778.22
江 西	Jiangxi	2123	2878	1813.76	1515.09	1375.04	951.66
山 东	Shandong	6054	8827	8038.59	10824.96	13065.97	14667.27
河 南	Henan	8973	10334	7577.90	9170.98	9921.21	11871.01
湖 北	Hubei	810	1533	389.32	1016.54	372.55	366.40
湖 南	Hunan	3314	5565	1490.81	3673.35	1845.42	2366.69
广 东	Guangdong	933	1069	161.71	462.72	168.71	202.34
广 西	Guangxi	993	1391	706.67	613.52	463.51	417.14
海 南	Hainan	2	1	2.00	1.95	1.26	2.00
重 庆	Chongqing			1149.90	1918.46	1211.73	1484.20
四 川	Sichuan	6904	9561	2061.95	4371.75	2753.89	3133.88
贵 州	Guizhou	3723	5472	3676.75	4898.66	5001.12	7802.51
云 南	Yunnan	2194	2803	994.13	2394.12	1219.34	1399.39
西 藏	Tibet	1		2.13	2.53	1.56	2.21
陕 西	Shaanxi	3290	4248	1983.89	5282.20	5859.31	7392.76
甘 肃	Gansu	1543	2466	1632.71	1819.05	2089.21	2603.27
青 海	Qinghai	287	278	145.44	192.00	249.77	310.57
宁 夏	Ningxia	1403	1480	1581.00	1635.72	1707.31	2047.90
新 疆	Xinjiang	2112	2721	2745.82	2819.61	1582.28	1845.71

3-3 分地区焦炭生产量

COKE PRODUCTION BY REGION

单位:万吨 (10 000 ton)

地 区	Region	1991	1995	2000	2001	2002	2003
全国总计	**National**	**7351.59**	**13424.05**	**12184.02**	**13130.77**	**14253.34**	**17775.71**
北 京	Beijing	338.14	400.87	402.07	396.36	357.44	362.39
天 津	Tianjin	141.22	174.78	170.92	219.30	282.38	310.84
河 北	Hebei	462.27	937.54	792.47	920.55	972.61	1128.23
山 西	Shanxi	1455.42	5297.62	4967.22	4987.72	5852.00	6747.41
内 蒙	Inner Mongolia	275.33	394.50	393.65	445.72	506.74	805.25
辽 宁	Liaoning	823.18	820.15	788.90	801.39	871.50	923.01
吉 林	Jilin	117.04	135.79	153.88	149.07	153.79	177.76
黑龙江	Heilongjiang	154.16	189.55	128.64	148.56	192.64	298.96
上 海	Shanghai	514.33	651.20	776.39	739.79	692.79	741.65
江 苏	Jiangsu	132.26	191.25	237.15	243.31	358.44	410.97
浙 江	Zhejiang	37.06	57.34	60.13	59.38	60.55	58.81
安 徽	Anhui	260.57	293.45	330.16	349.29	351.03	367.31
福 建	Fujian	31.36	38.89	44.89	45.04	45.77	49.09
江 西	Jiangxi	145.31	166.53	186.71	184.76	223.63	239.76
山 东	Shandong	271.89	464.75	361.99	361.51	369.73	596.56
河 南	Henan	219.16	488.74	355.22	424.80	427.51	527.34
湖 北	Hubei	323.16	398.44	410.52	408.43	415.56	473.93
湖 南	Hunan	195.22	214.66	207.17	215.88	206.39	272.00
广 东	Guangdong	53.35	54.47	53.96	53.85	54.72	56.06
广 西	Guangxi	48.54	63.69	60.68	67.35	77.99	99.44
海 南	Hainan						
重 庆	Chongqing			136.41	149.50	136.18	153.17
四 川	Sichuan	536.15	707.76	382.22	517.24	486.13	606.51
贵 州	Guizhou	250.80	426.18	133.69	280.88	153.29	530.91
云 南	Yunnan	249.07	370.27	221.25	444.02	532.33	659.67
西 藏	Tibet						
陕 西	Shaanxi	128.35	340.78	175.38	247.20	245.06	871.02
甘 肃	Gansu	82.93	94.62	126.22	131.21	117.39	136.18
青 海	Qinghai	1.12	1.47	1.50	3.09	2.00	0.03
宁 夏	Ningxia	38.93	42.96	29.58	25.48	27.88	45.21
新 疆	Xinjiang	65.27	91.78	95.06	110.09	106.34	126.25

3-4 分地区原油生产量

CRUDE OIL PRODUCTION BY REGION

单位:万吨 (10 000 ton)

地 区	Region	1991	1995	2000	2001	2002	2003
全国总计	**National**	**14099.20**	**15004.94**	**16300.00**	**16395.87**	**16700.00**	**16959.98**
北 京	Beijing						
天 津	Tianjin	474.90	620.82	763.99	970.29	1215.94	1316.30
河 北	Hebei	537.73	517.02	518.26	513.22	503.26	511.01
山 西	Shanxi						
内 蒙	Inner Mongolia	100.06			81.55	3.73	5.00
辽 宁	Liaoning	1374.22	1552.68	1401.12	1385.01	1351.15	1332.22
吉 林	Jilin	342.30	342.73	348.46	388.83	477.01	476.40
黑龙江	Heilongjiang	5562.33	5601.49	5306.73	5161.13	5029.35	4840.12
上 海	Shanghai			52.73	58.93	47.32	38.02
江 苏	Jiangsu	92.50	101.41	155.02	157.02	162.97	166.35
浙 江	Zhejiang						
安 徽	Anhui	3.00					
福 建	Fujian						
江 西	Jiangxi						
山 东	Shandong	3355.19	3006.27	2675.69	2668.01	2671.51	2665.51
河 南	Henan	848.32	601.96	562.18	566.57	568.06	549.77
湖 北	Hubei	73.35	85.03	75.11	77.20	78.30	77.53
湖 南	Hunan						
广 东	Guangdong	153.63	650.97	1393.17	1238.11	1264.46	1275.70
广 西	Guangxi	13.00	3.65	3.29	3.25	3.52	3.28
海 南	Hainan		0.11		2.96	4.64	7.57
重 庆	Chongqing						
四 川	Sichuan	13.78	17.23	17.32	14.68	14.05	13.92
贵 州	Guizhou						
云 南	Yunnan		10.21				
西 藏	Tibet						
陕 西	Shaanxi	85.06	166.95	746.44	918.94	1063.77	1267.43
甘 肃	Gansu	161.81	267.83	55.25	53.66	63.24	73.44
青 海	Qinghai	102.00	121.72	200.01	206.03	214.02	220.02
宁 夏	Ningxia	23.02	39.04	139.01	4.29		
新 疆	Xinjiang	783.00	1297.83	1848.24	1926.19	2015.19	2120.39

3－5 分地区燃料油生产量

FUEL OIL PRODUCTION BY REGION

单位:万吨 (10 000 ton)

地区	Region	1991	1995	2000	2001	2002	2003
全国总计	**National**	**3243.98**	**2960.75**	**2053.67**	**1864.39**	**1845.50**	**2004.84**
北京	Beijing	242.89	220.31	78.95	70.80	68.32	69.21
天津	Tianjin	143.56	142.38	40.60	41.33	32.60	50.17
河北	Hebei	52.05	44.26	30.17	34.99	63.88	41.46
山西	Shanxi						
内蒙	Inner Mongolia		18.85		23.43	21.93	16.32
辽宁	Liaoning	708.35	610.43	413.40	390.50	394.37	338.28
吉林	Jilin	93.97	85.11	95.59	75.35	73.21	47.42
黑龙江	Heilongjiang	249.80	181.28	120.56	100.65	70.88	63.97
上海	Shanghai	299.54	290.40	139.03	112.50	80.20	94.75
江苏	Jiangsu	290.79	162.04	136.29	74.47	113.84	156.43
浙江	Zhejiang	76.63	78.33	123.40	74.99	57.62	75.41
安徽	Anhui	58.64	48.48	10.68	5.67	7.44	2.19
福建	Fujian		10.44	10.01	3.75	11.56	19.27
江西	Jiangxi	40.56	43.27	54.27	53.78	42.25	52.10
山东	Shandong	307.92	334.33	274.66	323.72	338.73	421.08
河南	Henan	13.65	19.56	30.42	24.94	23.58	37.96
湖北	Hubei	130.88	95.49	40.24	28.96	26.59	20.03
湖南	Hunan	60.42	55.29	33.95	29.60	18.04	23.42
广东	Guangdong	251.80	214.73	186.13	171.12	181.65	246.04
广西	Guangxi	1.01	3.60	4.37	4.24	7.22	10.58
海南	Hainan			9.45	4.10	7.73	7.20
重庆	Chongqing						
四川	Sichuan	2.36	3.58	4.10	3.93	4.36	1.87
贵州	Guizhou						
云南	Yunnan		0.58				
西藏	Tibet						
陕西	Shaanxi	19.61	55.64	41.54	66.63	90.02	103.93
甘肃	Gansu	90.86	101.21	91.65	70.94	66.33	71.48
青海	Qinghai	7.82	19.72	6.39	4.27	2.50	1.97
宁夏	Ningxia	5.05	10.24	10.54	6.25	2.03	5.28
新疆	Xinjiang	95.82	111.22	67.26	63.48	38.62	27.02

3－6 分地区汽油生产量
GASOLINE PRODUCTION BY REGION

单位:万吨 (10 000 ton)

地　区	Region	1991	1995	2000	2001	2002	2003
全国总计	**National**	**2403.72**	**3051.56**	**4134.67**	**4154.66**	**4320.76**	**4790.86**
北　京	Beijing	134.71	101.95	146.20	146.69	154.12	151.44
天　津	Tianjin	70.84	94.02	122.02	131.30	110.44	124.61
河　北	Hebei	92.69	135.11	159.04	134.88	135.22	173.76
山　西	Shanxi						
内　蒙	Inner Mongolia		23.43		28.99	30.44	39.20
辽　宁	Liaoning	432.82	398.22	683.88	747.33	766.86	823.04
吉　林	Jilin	131.78	147.88	159.45	160.44	160.43	172.93
黑龙江	Heilongjiang	159.74	261.72	347.46	378.34	391.27	395.43
上　海	Shanghai	112.98	111.00	263.69	240.38	268.01	297.94
江　苏	Jiangsu	102.73	108.07	171.53	172.03	184.94	215.18
浙　江	Zhejiang	112.30	124.15	178.98	174.52	198.94	245.05
安　徽	Anhui	58.47	74.11	79.38	63.29	66.86	71.90
福　建	Fujian		81.49	102.22	98.34	96.48	103.48
江　西	Jiangxi	56.91	64.56	82.51	71.38	73.99	78.46
山　东	Shandong	165.65	214.88	280.15	273.79	291.65	361.76
河　南	Henan	85.79	138.68	136.86	123.16	129.49	139.37
湖　北	Hubei	119.31	126.32	154.97	130.38	144.65	166.99
湖　南	Hunan	86.87	90.38	120.19	108.65	116.33	124.27
广　东	Guangdong	214.07	286.47	331.50	323.81	356.64	371.44
广　西	Guangxi	1.10	15.09	15.64	15.02	15.87	15.84
海　南	Hainan						
重　庆	Chongqing						
四　川	Sichuan	4.71	5.92	8.42	10.61	11.52	13.24
贵　州	Guizhou						
云　南	Yunnan						
西　藏	Tibet						
陕　西	Shaanxi	18.70	49.68	180.13	197.33	199.40	229.59
甘　肃	Gansu	90.90	166.84	150.92	166.42	168.50	193.71
青　海	Qinghai	3.24	29.48	20.78	21.77	20.89	22.57
宁　夏	Ningxia	6.75	23.57	26.91	35.36	29.06	38.77
新　疆	Xinjiang	140.66	178.53	211.86	200.45	197.87	220.88

3-7 分地区煤油生产量

KEROSENE PRODUCTION BY REGION

单位:万吨 (10 000 ton)

地区	Region	1991	1995	2000	2001	2002	2003
全国总计	**National**	**406.24**	**445.80**	**872.29**	**789.35**	**826.11**	**855.30**
北京	Beijing	2.91	0.26				
天津	Tianjin	10.24	8.85	32.57	22.37	26.90	27.07
河北	Hebei	4.85	4.83	12.69	9.15	8.71	11.43
山西	Shanxi						
内蒙	Inner Mongolia		0.02				
辽宁	Liaoning	112.54	84.34	231.53	205.39	200.21	214.19
吉林	Jilin	0.12	1.96	1.28	1.23	0.22	0.31
黑龙江	Heilongjiang	23.52	22.27	23.27	24.05	22.61	22.07
上海	Shanghai	36.42	35.84	48.38	53.12	65.62	105.06
江苏	Jiangsu	42.91	50.64	67.21	55.10	66.94	59.16
浙江	Zhejiang	3.29	32.31	107.28	85.35	100.40	110.31
安徽	Anhui						
福建	Fujian		3.49	8.64	5.61	4.93	5.24
江西	Jiangxi	4.80	2.14	4.44	2.21	4.08	5.08
山东	Shandong	15.99	24.89	44.96	45.10	46.73	50.85
河南	Henan	5.74	21.10	17.04	19.32	17.55	15.88
湖北	Hubei	18.11	13.64	16.38	17.66	17.47	12.93
湖南	Hunan	10.77	7.49	8.57	4.03	8.25	7.17
广东	Guangdong	69.50	72.28	147.68	155.83	160.45	145.23
广西	Guangxi		0.55	0.05	0.05	0.01	0.01
海南	Hainan						
重庆	Chongqing				0.02	0.04	0.04
四川	Sichuan	1.03	2.76	4.23	5.50	2.76	1.41
贵州	Guizhou						
云南	Yunnan						
西藏	Tibet						
陕西	Shaanxi	0.34	1.65	8.46	8.29	10.24	6.87
甘肃	Gansu	31.95	38.64	55.88	49.17	42.44	35.39
青海	Qinghai						
宁夏	Ningxia						
新疆	Xinjiang	11.21	15.80	31.75	20.80	19.55	19.60

3-8 分地区柴油生产量
DIESEL OIL PRODUCTION BY REGION

单位:万吨 (10 000 ton)

地 区	Region	1991	1995	2000	2001	2002	2003
全国总计	**National**	**2853.29**	**3972.60**	**7079.62**	**7485.66**	**7706.10**	**8532.78**
北 京	Beijing	88.65	79.20	183.92	186.74	174.05	170.17
天 津	Tianjin	83.33	119.44	246.82	274.00	259.89	278.71
河 北	Hebei	83.83	165.81	271.19	228.46	230.85	293.59
山 西	Shanxi	0.06	0.16				
内 蒙	Inner Mongolia	0.14	20.46		45.14	42.62	45.63
辽 宁	Liaoning	622.45	677.68	1202.07	1304.15	1350.79	1567.72
吉 林	Jilin	82.72	99.83	178.81	199.92	226.89	290.52
黑龙江	Heilongjiang	285.37	379.68	532.61	609.19	593.85	596.76
上 海	Shanghai	112.35	129.13	401.30	448.19	452.46	571.35
江 苏	Jiangsu	168.63	207.31	408.69	383.83	369.26	433.99
浙 江	Zhejiang	115.15	201.52	387.40	437.89	488.88	549.69
安 徽	Anhui	84.14	98.87	151.85	129.15	134.89	146.31
福 建	Fujian	0.00	85.15	161.49	161.26	147.08	147.38
江 西	Jiangxi	59.58	83.17	127.09	111.01	112.82	116.62
山 东	Shandong	237.32	328.63	540.04	564.04	609.13	669.78
河 南	Henan	73.86	121.69	213.42	209.94	202.79	215.96
湖 北	Hubei	122.14	153.05	247.01	219.31	227.27	245.88
湖 南	Hunan	90.94	104.36	215.53	192.33	185.83	178.87
广 东	Guangdong	249.29	377.36	654.02	685.33	685.59	716.37
广 西	Guangxi	1.69	14.98	24.92	26.44	25.36	24.15
海 南	Hainan						
重 庆	Chongqing					0.01	0.01
四 川	Sichuan	3.14	5.78	11.14	14.02	16.41	27.07
贵 州	Guizhou						
云 南	Yunnan						
西 藏	Tibet						
陕 西	Shaanxi	22.26	52.93	223.19	277.59	308.00	358.03
甘 肃	Gansu	98.99	188.59	276.23	303.78	336.94	364.34
青 海	Qinghai	4.72	20.99	22.63	24.96	25.27	26.41
宁 夏	Ningxia	6.40	24.92	33.44	41.17	33.10	50.73
新 疆	Xinjiang	156.14	231.88	364.79	407.82	429.40	446.78

3－9 分地区天然气生产量
NATURAL GAS PRODUCTION BY REGION

单位:亿立方米 (100 million cu. m)

地　区	Region	1991	1995	2000	2001	2002	2003
全国总计	**National**	**154.93**	**179.47**	**272.00**	**303.29**	**326.61**	**350.15**
北　京	Beijing						
天　津	Tianjin	3.61	7.57	9.10	8.95	8.88	8.49
河　北	Hebei	2.90	3.49	5.14	5.21	5.90	6.34
山　西	Shanxi	0.59	0.47	1.14	1.58	2.06	2.50
内　蒙	Inner Mongolia			4.55	7.01	8.49	
辽　宁	Liaoning	20.55	21.12	14.70	14.71	13.31	13.28
吉　林	Jilin	1.26	1.83	2.05	2.05	2.41	2.32
黑龙江	Heilongjiang	22.73	25.91	23.04	22.03	20.22	20.96
上　海	Shanghai			2.60	3.30	4.33	4.97
江　苏	Jiangsu	0.33	0.19	0.24	0.23	0.23	0.33
浙　江	Zhejiang			0.04	0.05	0.05	
安　徽	Anhui						
福　建	Fujian						
江　西	Jiangxi						
山　东	Shandong	14.38	12.85	6.88	8.50	7.50	8.10
河　南	Henan	13.02	11.38	14.95	17.36	19.36	20.14
湖　北	Hubei	0.64	0.76	0.91	0.76	0.91	0.94
湖　南	Hunan						
广　东	Guangdong		1.03	34.60	32.87	31.55	26.88
广　西	Guangxi						
海　南	Hainan						
重　庆	Chongqing			1.94	1.45	1.94	2.23
四　川	Sichuan	67.30	76.64	88.60	94.50	100.06	113.43
贵　州	Guizhou	0.34		0.70	0.68	0.48	0.52
云　南	Yunnan		1.81	0.05	0.09	0.15	0.24
西　藏	Tibet						
陕　西	Shaanxi	0.27	0.22	21.10	34.40	40.04	52.86
甘　肃	Gansu	0.68	1.13	0.20	0.37	0.87	0.21
青　海	Qinghai	0.75	0.64	3.91	5.87	11.51	15.57
宁　夏	Ningxia	0.04	0.62	0.15	0.08		
新　疆	Xinjiang	5.54	11.81	35.38	41.24	46.08	49.84

3－10 分地区发电量
POWER GENERATION BY REGION

单位:亿千瓦小时 (100 million kW · h)

地　区	Region	1991	1995	2000	2001	2002	2003
全国总计	**National**	**6775.47**	**10077.30**	**13556.00**	**14716.60**	**16404.80**	**19105.75**
北　京	Beijing	131.78	132.21	145.26	133.28	141.98	192.16
天　津	Tianjin	90.27	133.65	211.49	217.43	268.83	320.07
河　北	Hebei	410.66	607.17	844.42	901.63	1014.26	1088.34
山　西	Shanxi	341.38	505.97	620.31	710.33	842.01	965.01
内　蒙	Inner Mongolia	189.04	278.54	439.22	465.49	514.85	647.73
辽　宁	Liaoning	446.51	540.08	645.58	662.12	725.27	837.11
吉　林	Jilin	199.80	284.60	313.50	329.57	295.65	338.83
黑龙江	Heilongjiang	316.34	388.01	426.73	438.37	459.28	493.78
上　海	Shanghai	304.82	403.42	553.09	574.88	608.92	687.63
江　苏	Jiangsu	441.20	700.41	909.70	987.47	1116.56	1336.77
浙　江	Zhejiang	242.32	401.48	624.83	734.94	778.20	1101.74
安　徽	Anhui	215.52	310.32	355.44	398.62	465.66	557.15
福　建	Fujian	151.76	261.55	403.73	501.24	533.08	610.70
江　西	Jiangxi	129.96	176.48	203.35	216.95	247.99	320.94
山　东	Shandong	496.40	739.24	1005.26	1104.35	1220.84	1396.97
河　南	Henan	356.49	547.71	694.93	792.85	876.82	1025.10
湖　北	Hubei	349.49	452.74	559.12	598.00	606.57	780.46
湖　南	Hunan	221.25	332.94	354.42	401.84	425.54	537.76
广　东	Guangdong	394.93	821.06	1292.69	1417.65	1525.53	1882.68
广　西	Guangxi	135.55	217.29	289.09	292.31	307.74	362.91
海　南	Hainan	16.47	31.53	39.05	43.89	50.11	58.59
重　庆	Chongqing			167.90	178.08	184.75	204.11
四　川	Sichuan	379.58	575.97	500.24	633.38	695.74	849.26
贵　州	Guizhou	116.03	231.55	404.70	490.51	547.12	640.98
云　南	Yunnan	140.85	228.42	297.84	359.52	373.16	474.8
西　藏	Tibet	3.45	4.83	6.61	6.97	7.96	
陕　西	Shaanxi	164.31	236.77	272.28	424.22	343.51	419.16
甘　肃	Gansu	188.05	237.75	253.52	302.55	340.18	404.87
青　海	Qinghai	59.81	60.42	133.79	141.67	139.49	130.48
宁　夏	Ningxia	63.11	107.77	136.61	150.30	171.02	206.13
新　疆	Xinjiang	78.34	120.43	182.12	197.61	195.37	233.53

3－11 分地区水力发电量
HYDRO POWER GENERATION BY REGION

单位:亿千瓦小时 (100 million kW·h)

地　区	Region	1991	1995	2000	2001	2002	2003
全国总计	**National**	**1246.68**	**1905.77**	**2224.14**	**2774.32**	**2879.74**	**2836.81**
北　京	Beijing	2.21	3.18	8.64	1.64	4.10	**6.52**
天　津	Tianjin	0.20	0.21	0.14			
河　北	Hebei	6.32	12.63	4.70	3.62	3.64	**3.01**
山　西	Shanxi	5.81	7.11	13.04	16.73	18.83	**19.29**
内　蒙	Inner Mongolia	1.24	1.43	5.59	6.19	6.69	**7.07**
辽　宁	Liaoning	40.35	41.71	14.89	22.72	14.46	**22.97**
吉　林	Jilin	64.30	83.16	47.84	58.13	44.57	**40.80**
黑龙江	Heilongjiang	5.82	6.69	13.19	12.76	15.09	**11.72**
上　海	Shanghai						
江　苏	Jiangsu	0.50	0.35	0.13	0.20	1.03	**4.00**
浙　江	Zhejiang	58.83	78.25	65.23	86.40	95.29	**125.00**
安　徽	Anhui	15.11	11.39	4.58	8.41	10.51	**15.60**
福　建	Fujian	62.72	154.91	195.22	287.75	224.35	**188.99**
江　西	Jiangxi	31.93	55.13	53.50	54.73	61.51	**47.64**
山　东	Shandong	0.79	0.40	0.03	0.01	0.01	**0.20**
河　南	Henan	15.28	15.64	15.52	36.13	15.52	**54.00**
湖　北	Hubei	225.48	258.82	281.40	275.12	272.58	**380.64**
湖　南	Hunan	107.63	157.97	191.15	212.01	227.93	**242.97**
广　东	Guangdong	59.17	131.10	106.11	189.74	108.62	**180.02**
广　西	Guangxi	63.72	138.30	168.87	176.09	184.12	**192.63**
海　南	Hainan	7.02	11.32	11.54	15.15	13.74	**13.22**
重　庆	Chongqing			38.22	40.70	37.48	**46.19**
四　川	Sichuan	155.06	259.79	315.11	422.36	409.85	**480.15**
贵　州	Guizhou	44.31	114.90	183.44	221.96	221.53	**208.25**
云　南	Yunnan	93.12	162.05	196.53	216.48	209.24	**280.90**
西　藏	Tibet	2.50	3.04	5.54	5.90	6.88	
陕　西	Shaanxi	16.52	25.43	34.80	149.14	25.92	**46.75**
甘　肃	Gansu	93.69	96.18	102.54	117.97	105.74	**108.07**
青　海	Qinghai	44.00	42.57	107.69	94.59	88.97	**66.60**
宁　夏	Ningxia	8.38	9.30	8.18	7.59	7.78	**7.28**
新　疆	Xinjiang	14.67	22.82	30.83	34.10	29.21	**36.33**

3－12 分地区火力发电量

THERMAL POWER GENERATION BY REGION

单位:亿千瓦小时 (100 million kW·h)

地　区	Region	1991	1995	2000	2001	2002	2003
全国总计	**National**	**5524.62**	**8043.62**	**11164.50**	**11767.53**	**13273.77**	**15803.61**
北　京	Beijing	129.36	128.18	136.62	130.35	136.18	185.64
天　津	Tianjin	88.86	131.58	211.35	217.43	268.83	320.07
河　北	Hebei	404.34	593.72	839.53	897.88	1010.32	1085.17
山　西	Shanxi	335.57	498.85	607.27	691.14	823.18	945.71
内　蒙	Inner Mongolia	187.59	277.11	432.09	456.93	507.30	639.53
辽　宁	Liaoning	406.08	496.63	628.00	638.68	709.29	812.30
吉　林	Jilin	135.50	201.45	265.48	270.83	250.37	297.39
黑龙江	Heilongjiang	310.52	381.30	413.54	425.41	444.19	483.12
上　海	Shanghai	303.83	401.93	553.09	572.86	608.92	687.51
江　苏	Jiangsu	440.70	698.42	909.57	986.49	1115.53	1332.77
浙　江	Zhejiang	183.32	300.67	539.18	614.29	630.12	827.50
安　徽	Anhui	200.31	297.94	350.87	381.22	455.15	541.60
福　建	Fujian	89.03	106.60	208.45	211.70	308.50	421.46
江　西	Jiangxi	98.03	121.35	149.85	162.22	186.48	273.30
山　东	Shandong	495.61	738.83	1005.14	1068.95	1220.73	1396.77
河　南	Henan	341.03	532.01	677.76	753.81	858.86	968.26
湖　北	Hubei	124.01	193.71	277.73	322.88	333.98	395.32
湖　南	Hunan	113.62	174.86	163.27	189.07	197.61	294.79
广　东	Guangdong	335.73	583.62	1038.61	1075.18	1209.57	1399.46
广　西	Guangxi	71.83	78.99	120.21	116.21	123.61	170.28
海　南	Hainan	9.45	20.21	27.51	28.61	36.37	45.25
重　庆	Chongqing			129.68	136.87	147.27	158.18
四　川	Sichuan	224.52	316.18	185.13	208.77	285.65	368.45
贵　州	Guizhou	71.72	116.64	221.27	268.55	325.59	432.74
云　南	Yunnan	47.73	66.37	101.32	142.99	163.93	193.91
西　藏	Tibet	0.08	0.25	0.05	0.05	0.07	
陕　西	Shaanxi	147.74	211.34	237.48	275.04	317.59	373.35
甘　肃	Gansu	94.36	141.56	150.98	184.13	234.26	295.95
青　海	Qinghai	15.81	17.85	26.10	44.98	50.52	63.88
宁　夏	Ningxia	54.73	98.48	128.43	142.71	163.24	198.85
新　疆	Xinjiang	63.61	97.27	149.29	151.30	164.43	195.10

3－13 分地区城市天然气供应情况

BASIC STATISTICS ON SUPPLY OF NATURAL GAS IN CITIES BY REGION

地　区	Region	供气总量（万立方米）Total Gas Supply (10^4cu. m)			用气人口（万人）Population with Access		
		2000	2002	2003	2000	2002	2003
全　国	**National Total**	**821476**	**1259334**	**1416415**	**2580.98**	**3686.00**	**4320.20**
北　京	Beijing	95740	204774	238471	295.30	497.00	538.00
天　津	Tianjin	23474	40222	48004	304.12	370.00	391.50
河　北	Hebei	4647	15966	12059	31.08	69.00	86.70
山　西	Shanxi	5611	5811	3874	35.68	47.00	31.40
内蒙古	Inner Mongolia			33			28.00
辽　宁	Liaoning	24923	30701	30338	409.88	442.00	456.50
吉　林	Jilin	13162	19760	19109	76.50	102.00	123.30
黑龙江	Heilongjiang	4185	16494	18175	55.71	71.00	84.40
上　海	Shanghai	25974	43285	49682	66.99	150.00	180.20
江　苏	Jiangsu			1677			9.90
浙　江	Zhejiang		4	1008			11.90
安　徽	Anhui	600		32	5.29		3.40
福　建	Fujian						
江　西	Jiangxi						0.10
山　东	Shandong	84065	60766	83721	61.88	153.00	225.60
河　南	Henan	55018	35340	43136	185.89	249.00	283.40
湖　北	Hubei	1	810	892	0.20	5.00	6.80
湖　南	Hunan						
广　东	Guangdong	339	10774	2178	4.00	16.00	18.00
广　西	Guangxi				0.12		
海　南	Hainan		869	2309		14.00	41.60
重　庆	Chongqing	68049	110702	110438	328.63	395.00	438.00
四　川	Sichuan	388394	523792	559452	556.00	717.00	862.50
贵　州	Guizhou	450	450	6199	1.89	3.00	1.70
云　南	Yunnan	1533		14500	2.00		4.50
西　藏	Tibet						
陕　西	Shaanxi	17770	45298	50336	125.95	205.00	240.30
甘　肃	Gansu	78	5105	9687	1.60	69.00	86.40
青　海	Qinghai	2022	26696	38126	3.93	6.00	7.80
宁　夏	Ningxia	56	47924	50464	1.35	8.00	16.60
新　疆	Xinjiang	5385	13793	22515	26.99	99.00	142.00

3－14 分地区城市人工煤气供应情况

BASIC STATISTICS ON SUPPLY OF COAL GAS IN CITIES BY REGION

地　区	Region	供气总量（万立方米） Total Gas Supply (10^4cu. m)			用气人口（万人） Population with Access		
		2000	2002	2003	2000	2002	2003
全　国	**National Total**	**1523615**	**1989196**	**2020883.2**	**3944.45**	**4541.00**	**4792.10**
北　京	Beijing	47310	34236	27286.6	82.94	63.00	26.00
天　津	Tianjin	9882	21813	25896.0	72.62	90.00	96.30
河　北	Hebei	45918	69345	70347.5	278.73	360.00	360.50
山　西	Shanxi	241869	69562	89706.1	295.07	352.00	370.10
内蒙古	Inner Mongolia	7485	7692	9043.0	77.93	92.00	74.10
辽　宁	Liaoning	81957	61430	69121.2	422.10	512.00	541.60
吉　林	Jilin	15508	13316	20562.2	149.88	151.00	158.60
黑龙江	Heilongjiang	30347	31751	36183.3	211.03	232.00	256.00
上　海	Shanghai	213147	232753	250873.6	449.95	602.00	592.50
江　苏	Jiangsu	362606	788537	802429.5	324.65	361.00	405.80
浙　江	Zhejiang	27796	12114	33721.0	47.77	82.00	156.50
安　徽	Anhui	22996	24770	20147.8	168.76	198.00	203.10
福　建	Fujian	12727	1064	1257.4	21.21	8.00	8.90
江　西	Jiangxi	39463	36291	39984.3	125.38	135.00	138.70
山　东	Shandong	43041	42868	47187.4	335.43	381.00	422.00
河　南	Henan	81775	91057	84775.5	136.31	129.00	139.30
湖　北	Hubei	14588	14763	15592.6	180.08	140.00	137.20
湖　南	Hunan	60375	201902	43529.7	81.29	91.00	100.50
广　东	Guangdong	12097	17124	128836.1	150.07	196.00	246.80
广　西	Guangxi	2817	3504	3903.4	14.51	17.00	23.20
海　南	Hainan						
重　庆	Chongqing	100	1266	336.0	0.50	2.00	1.80
四　川	Sichuan	111677	132599	120233.0	30.08	32.00	31.50
贵　州	Guizhou	8727	10871	14411.0	73.35	99.00	100.30
云　南	Yunnan	15407	16854	17330.0	99.60	146.00	144.30
西　藏	Tibet						
陕　西	Shaanxi	4447	4784	1258.0	32.67	34.00	15.20
甘　肃	Gansu	6691	3431	3433.1	70.24	19.00	24.80
青　海	Qinghai	24			2.50		
宁　夏	Ningxia	2838	2848	2848.0	9.80	10.00	10.50
新　疆	Xinjiang		40650	40650.0		6.00	5.90

3-15 分地区城市液化石油气供应情况
BASIC STATISTICS ON SUPPLY OF LPG IN CITIES BY REGION

地区 Region		供气总量（吨） Total Gas Supply (ton)			用气人口（万人） Population with Access	
	2000	2002	2003	2000	2002	2003
全国 National Total	**10537147**	**11363884**	**11264000**	**11106.62**	**15431.00**	**16833.90**
北京 Beijing	176460	285770	384000	252.69	386.00	397.00
天津 Tianjin	44203	95966	80000	89.40	126.00	117.80
河北 Hebei	189612	313073	337000	475.66	668.00	707.70
山西 Shanxi	34152	256563	49000	102.28	156.00	174.80
内蒙古 Inner Mongolia	59425	111052	134000	191.86	227.00	260.30
辽宁 Liaoning	379194	377990	432000	568.82	698.00	734.40
吉林 Jilin	169062	173074	203000	350.34	432.00	437.80
黑龙江 Heilongjiang	601427	178637	222000	546.44	593.00	583.60
上海 Shanghai	490561	470156	429000	421.15	518.00	505.60
江苏 Jiangsu	705010	1252001	1358000	882.85	1600.00	1673.50
浙江 Zhejiang	630895	923325	1185000	555.11	1110.00	1103.50
安徽 Anhui	458621	464052	333000	378.80	501.00	517.30
福建 Fujian	737609	305297	301000	340.72	577.00	573.40
江西 Jiangxi	164698	130700	150000	220.08	313.00	356.50
山东 Shandong	276543	432388	545000	886.80	1379.00	1614.30
河南 Henan	162199	180355	175000	429.88	513.00	507.70
湖北 Hubei	296179	318355	313000	908.34	1247.00	1230.00
湖南 Hunan	199873	297511	231000	460.65	537.00	571.80
广东 Guangdong	3108612	3101153	334000	1485.28	2077.00	2702.30
广西 Guangxi	204904	243352	250000	373.57	439.00	466.60
海南 Hainan	77856	70886	80000	116.53	107.00	110.80
重庆 Chongqing	38769	82698	63000	35.05	57.00	46.10
四川 Sichuan	66154	124909	142000	80.54	120.00	137.80
贵州 Guizhou	28973	47315	57000	89.71	170.00	184.60
云南 Yunnan	82954	84184	94000	137.50	155.00	174.70
西藏 Tibet	16680	18800	1000	13.80	14.00	12.50
陕西 Shaanxi	79038	84672	107000	205.97	186.00	336.60
甘肃 Gansu	783739	722284	55000	101.73	92.00	191.60
青海 Qinghai	11496	15405	15000	29.50	38.00	35.50
宁夏 Ningxia	18231	18056	22000	69.87	85.00	81.80
新疆 Xinjiang	244018	183902	172000	305.70	309.00	286.20

3-16 分地区城市集中供热情况
BASIC STATISTICS ON HEATING SUPPLY IN CITIES BY REGION

地区	Region	蒸汽供应能力(吨/小时) Capacity of Steam Supply (tn/h)			热水供应能力(兆瓦) Capacity of Hot Water Supply(10^6 W/h)		
		2000	2002	2003	2000	2002	2003
全国	**National Total**	**74148**	**83346**	**92590**	**97417**	**148579**	**59136**
北京	Beijing	3408	2915	3816	4755	18008	3406
天津	Tianjin	9106	2293	3234	5608	7256	1486
河北	Hebei	6427	6578	6881	8388	10149	6119
山西	Shanxi	3316	3482	3397	5347	6008	929
内蒙古	Inner Mongolia	1200	1274	874	5687	8065	532
辽宁	Liaoning	11569	10911	10975	19154	29269	3999
吉林	Jilin	3425	3324	4450	10564	12640	1570
黑龙江	Heilongjiang	4513	5590	5993	13750	18677	2524
上海	Shanghai						
江苏	Jiangsu	2554	10247	13372	8	93	9637
浙江	Zhejiang	1516	2897	3333		225	2969
安徽	Anhui	1915	2055	1798	214	200	2325
福建	Fujian				43	11	
江西	Jiangxi						
山东	Shandong	12498	15854	18754	9206	18613	9636
河南	Henan	3261	3634	3899	1334	1444	2348
湖北	Hubei	775	1364	1404		78	596
湖南	Hunan	493	105	105			5
广东	Guangdong						
广西	Guangxi						
海南	Hainan						
重庆	Chongqing						
四川	Sichuan		140	160			134
贵州	Guizhou						
云南	Yunnan						
西藏	Tibet						
陕西	Shaanxi	1923	1834	2258	551	1214	1711
甘肃	Gansu	3949	5628	5845	3611	4092	8113
青海	Qinghai				89	145	
宁夏	Ningxia	662	662	646	2963	3449	241
新疆	Xinjiang	1638	2559	1396	6145	8943	856

四、全国能源平衡表

Chapter 4 Energy Balance Table of China

4-1 中国能源平衡表(标准量)-2001

(万吨标准煤)

		能源合计 Energy Total	
		(发电煤耗计算法) (coal equivalent calculation)	(电热当量计算法) (calorific value calculatikW·hon)
一.可供本地区消费的能源量	**Total Primary Energy Supply**	**125309.78**	**118615.29**
1.一次能源生产量	Indigenous Production	120900.00	113996.27
水电	Hydro Power	10325.98	3409.64
核电	Nuclear Power	650.30	214.73
2.回收能	Recovery of Energy	1858.54	1858.54
3.进口量	Import	12967.56	12922.73
4.我轮、机在外国加油量	China Airplanes&ships Refueling in Abroad	503.49	503.49
5.出口量(-)	Export (-)	-10941.18	-10687.11
6.外轮、机在我国加油量(-)	Foreign Airplanes&ships Refueling in China	-203.53	-203.53
7.库存增(-)、减(+)量	Stock Change	225.00	225.00
二.加工转换投入(-)产出(+)量	**Input(-) & Output(+) of Transformation**	**-2011.03**	**-32291.30**
1.火力发电	Thermal Power		-29336.21
2.供热	Heating Supply		-944.61
3.洗选煤	Coal Washing	-792.33	-791.88
4.炼焦	Coking	-386.71	-387.18
5.炼油	Petroleum Refineries	-635.67	-635.67
6.制气	Gas Works	-43.11	-43.11
#焦炭再投入量(-)	Coke Input (-)	-149.26	-149.26
7.煤制品加工	Briquettes	-3.82	-3.38
三.损失量	**Loss**	**3953.09**	**1693.30**
四.终端消费量	**Total Final Consumption**	**128950.63**	**94466.57**
1.农、林、牧、渔、水利业	Farming, Forestry, Animal Husbandry, Fishery & Water Conservancy	6232.83	4331.86
2.工业	Industry	86710.88	62488.43
#用作原料、材料	Non-Energy Use	7594.09	7594.09
3.建筑业	Construction	1452.39	1090.17
4.交通运输、仓储及邮电通迅业	Transport, Storage, Postal & Telecommunications Services	9929.20	9128.13
5.批发和零售贸易业、餐饮业	Wholesale, Retail Trade and Catering Service	3164.51	2048.23
6.生活消费	Residential Consumption	15426.56	11076.91
城镇	Urban	9468.25	6745.85
乡村	Rural	5958.31	4331.06
7.其他	Other	6034.25	4302.85
五.平衡差额	**Statistical Difference**	**-9604.97**	**-9835.88**
六.能源消费总量	**Total Energy Consumption**	**134914.75**	**128451.17**

ENERGY BALANCE OF CHINA －2001 (STANDARD QUANTITY)

(10 000 tce)

煤合计 Coal Total	原煤 Raw Coal	洗精煤 Cleaned Coal	其他洗煤 Other Washed Coal	型煤 Briquettes	焦炭 Coke	焦炉煤气 Coke Oven Gas	其他煤气 Other Gas	其他焦化产品 Other Coking Products	油品合计 Petroleum Products Total
77506.12	**78323**	**－725.38**	**－91.07**	**－0.43**	**－1620.13**		**1242.35**	**40.51**	**33275.67**
82915.00	82915								23423.14
							1242.35		
192.84	159	25.25	8.59					54.81	12652.98
									503.49
－6482.59	－5619	－862.86	－0.55	－0.18	－1345.00			－14.30	－2719.57
									－203.53
881.00	868.00	112.00	－99.00		－275.00				－381.00
－61687.07	**－64901**	**944.90**	**1791.16**	**477.87**	**11878.90**	**1145.54**	**135.02**	**235.34**	**－2983.97**
－41438.58	－40598	－176.46	－664.12			－65.24	－241.62	－0.76	－1740.79
－5043.97	－4909	－24.12	－110.85			－43.19	－115.38	－1.03	－637.83
－791.88	－14848	11462.68	2593.44						
－13671.60	－3798	－9858.41	－15.19		11795.50	1235.54	32.77	220.41	
									－572.84
－737.66	－272	－458.79	－6.87		232.66	18.43	459.25	16.72	－32.51
					－149.26				
－3.38	－476		－5.25	477.87					
						13.48			**265.73**
26977.54	**24247**	**926.36**	**1325.89**	**478.29**	**9838.14**	**1151.52**	**1376.89**	**266.35**	**29499.15**
978.47	965		13.47		126.30				2288.25
19349.04	17671	919.16	754.63	4.25	9510.82	950.30	1123.61	266.35	12723.45
523.16	508	9.91	5.25		703.07			55.23	5229.41
329.42	319	3.59	6.83		21.69				546.04
643.11	627	3.51	12.57	0.03	10.60	0.10	0.72		8079.77
495.46	486	0.09	5.18	4.19	36.04	9.95	8.63		845.19
4720.75	3804		449.07	467.68	121.73	175.90	240.42		2148.43
1831.08	1319		210.10	301.98	61.91	175.90	238.09		1719.29
2889.67	2485		238.97	165.70	59.82		2.33		429.14
461.29	375	0.01	84.14	2.14	10.96	15.27	3.51		2868.02
－11158.49	**－10825**	**－706.84**	**374.20**	**－0.85**	**420.63**	**－19.46**	**0.48**	**9.50**	**526.82**

续表

（万吨标准煤）

		原油 Crude Oil	汽油 Gasoline
一. 可供本地区消费的能源量	**Total Primary Energy Supply**	**30767.99**	**-806.04**
1. 一次能源生产量	Indigenous Production	23423.14	
水电	Hydro Power		
核电	Nuclear Power		
2. 回收能	Recovery of Energy		
3. 进口量	Import	8608.74	0.03
4. 我轮、机在外国加油量	China Airplanes&ships Refueling in Abroad		
5. 出口量（-）	Export（-）	-1078.59	-842.32
6. 外轮、机在我国加油量（-）	Foreign Airplanes&ships Refueling in China	0.00	-19.86
7. 库存增（-）、减（+）量	Stock Change	-185.30	56.11
二. 加工转换投入（-）产出（+）量	**Input(-) & Output(+) of Transformation**	**-29315.89**	**6112.11**
1. 火力发电	Thermal Power	-116.57	-0.88
2. 供热	Heating Supply	-17.60	-0.18
3. 洗选煤	Coal Washing		
4. 炼焦	Coking		
5. 炼油	Petroleum Refineries	-29181.72	6113.17
6. 制气	Gas Works		
#焦炭再投入量（-）	Coke Input（-）		
7. 煤制品加工	Briquettes		
三. 损失量	**Loss**	**263.26**	
四. 终端消费量	**Total Final Consumption**	**916.45**	**5292.67**
1. 农、林、牧、渔、水利业	Farming, Forestry, Animal Husbandry, Fishery & Water Conservancy		280.45
2. 工业	Industry	883.81	908.47
#用作原料、材料	Non-Energy Use	142.49	12.45
3. 建筑业	Construction	4.72	171.71
4. 交通运输、仓储及邮电通迅业	Transport, Storage, Postal & Telecommunications Services	26.03	2088.46
5. 批发和零售贸易业、餐饮业	Wholesale, Retail Trade and Catering Service	0.21	314.94
6. 生活消费	Residential Consumption		198.05
城镇	Urban		147.02
乡村	Rural		51.03
7. 其他	Other	1.68	1330.59
五. 平衡差额	**Statistical Difference**	**272.39**	**13.40**
六. 能源消费总量	**Total Energy Consumption**		

Continued

(10 000 tce)

煤油 Kerosene	柴油 Diesel Oil	燃料油 Fuel Oil	液化石油气 PLG	炼厂干气 Refinery Gas	其他石油制品 Other Petroleum Products	天然气 Natural Gas	热力 Heat	电力 Electricity	其他能源 Other Energy
154.32	**-311.19**	**2817.86**	**815.49**		**-162.76**	**4033.36**		**3521.22**	**616.19**
						4033.76		3624.37	
								3409.64	
								214.73	
									616.19
297.06	40.03	2605.19	838.05		263.88			22.10	
142.28	39.66	321.55							
-268.12	-37.33	-62.99	-3.58		-426.64	-0.40		-125.25	
-94.46	-30.95	-58.26							
77.56	-322.60	12.37	-18.98						
1161.45	**10557.00**	**1004.98**	**1630.78**	**864.27**	**5001.33**	**-391.15**	**5224.24**	**14462.29**	**-310.44**
	-350.27	-1197.94	-1.80	-36.14	-37.19	-172.90		14462.29	-138.61
		-428.04		-157.14	-34.87	-218.25	5224.24		-109.20
1161.45	10907.27	2663.47	1632.58	1057.55	5073.39				-62.83
		-32.51							
			2.47			**82.73**	**61.23**	**1270.13**	
1309.95	**10006.32**	**3841.91**	**2414.87**	**878.41**	**4838.57**	**3174.32**	**5162.84**	**16714.39**	**305.43**
2.24	2004.45	0.60	0.51				1.86	936.98	
126.54	2034.73	2554.90	498.02	878.41	4838.57	2486.31	4206.77	11566.35	305.43
0.26	13.46	136.75	16.29	69.14	4838.57	777.79			305.43
5.15	325.05	23.11	16.30			9.58	5.35	178.09	
825.00	3891.92	1221.45	26.91			15.96	23.43	380.15	
18.35	390.61	17.54	103.54			66.50	39.69	546.77	
110.36	115.36		1724.66			586.66	796.90	2260.41	
10.33	74.49		1487.45			586.66	796.90	1310.31	
100.03	40.87		237.21					950.10	
222.31	1244.20	24.31	44.93			9.31	88.86	845.63	
5.82	**239.49**	**-19.07**	**28.93**	**-14.14**		**385.16**	**0.17**	**-1.01**	**0.32**

4-1 中国能源平衡表(实物量) -2001

		煤合计 Coal Total 万吨 10^4 tn	原煤 Raw Coal 万吨 10^4 tn
一、可供本地区消费的能源量	**Total Primary Energy Supply**	**108480.02**	**109648.00**
1. 一次能源生产量	Indigenous Production	116078.00	116078.00
水电	Hydro Power		
核电	Nuclear Power		
2. 回收能	Recovery of Energy		
3. 进口量	Import	266.02	222.00
4. 我轮、机在外国加油量	China Airplanes&Ships Refueling in Abroad		
5. 出口量(-)	Export (-)	-9012.87	-7867.00
6. 外轮、机在我国加油量(-)	Foreign Airplanes&Ships Refueling in China		
7. 库存增(-)、减(+)量	Stock Change	1148.87	1215.00
二. 加工转换投入(-)产出(+)量	**Input(-) & Output(+) of Transformation**	**-82320.07**	**-87755.00**
1. 火力发电	Thermal Power	-57687.86	-56230.00
2. 供热	Heating Supply	-6961.49	-6724.00
3. 洗 选 煤	Coal Washing	-1450.54	-18949.00
4. 炼焦	Coking	-15436.37	-4807.00
5. 炼油	Petroleum Refineries		
6. 制气	Gas Works	-893.81	-378.00
#焦炭再投入量(-)	Coke Input (-)		
7. 煤制品加工	Briquettes	110.00	-667.00
三. 损失量	**Loss**		
四. 终端消费量	**Total Final Consumption**	**43891.27**	**39551.00**
1. 农、林、牧、渔、水利业	Farming, Forestry, Animal Husbandry, Fishery & Water Conservancy	1599.64	1574.00
2. 工业	Industry	31287.92	28824.00
#用作原料、材料	Non-Energy Use	850.00	829.00
3. 建筑业	Construction	537.98	521.00
4. 交通运输、仓储及邮电通迅业	Transport, Storage, Postal & Telecommunications Services	1050.88	1023.00
5. 批发和零售贸易业、餐饮业	Wholesale, Retail Trade and Catering Service	809.87	793.00
6. 生活消费	Residential Consumption	7830.25	6205.00
城镇	Urban	3048.36	2151.00
乡村	Rural	4781.89	4054.00
7. 其他	Other	774.73	611.00
五. 平衡差额	**Statistical Difference**	**-17731.32**	**-17658.00**

ENERGY BANLANCE OF CHINA －2001(PHYSICAL QUANTITY)

洗精煤 Cleaned Coal 万吨 10^4 tn	其他洗煤 Other Washed Coal 万吨 10^4 tn	型煤 Briquettes 万吨 10^4 tn	焦炭 Coke 万吨 10^4 tn	焦炉煤气 Coke Oven Gas 亿立方米 10^8 cu. m	其他煤气 Other Gas 亿立方米 10^8 cu. m	其他焦化产品 Other Coking Products 万吨 10^4 tn	油品合计 Petroleum Products Total 万吨 10^4 tn	原油 Crude Oil 万吨 10^4 tn
－993.88	**－173.39**	**－0.71**	**－1667.83**		**432.00**	**35.11**	**23204.67**	**21537.16**
							16395.87	16395.87
					432.00			
27.67	16.35					47.50	8769.15	6026.00
							349.00	
－1144.53	－1.04	－0.30	－1384.60			－12.39	－1906.96	－755.00
							－139.72	
122.98	－188.70	－0.41	－283.23				－262.67	－129.71
1237.50	**3410.43**	**787.00**	**12977.12**	**230.35**	**47.00**	**203.94**	**－2291.99**	**－20500.72**
－193.36	－1264.50			－10.62	－84.02	－0.66	－1213.55	－81.60
－26.43	－211.06			－7.03	－40.12	－0.89	－438.66	－12.32
12560.46	4938.00							
－10600.44	－28.93		12891.26	245.00	11.40	191.00		
							－617.02	－20406.80
－502.73	－13.08		239.51	3.00	159.74	14.49	－22.76	
			－153.65					
	－10.00	787.00						
				2.71			**189.34**	**187.90**
1028.06	**2524.52**	**787.69**	**10845.58**	**231.55**	**478.83**	**230.82**	**20356.97**	**654.12**
	25.64		139.23				1568.48	
1020.07	1436.85	7.00	10484.75	191.09	390.75	230.82	9059.88	630.82
11.00	10.00		775.07			47.86	3960.11	101.70
3.98	13.00		23.91				372.34	3.37
3.90	23.93	0.05	11.68	0.02	0.25		5540.34	18.58
0.10	9.87	6.90	39.73	2.00	3.00		567.41	0.15
	855.03	770.22	134.20	35.37	83.61		1294.81	
	400.03	497.33	68.25	35.37	82.80		1025.73	
	455.00	272.89	65.95		0.81		269.08	
0.01	160.20	3.52	12.08	3.07	1.22		1953.71	1.20
－784.44	**712.52**	**－1.40**	**463.71**	**－3.91**	**0.17**	**8.23**	**366.37**	**194.42**

续表

		汽油 Gasoline 万吨 10^4tn	煤油 Kerosene 万吨 10^4tn
一. 可供本地区消费的能源量	**Total Primary Energy Supply**	**-547.80**	**104.88**
1. 一次能源生产量	Indigenous Production		
水电	Hydro Power		
核电	Nuclear Power		
2. 回收能	Recovery of Energy		
3. 进口量	Import	0.02	201.89
4. 我轮、机在外国加油量	China Airplanes&Ships Refueling in Abroad		96.70
5. 出口量(-)	Export (-)	-572.46	-182.22
6. 外轮、机在我国加油量(-)	Foreign Airplanes&ships Refueling in China	-13.50	-64.20
7. 库存增(-)、减(+)量	Stock Change	38.14	52.71
二. 加工转换投入(-)产出(+)量	**Input(-) & Output(+) of Transformation**	**4153.94**	**789.35**
1. 火力发电	Thermal Power	-0.60	
2. 供热	Heating Supply	-0.12	
3. 洗选煤	Coal Washing		
4. 炼焦	Coking		
5. 炼油	Petroleum Refineries	4154.66	789.35
6. 制气	Gas Works		
#焦炭再投入量(-)	Coke Input (-)		
7. 煤制品加工	Briquettes		
三. 损失量	**Loss**		
四. 终端消费量	**Total Final Consumption**	**3597.03**	**890.27**
1. 农、林、牧、渔、水利业	Farming, Forestry, Animal Husbandry, Fishery & Water Conservancy	190.60	1.52
2. 工业	Industry	617.42	86.00
#用作原料、材料	Non-Energy Use	8.46	0.18
3. 建筑业	Construction	116.70	3.50
4. 交通运输、仓储及邮电通迅业	Transport, Storage, Postal & Telecommunications Services	1419.37	560.69
5. 批发和零售贸易业、餐饮业	Wholesale, Retail Trade and Catering Service	214.04	12.47
6. 生活消费	Residential Consumption	134.60	75.00
城镇	Urban	99.92	7.02
乡村	Rural	34.68	67.98
7. 其他	Other	904.30	151.09
五. 平衡差额	**Statistical Difference**	**9.11**	**3.96**

Continued

柴油 Diesel Oil 万吨 10^4 tn	燃料油 Fuel Oil 万吨 10^4 tn	液化石油气 PLG 万吨 10^4 tn	炼厂干气 RefineryGas 万吨 10^4 tn	其他石油制品 OtherPetroleum Products 万吨 10^4 tn	天然气 Natural Gas 亿立方米 10^8 cu. m	热力 Heat 万百万千焦 10^{10} kJ	电力 Electricity 亿千瓦小时 10^8 kW · h	其他能源 Other Energy 万吨标煤 10^4 tce
-213.57	**1972.47**	**475.70**		**-124.17**	**303.26**		**2865.11**	**616.19**
					303.29		2949.04	
							2774.32	
							174.72	
								616.19
27.47	1823.60	488.86		201.31			17.98	
27.22	225.08							
-25.62	-44.09	-2.09		-325.48	-0.03		-101.91	
-21.24	-40.78							
-221.40	8.66	-11.07						
7245.21	**703.47**	**951.28**	**550.00**	**3815.48**	**-29.41**	**153203.45**	**11767.53**	**-310.44**
-240.39	-838.54	-1.05	-23.00	-28.37	-13.00		11767.53	-138.61
	-299.62		-100.00	-26.60	-16.41	153203.45		-109.20
								0.20
7485.60	1864.39	952.33	673.00	3870.45				-62.83
	-22.76							
		1.44			**6.22**	**1795.58**	**1033.47**	
6867.27	**2689.30**	**1408.67**	**559.00**	**3691.31**	**238.67**	**151402.97**	**13599.99**	**305.43**
1375.64	0.42	0.30				54.41	762.39	
1396.42	1788.40	290.51	559.00	3691.31	186.94	123365.60	9411.19	305.43
9.24	95.72	9.50	44.00	3691.31	58.48			305.43
223.08	16.18	9.51			0.72	156.94	144.91	
2671.00	855.00	15.70			1.20	687.06	309.32	
268.07	12.28	60.40			5.00	1163.83	444.89	
79.17		1006.04			44.11	23369.40	1839.23	
51.12		867.67			44.11	23369.40	1066.16	
28.05		138.37					773.07	
853.89	17.02	26.21			0.70	2605.73	688.06	
164.37	**-13.36**	**16.87**	**-9.00**		**28.96**	**4.90**	**-0.82**	**0.32**

4-2 中国能源平衡表(标准量)-2002

(万吨标准煤)

		能源合计 Energy Total	
		(发电煤耗计算法)(coal equivalent calculation)	(电热当量计算法)(calorific value calculation)
一.可供本地区消费的能源量	**Total Primary Energy Supply**	**144318.71**	**136756.00**
1.一次能源生产量	Indigenous Production	138368.81	130622.94
水电	Hydro Power	10663.45	3539.20
核电	Nuclear Power	930.43	308.81
2.回收能	Recovery of Energy	1907.98	1907.98
3.进口量	Import	15197.52	15140.61
4.我轮、机在外国加油量	China Airplanes&ships Refueling in Abroad	571.75	571.75
5.出口量(-)	Export (-)	-10796.14	-10556.07
6.外轮、机在我国加油量(-)	Foreign Airplanes&ships Refueling in China	-220.87	-220.87
7.库存增(-)、减(+)量	Stock Change	-710.34	-710
二.加工转换投入(-)产出(+)量	**Input(-) & Output(+) of Transformation**	**-2611.91**	**-36326.25**
1.火力发电	Thermal Power	2.99	-32835.28
2.供热	Heating Supply	-0.37	-879.43
3.洗选煤	Coal Washing	-952.50	-952.50
4.炼焦	Coking	-322.39	-322.39
5.炼油	Petroleum Refineries	-1015.43	-1015.43
6.制气	Gas Works	-144.39	-144.39
#焦炭再投入量(-)	Coke Input (-)	-133.42	-133.42
7.煤制品加工	Briquettes	-43.41	-43.41
三.损失量	**Loss**	**4763.06**	**1861.15**
四.终端消费量	**Total Final Consumption**	**140846.56**	**102466.70**
1.农、林、牧、渔、水利业	Farming, Forestry, Animal Husbandry, Fishery & Water Conservancy	6514.29	4593.60
2.工业	Industry	95143.39	68161.68
#用作原料、材料	Non-Energy Use	8687.29	8687.29
3.建筑业	Construction	1610.14	1203.09
4.交通运输、仓储及邮电通迅业	Transport, Storage, Postal & Telecommunications Services	10749.73	9909.21
5.批发和零售贸易业、餐饮业	Wholesale, Retail Trade and Catering Service	3464.02	2219.21
6.生活消费	Residential Consumption	17031.76	11937.90
城镇	Urban	10375.14	7340.78
乡村	Rural	6656.62	4597.12
7.其他	Other	6333.27	4442.02
五.平衡差额	**Statistical Difference**	**-3902.82**	**-3898.10**
六.能源消费总量	**Total Energy Consumption**	**148221.53**	**140654.10**

ENERGY BALANCE OF CHINA －2002 (STANDARD QUANTITY)

(10 000 tce)

煤合计 Coal Total	原煤 Raw Coal	洗精煤 Cleaned Coal	其他洗煤 Other Washed Coal	型煤 Briquettes	焦炭 Coke	焦炉煤气 Coke Oven Gas	其他煤气 Other Gas	其他焦化产品 Other Coking Products	油品合计 Petroleum Products Total
92335.43	**93463.59**	**－1121.40**	**－6.68**	**－0.08**	**－1382.12**		**1263.63**	**43.16**	**35750.62**
98573.40	98573.40								23857.62
							1263.63		
806.23	774.66	23.34	8.22	0.01				57.33	14248.78
									571.75
－6255.24	－5038.67	－1213.33	－2.74	－0.50	－1318.21			－14.17	－2849.19
									－220.87
－789.00	－846.00	69.00	－12.00		－64.00				143.00
－69695.27	**－72479.47**	**177.53**	**2102.69**	**503.98**	**13712.27**	**1486.68**	**126.32**	**246.63**	**－3408.46**
－46665.73	－45886.63	－152.68	－626.42			－84.04	－257.01		－1827.83
－5418.46	－5317.25	－3.56	－97.65			－29.67	－99.36		－613.88
－952.50	－16354.52	12549.24	2852.78						
－15809.81	－4090.46	－11706.21	－13.14		13631.47	1583.50	43.13	229.32	
									－939.74
－805.36	－288.47	－509.26	－7.63		214.22	16.89	439.56	17.31	－27.01
					－133.42				
－43.41	－542.14		－5.25	503.98					
									272.28
27685.81	**25052.84**	**802.76**	**1322.76**	**507.45**	**11857.45**	**1496.13**	**1389.54**	**288.50**	**31849.14**
1058.46	1046.44		12.02		136.95				2441.96
19744.83	18182.39	797.04	761.54	3.86	11502.05	1248.52	1120.22	288.50	13814.03
582.02	566.13	10.11	5.78		778.50			63.47	6154.50
361.11	353.17	2.53	5.41		22.71				602.31
688.44	676.88	3.11	8.15	0.30	11.11	0.12	0.60		8745.14
527.47	516.68	0.08	5.26	5.45	41.38	10.37	11.13		883.23
4823.81	3878.65		449.66	495.50	131.26	220.84	257.59		2456.71
1775.76	1255.77		207.87	312.12	67.27	220.84	254.51		1997.83
3048.05	2622.88		241.79	183.38	63.99		3.08		458.88
481.69	398.63		80.72	2.34	11.99	16.28			2905.76
－5045.65	**－4069**	**－1746.63**	**773.25**	**－3.55**	**472.70**	**－9.45**	**0.41**	**1.29**	**220.74**

续表

(万吨标准煤)

		原油 Crude Oil	汽油 Gasoline
一. 可供本地区消费的能源量	**Total Primary Energy Supply**	**32527.78**	**-840.28**
1. 一次能源生产量	Indigenous Production	23857.62	
水电	Hydro Power		
核电	Nuclear Power		
2. 回收能	Recovery of Energy		
3. 进口量	Import	9915.40	
4. 我轮、机在外国加油量	China Airplanes&ships Refueling in Abroad		
5. 出口量(-)	Export (-)	-1094.96	-900.79
6. 外轮、机在我国加油量(-)	Foreign Airplanes&ships Refueling in China		-26.79
7. 库存增(-)、减(+)量	Stock Change	-150.28	87.30
二. 加工转换投入(-)产出(+)量	**Input(-) & Output(+) of Transformation**	**-30959.63**	**6356.48**
1. 火力发电	Thermal Power	-111.90	-0.91
2. 供热	Heating Supply	-18.23	-0.18
3. 洗选煤	Coal Washing		
4. 炼焦	Coking		
5. 炼油	Petroleum Refineries	-30829.50	6357.57
6. 制气	Gas Works		
#焦炭再投入量(-)	Coke Input (-)		
7. 煤制品加工	Briquettes		
三. 损失量	**Loss**	**269.26**	
四. 终端消费量	**Total Final Consumption**	**973.24**	**5516.22**
1. 农、林、牧、渔、水利业	Farming, Forestry, Animal Husbandry, Fishery & Water Conservancy		276.52
2. 工业	Industry	940.02	928.31
#用作原料、材料	Non-Energy Use	160.19	13.24
3. 建筑业	Construction	6.00	179.98
4. 交通运输、仓储及邮电通迅业	Transport, Storage, Postal & Telecommunications Services	25.21	2212.25
5. 批发和零售贸易业、餐饮业	Wholesale, Retail Trade and Catering Service	0.17	329.92
6. 生活消费	Residential Consumption		241.01
城镇	Urban		176.42
乡村	Rural		64.59
7. 其他	Other	1.84	1348.23
五. 平衡差额	**Statistical Difference**	**325.65**	**-0.02**
六. 能源消费总量	**Total Energy Consumption**		

Continued

(10 000 tce)

煤油 Kerosene	柴油 Diesel Oil	燃料油 Fuel Oil	液化石油气 PLG	炼厂干气 Refinery Gas	其他石油制品 Other Petroleum Products	天然气 Natural Gas	热力 Heat	电力 Electricity	其他能源 Other Energy
130.47	**23.64**	**2653.34**	**1074.57**		**181.10**	**4343.91**		**3757.02**	**644.35**
						4343.91		3848.01	
								3539.20	
								308.81	
									644.35
315.66	69.53	2370.99	1073.43		503.77			28.27	
161.56	45.17	365.02							
-249.61	-180.23	-91.30	-9.63		-322.67			-119.26	
-104.91	-30.60	-58.57							
7.77	119.77	67.20	10.77						
1215.54	**10899.27**	**924.69**	**1774.73**	**883.80**	**5496.66**	**-373.34**	**5598.91**	**16313.46**	**-333.45**
	-329.29	-1303.83	-2.64	-31.90	-47.36	-146.97		16313.46	-167.16
		-380.95		-177.82	-36.70	-226.37	5598.91		-90.60
1215.54	11228.56	2636.48	1777.37	1093.52	5580.72				-75.69
		-27.01							
			3.02			**84.19**	**68.40**	**1436.28**	
1352.52	**10842.51**	**3822.43**	**2768.76**	**895.70**	**5677.76**	**3423.94**	**5530.32**	**18635.07**	**310.80**
2.06	2162.79	0.59					2.24	953.99	
128.53	2193.43	2503.81	546.47	895.70	5677.76	2632.59	4442.63	13057.51	310.80
3.87	37.88	165.53	25.71	70.32	5677.76	798.00			310.80
	367.17	27.29	21.87			9.04	6.19	201.73	
907.49	4320.02	1245.88	34.29			20.75	27.65	415.40	
19.13	409.14	17.57	107.30			81.13	50.00	614.50	
89.31	122.28		2004.11			680.43	907.51	2459.75	
9.30	86.68		1725.43			680.43	907.51	1436.63	
80.01	35.60		278.68					1023.12	
206.00	1267.68	27.29	54.72				94.10	932.20	
-6.51	**80.40**	**-244.40**	**77.52**	**-11.90**		**462.44**	**0.19**	**-0.87**	**0.10**

4-2 中国能源平衡表(实物量) -2002

		煤合计 Coal Total 万吨 10^4 tn	原煤 Raw Coal 万吨 10^4 tn
一. 可供本地区消费的能源量	**Total Primary Energy Supply**	**129604.75**	**130846.41**
1. 一次能源生产量	Indigenous Production	138000.00	138000.00
水电	Hydro Power		
核电	Nuclear Power		
2. 回收能	Recovery of Energy		
3. 进口量	Import	1125.74	1084.50
4. 我轮、机在外国加油量	China Airplanes&Ships Refueling in Abroad		
5. 出口量(-)	Export (-)	-8389.56	-7053.99
6. 外轮、机在我国加油量(-)	Foreign Airplanes&Ships Refueling in China		
7. 库存增(-)、减(+)量	Stock Change	-1131.43	-1184.10
二. 加工转换投入(-)产出(+)量	**Input(-) & Output(+) of Transformation**	**-93913.12**	**-98761.68**
1. 火力发电	Thermal Power	-65600.03	-64240.00
2. 供热	Heating Supply	-7473.73	-7283.90
3. 洗选 煤	Coal Washing	-1717.46	-20900.35
4. 炼焦	Coking	-18209.72	-5177.80
5. 炼油	Petroleum Refineries		
6. 制气	Gas Works	973.20	400.65
#焦炭再投入量(-)	Coke Input (-)		
7. 煤制品加工	Briquettes	61.02	758.98
三. 损失量	**Loss**		
四. 终端消费量	**Total Final Consumption**	**42692.41**	**38305.78**
1. 农、林、牧、渔、水利业	Farming, Forestry, Animal Husbandry, Fishery & Water Conservancy	1622.89	1600.00
2. 工业	Industry	30282.23	27800.88
#用作原料、材料	Non-Energy Use	889.61	865.61
3. 建筑业	Construction	553.55	540.00
4. 交通运输、仓储及邮电通迅业	Transport, Storage, Postal & Telecommunications Services	1054.96	1034.95
5. 批发和零售贸易业、餐饮业	Wholesale, Retail Trade and Catering Service	809.08	790.00
6. 生活消费	Residential Consumption	7602.64	5930.45
城镇	Urban	2829.89	1920.07
乡村	Rural	4772.75	4010.38
7. 其他	Other	767.06	609.50
五. 平衡差额	**Statistical Difference**	**-7000.78**	**-6221.05**

ENERGY BANLANCE OF CHINA －2002(PHYSICAL QUANTITY)

洗精煤 Cleaned Coal 万吨 10^4 tn	其他洗煤 Other Washed Coal 万吨 10^4 tn	型煤 Briquettes 万吨 10^4 tn	焦炭 Coke 万吨 10^4 tn	焦炉煤气 Coke Oven Gas 亿立方米 10^8 cu. m	其他煤气 Other Gas 亿立方米 10^8 cu. m	其他焦化产品 Other Coking Products 万吨 10^4 tn	油品合计 Petroleum Products Total 万吨 10^4 tn	原油 Crude Oil 万吨 10^4 tn
－1228.79	**－12.73**	**－0.14**	**－1422.81**		**439.40**	**37.40**	**24925.09**	**22768.99**
							16700.00	16700.00
					439.40			
25.58	15.65	0.01				49.68	9873.03	6940.64
							396.31	
－1329.53	－5.22	－0.82	－1357.02			－12.28	－1987.68	－766.46
							－151.51	
75.16	－23.16	0.67	－65.79				94.94	－105.19
14.96	**4003.60**	**830.00**	**14115.99**	**243.83**	**43.97**	**213.72**	**－2606.76**	**－21671.31**
－167.30	－1192.73			－13.68	－89.37		－1275.57	－78.33
－3.90	－185.93			－4.83	－34.55		－420.70	－12.76
13751.09	－5431.80							
－13006.90	－25.02		14032.81	259.59	15.00	198.72		
							－891.58	－21580.22
－558.03	－14.52		220.53	2.75	152.89	15.00	－18.91	
			－137.35					
	－10.00	830.00						
							190.24	**188.48**
1032.35	**2518.58**	**835.70**	**12206.56**	**245.38**	**483.23**	**250.00**	**21982.83**	**681.26**
	22.89		140.98				1674.05	
1025.00	1450.00	6.35	11840.70	204.77	389.57	250.00	9854.51	658.00
13.00	11.00		801.42			55.00	4656.90	112.13
3.25	10.30		23.38				410.37	4.20
4.00	15.51	0.50	11.44	0.02	0.21		5994.81	17.65
0.10	10.01	8.97	42.60	1.70	3.87		593.02	0.12
	856.17	816.02	135.12	36.22	89.58		1477.47	
	395.80	514.02	69.25	36.22	88.51		1192.20	
	460.37	302.00	65.87		1.07		258.27	
	153.70	3.86	12.34	2.67			1978.60	1.29
－2246.18	**1472.29**	**－5.84**	**486.62**	**－1.55**	**0.14**	**1.12**	**145.26**	**227.94**

续表

		汽油 Gasoline 万吨 10^4tn	煤油 Kerosene 万吨 10^4tn
一.可供本地区消费的能源量	**Total Primary Energy Supply**	**-571.08**	**888.67**
1.一次能源生产量	Indigenous Production		
水电	Hydro Power		
核电	Nuclear Power		
2.回收能	Recovery of Energy		
3.进口量	Import		214.53
4.我轮、机在外国加油量	China Airplanes&Ships Refueling in Abroad		109.08
5.出口量(-)	Export (-)	-612.20	-169.64
6.外轮、机在我国加油量(-)	Foreign Airplanes&ships Refueling in China	-18.21	-71.30
7.库存增(-)、减(+)量	Stock Change	59.33	5.28
二.加工转换投入(-)产出(+)量	**Input(-) & Output(+) of Transformation**	**4320.02**	**826.11**
1.火力发电	Thermal Power	-0.62	
2.供热	Heating Supply	-0.12	
3.洗选煤	Coal Washing		
4.炼焦	Coking		
5.炼油	Petroleum Refineries	4320.76	826.11
6.制气	Gas Works		
#焦炭再投入量(-)	Coke Input (-)		
7.煤制品加工	Briquettes		
三.损失量	**Loss**		
四.终端消费量	**Total Final Consumption**	**3748.96**	**919.20**
1.农、林、牧、渔、水利业	Farming, Forestry, Animal Husbandry, Fishery & Water Conservancy	187.93	1.40
2.工业	Industry	630.90	87.35
#用作原料、材料	Non-Energy Use	9.00	2.63
3.建筑业	Construction	122.32	
4.交通运输、仓储及邮电通迅业	Transport, Storage, Postal & Telecommunications Services	1503.50	616.75
5.批发和零售贸易业、餐饮业	Wholesale, Retail Trade and Catering Service	224.22	13.00
6.生活消费	Residential Consumption	163.80	60.70
城镇	Urban	119.90	6.32
乡村	Rural	43.90	54.38
7.其他	Other	916.29	140.00
五.平衡差额	**Statistical Difference**	**-0.02**	**-4.42**

Continued

柴油 Diesel Oil 万吨 10^4tn	燃料油 Fuel Oil 万吨 10^4tn	液化石油气 PLG 万吨 10^4tn	炼厂干气 RefineryGas 万吨 10^4tn	其他石油制品 OtherPetroleum Products 万吨 10^4tn	天然气 Natural Gas 亿立方米 10^8 cu. m	热力 Heat 万百万千焦 10^{10} kJ	电力 Electricity 亿千瓦小时 10^8kW · h	其他能源 Other Energy 万吨标煤 10^4tce
16.23	**1857.30**	**626.82**		**138.16**	**326.61**		**3056.97**	**644.35**
					326.61		3131.01	
							2879.74	
							251.27	
								644.35
47.72	1659.66	626.16		384.32			23.00	
31.00	255.51							
-123.69	-63.91	-5.62		-246.16			-97.04	
-21.00	-41.00							
82.20	47.04	6.28						
7480.11	**647.27**	**1035.25**	**562.43**	**4193.36**	**-28.07**	**164190.77**	**13273.77**	**-333.45**
-225.99	-912.66	-1.54	-20.30	-36.13	-11.05		13273.77	-167.16
	-266.66		-113.16	-28.00	-17.02	164190.77		-90.60
7706.10	1845.50	1036.79	695.89	4257.49				-75.69
	-18.91							
		1.76			**6.33**	**2005.84**	**1168.66**	
7441.16	**2675.64**	**1615.09**	**570.00**	**4331.52**	**257.44**	**162179.59**	**15162.79**	**310.80**
1484.31	0.41					65.83	776.23	
1505.34	1752.63	318.77	570.00	4331.52	197.94	130282.41	10624.50	310.80
26.00	115.87	15.00	44.75	4331.52	60.00			310.80
251.99	19.10	12.76			0.68	181.67	164.14	
2964.81	872.10	20.00			1.56	810.73	338.00	
280.79	12.30	62.59			6.10	1466.42	500.00	
83.92		1169.05			51.16	26613.07	2001.42	
59.49		1006.49			51.16	26613.07	1168.94	
24.43		162.56					832.48	
870.00	19.10	31.92				2759.46	758.50	
55.18	**-171.07**	**45.22**	**-7.57**		**34.77**	**5.34**	**-0.71**	**0.10**

4－3 中国能源平衡表(标准量)－2003

(万吨标准煤)

		能源合计 Energy Total	
		(发电煤耗计算法)(coal equivalent calculation)	(电热当量计算法)(calorific value calculation)
一.可供本地区消费的能源量	**Total Primary Energy Supply**	**168487.39**	**160769.74**
1.一次能源生产量	Indigenous Production	159911.73	152018.16
水电	Hydro Power	10267.66	3486.44
核电	Nuclear Power	1568.74	532.67
2.回收能	Recovery of Energy	2042.76	2042.76
3.进口量	Import	19573.98	19502.75
4.我轮、机在外国加油量	China Airplanes&ships Refueling in Abroad	474.14	474.14
5.出口量(－)	Export (－)	－12401.24	－12154.09
6.外轮、机在我国加油量(－)	Foreign Airplanes&ships Refueling in China	－299.76	－299.76
7.库存增(－)、减(＋)量	Stock Change	－814.22	－814
二.加工转换投入(－)产出(＋)量	**Input(－) & Output(＋) of Transformation**	**－3089.85**	**－42513.57**
1.火力发电	Thermal Power		－37777.58
2.供热	Heating Supply		－1646.14
3.洗选煤	Coal Washing	－1149.48	－1149.48
4.炼焦	Coking	－495.08	－495.08
5.炼油	Petroleum Refineries	－1091.65	－1091.65
6.制气	Gas Works	－132.14	－132.14
#焦炭再投入量(－)	Coke Input (－)	－172.76	－172.76
7.煤制品加工	Briquettes	－48.73	－48.73
三.损失量	**Loss**	**4970.91**	**1938.52**
四.终端消费量	**Total Final Consumption**	**162881.85**	**118774.24**
1.农、林、牧、渔、水利业	Farming, Forestry, Animal Husbandry, Fishery & Water Conservancy	6602.94	4754.12
2.工业	Industry	111872.98	80398.58
#用作原料、材料	Non－Energy Use	9737.94	9737.94
3.建筑业	Construction	1771.91	1316.25
4.交通运输、仓储和邮政业	Transport, Storage and Post	12433.02	11476.24
5.批发、零售业和住宿、餐饮业	Wholesale, Retail Trade and Hotel ,Restaurants	4116.37	2612.87
6.生活消费	Residential Consumption	19268.42	13605.95
城镇	Urban	11884.76	8327.48
乡村	Rural	7383.66	5278.47
7.其他	Other	6816.20	4610.24
五.平衡差额	**Statistical Difference**	**－2455.21**	**－2456.59**
六.能源消费总量	**Total Energy Consumption**	**170942.60**	**163226.33**

ENERGY BALANCE OF CHINA －2003 (STANDARD QUANTITY)

(10 000 tce)

煤合计 Coal Total	原煤 Raw Coal	洗精煤 Cleaned Coal	其他洗煤 Other Washed Coal	型煤 Briquettes	焦炭 Coke	焦炉煤气 Coke Oven Gas	其他煤气 Other Gas	其他焦化产品 Other Coking Products	油品合计 Petroleum Products Total
112581.52	**113691.36**	**－1051.30**	**－55.93**	**－2.60**	**－1792.07**		**1381.53**	**88.75**	**39472.99**
119073.81	119073.81								24229.03
							1381.53		
839.35	587.75	237.69	13.91		0.17			110.30	18516.31
									474.14
－6975.39	－5770.97	－1198.73	－3.09	－2.59	－1430.01			－21.55	－3350.98
									－299.76
－356.25	－199.23	－90.26	－66.75		－362.23				－95.75
－82664.19	**－88247.43**	**1616.27**	**3361.59**	**605.38**	**17094.56**	**1680.73**	**150.45**	**263.59**	**－3792.25**
－54338.81	－53411.48	－112.98	－814.35			－69.72	－288.36		－2135.50
－6675.31	－6544.38	－3.65	－127.27			－29.06	－105.31		－611.20
－1149.48	－20372.48	14892.72	4330.27						
－19587.81	－6924.63	－12649.68	－13.51		17039.14	1759.85	48.62	245.12	
									－1015.65
－864.05	－345.60	－510.14	－8.30		228.18	19.66	495.51	18.46	－29.90
					－172.76				
－48.73	－648.86		－5.25	605.38					
									231.61
34249.95	**29391.16**	**1025.98**	**3227.64**	**605.17**	**13916.19**	**1694.05**	**1532.82**	**350.82**	**34845.86**
1211.87	1199.61		12.25		136.95				2452.69
25080.82	21428.99	1019.60	2628.55	3.68	13572.40	1426.93	1254.65	350.82	15058.89
752.40	731.88	13.69	6.83		837.53			80.78	6870.69
415.34	406.42	2.76	6.16		20.20				630.80
769.12	757.69	3.50	7.62	0.31	10.48	0.09	0.89		10155.44
618.45	606.64	0.12	5.84	5.86	46.10	12.20	12.77		1013.97
5609.09	4536.02		479.56	593.51	119.00	238.55	264.52		2719.59
1996.78	1434.73		205.16	356.89	60.44	238.55	261.67		2197.18
3612.32	3101.30		274.40	236.62	58.56		2.85		522.41
545.26	455.79		87.66	1.81	11.06	16.28			2814.48
－4332.62	**－3947.23**	**－461.01**	**78.02**	**－2.39**	**1386.30**	**－13.32**	**－0.83**	**1.52**	**603.27**

续表

（万吨标准煤）

		原油 Crude Oil	汽油 Gasoline
一.可供本地区消费的能源量	**Total Primary Energy Supply**	**35982.28**	**-1057.30**
1.一次能源生产量	Indigenous Production	24229.03	
水电	Hydro Power		
核电	Nuclear Power		
2.回收能	Recovery of Energy		
3.进口量	Import	13003.13	
4.我轮、机在外国加油量	China Airplanes&ships Refueling in Abroad		
5.出口量(-)	Export (-)	-1161.92	-1109.79
6.外轮、机在我国加油量(-)	Foreign Airplanes&ships Refueling in China		
7.库存增(-)、减(+)量	Stock Change	-87.96	52.48
二.加工转换投入(-)产出(+)量	**Input(-) & Output(+) of Transformation**	**-34213.54**	**7048.57**
1.火力发电	Thermal Power	-134.27	-0.59
2.供热	Heating Supply	-15.73	-0.12
3.洗选煤	Coal Washing		
4.炼焦	Coking		
5.炼油	Petroleum Refineries	-34063.54	7049.27
6.制气	Gas Works		
#焦炭再投入量(-)	Coke Input (-)		
7.煤制品加工	Briquettes		
三.损失量	**Loss**	**229.69**	
四.终端消费量	**Total Final Consumption**	**1160.34**	**5990.86**
1.农、林、牧、渔、水利业	Farming, Forestry, Animal Husbandry, Fishery & Water Conservancy		286.92
2.工业	Industry	1132.88	908.44
#用作原料、材料	Non-Energy Use	211.68	15.43
3.建筑业	Construction	5.71	181.95
4.交通运输、仓储和邮政业	Transport, Storage and Post	19.90	2739.22
5.批发、零售业和住宿、餐饮业	Wholesale, Retail Trade and Hotel ,Restaurants	0.13	350.33
6.生活消费	Residential Consumption		292.44
城镇	Urban		211.71
乡村	Rural		80.74
7.其他	Other	1.71	1231.56
五.平衡差额	**Statistical Difference**	**378.71**	**0.40**
六.能源消费总量	**Total Energy Consumption**		

Continued

(10 000 tce)

煤油 Kerosene	柴油 Diesel Oil	燃料油 Fuel Oil	液化石油气 PLG	炼厂干气 Refinery Gas	其他石油制品 Other Petroleum Products	天然气 Natural Gas	热力 Heat	电力 Electricity	其他能源 Other Energy
87.12	**-95.09**	**3266.19**	**1070.49**		**219.30**	**4407.89**		**3967.89**	**661.23**
						4657.00		4058.33	
								3486.44	
								532.67	
									661.23
309.39	123.63	3422.14	1091.56		566.45			36.62	
157.59	39.04	277.52							
-296.77	-326.39	-108.77	-4.11		-343.22	-249.11		-127.07	
-109.18	-29.72	-160.86							
26.09	98.35	-163.83	-16.95		-3.93				
1258.49	**12037.83**	**952.00**	**2074.59**	**903.79**	**6146.01**	**-362.29**	**6045.93**	**19422.64**	**-352.73**
	-395.28	-1509.63	-2.67	-26.64	-66.42	-176.09		19422.64	-191.73
		-372.58		-188.69	-34.08	-186.20	6045.93		-85.00
1258.49	12433.11	2864.11	2077.27	1119.12	6246.51				-76.00
		-29.90							
			1.92			88.45	69.09	1549.38	
1356.06	**11858.58**	**4117.34**	**3075.28**	**920.84**	**6366.56**	**4059.03**	**5976.70**	**21840.46**	**308.37**
1.99	2162.92	0.86					2.42	950.20	
129.14	2271.95	2711.93	617.15	920.84	6366.56	3178.70	4633.68	15533.33	308.37
4.56	51.44	186.94	32.09	72.28	6366.56	888.17			308.37
	402.49	25.43	15.21			9.31	7.36	233.24	
914.74	5078.28	1343.30	60.00			23.28	29.10	487.84	
16.54	518.04	18.57	110.37			91.11	52.64	765.63	
82.96	128.06		2216.13			756.64	1148.01	2750.55	
8.83	92.31		1884.34			756.64	1148.01	1668.21	
74.13	35.76		331.79					1082.34	
210.69	1296.82	17.26	56.43				103.49	1119.67	
-10.45	**84.16**	**100.86**	**67.89**	**-17.05**	**-1.25**	**-101.88**	**0.15**	**0.69**	**0.13**

4－3　中国能源平衡表(实物量)－2003

		煤合计 Coal Total 万吨 10^4 tn	原煤 Raw Coal 万吨 10^4 tn
一. 可供本地区消费的能源量	**Total Primary Energy Supply**	**157901.95**	**159164.72**
1. 一次能源生产量	Indigenous Production	166700.00	166700.00
水电	Hydro Power		
核电	Nuclear Power		
2. 回收能	Recovery of Energy		
3. 进口量	Import	1109.77	822.83
4. 我轮、机在外国加油量	China Airplanes&Ships Refueling in Abroad		
5. 出口量(－)	Export (－)	－9402.89	－8079.20
6. 外轮、机在我国加油量(－)	Foreign Airplanes&Ships Refueling in China		
7. 库存增(－)、减(＋)量	Stock Change	－504.93	－278.91
二. 加工转换投入(－)产出(＋)量	**Input(－) & Output(＋) of Transformation**	**－114787.27**	**－123955.92**
1. 火力发电	Thermal Power	－77976.47	－76302.12
2. 供热	Heating Supply	－9595.45	－9349.12
3. 洗选煤	Coal Washing	－2599.30	－27163.30
4. 炼焦	Coking	－23639.86	－9753.00
5. 炼油	Petroleum Refineries		
6. 制气	Gas Works	－1054.81	－480.00
#焦炭再投入量(－)	Coke Input (－)		
7. 煤制品加工	Briquettes	78.62	－908.38
三. 损失量	**Loss**		
四. 终端消费量	**Total Final Consumption**	**48944.77**	**40670.90**
1. 农、林、牧、渔、水利业	Farming, Forestry, Animal Husbandry, Fishery & Water Conservancy	1683.33	1660.00
2. 工业	Industry	35781.21	29653.00
#用作原料、材料	Non－Energy Use	1040.76	1012.76
3. 建筑业	Construction	577.15	562.40
4. 交通运输、仓储和邮政业	Transport, Storage and Post	1067.33	1048.48
5. 批发、零售业和住宿、餐饮业	Wholesale, Retail Trade and Hotel ,Restaurants	860.42	839.45
6. 生活消费	Residential Consumption	8174.71	6276.86
城镇	Urban	2968.13	1985.35
乡村	Rural	5206.58	4291.51
7. 其他	Other	800.62	630.71
五. 平衡差额	**Statistical Difference**	**－5830.09**	**－5462.10**

ENERGY BANLANCE OF CHINA －2003(PHYSICAL QUANTITY)

洗精煤 Cleaned Coal 万吨 10^4 tn	其他洗煤 Other Washed Coal 万吨 10^4 tn	型煤 Briquettes 万吨 10^4 tn	焦炭 Coke 万吨 10^4 tn	焦炉煤气 Coke Oven Gas 亿立方米 10^8 cu. m	其他煤气 Other Gas 亿立方米 10^8 cu. m	其他焦化产品 Other Coking Products 万吨 10^4 tn	油品合计 Petroleum Products Total 万吨 10^4 tn	原油 Crude Oil 万吨 10^4 tn
-1151.98	**-106.50**	**-4.29**	**-1844.83**		**480.40**	**76.91**	**27540.51**	**25187.09**
							16959.98	16959.98
					480.40			
260.45	26.49		0.17			95.58	12861.46	9102.01
							328.15	
-1313.53	-5.89	-4.27	-1472.11			-18.67	-2333.64	-813.33
							-207.20	
-98.90	-127.10	-0.02	-372.89				-68.24	-61.57
1771.06	**6400.59**	**997.00**	**17597.86**	**275.62**	**52.37**	**228.41**	**-2901.36**	**-23949.00**
-123.80	-1550.55			-11.35	-100.27		-1491.57	-93.99
-4.00	-242.33			-4.73	-36.62		-417.97	-11.01
16319.00	8245.00							
-13861.14	-25.72		17540.81	288.50	16.91	212.41		
							-970.89	-23844.00
-559.00	-15.81		234.90	3.20	172.35	16.00	-20.93	
			-177.85					
	-10.00	997.00						
							161.90	**160.78**
1124.24	**6145.54**	**1004.09**	**14325.91**	**277.81**	**533.06**	**304.00**	**24062.83**	**812.22**
	23.33		140.98				1681.35	
1117.25	5004.86	6.10	13972.00	234.00	436.32	304.00	10758.71	793.00
15.00	13.00		862.19			70.00	5280.77	148.17
3.02	11.73		20.79				430.56	4.00
3.84	14.50	0.51	10.79	0.02	0.31		6957.74	13.93
0.13	11.12	9.72	47.46	2.00	4.44		682.33	0.09
	913.10	984.75	122.50	39.12	91.99		1635.75	
	390.63	592.15	62.22	39.12	91.00		1312.42	
	522.47	392.60	60.28		0.99		323.33	
	166.90	3.01	11.39	2.67			1916.39	1.20
-505.16	**148.55**	**-11.38**	**1427.12**	**-2.18**	**-0.29**	**1.32**	**414.42**	**265.09**

续表

		汽油 Gasoline 万吨 10^4 tn	煤油 Kerosene 万吨 10^4 tn
一. 可供本地区消费的能源量	**Total Primary Energy Supply**	**-718.57**	**59.21**
1. 一次能源生产量	Indigenous Production		
水电	Hydro Power		
核电	Nuclear Power		
2. 回收能	Recovery of Energy		
3. 进口量	Import		210.27
4. 我轮、机在外国加油量	China Airplanes&Ships Refueling in Abroad		107.10
5. 出口量(-)	Export (-)	-754.24	-201.69
6. 外轮、机在我国加油量(-)	Foreign Airplanes&ships Refueling in China		-74.20
7. 库存增(-)、减(+)量	Stock Change	35.67	17.73
二. 加工转换投入(-)产出(+)量	**Input(-) & Output(+) of Transformation**	**4790.38**	**855.30**
1. 火力发电	Thermal Power	-0.40	
2. 供热	Heating Supply	-0.08	
3. 洗 选 煤	Coal Washing		
4. 炼焦	Coking		
5. 炼油	Petroleum Refineries	4790.86	855.30
6. 制气	Gas Works		
#焦炭再投入量(-)	Coke Input (-)		
7. 煤制品加工	Briquettes		
三. 损失量	Loss		
四. 终端消费量	Total Final Consumption	**4071.54**	**921.61**
1. 农、林、牧、渔、水利业	Farming, Forestry, Animal Husbandry, Fishery & Water Conservancy	195.00	1.35
2. 工业	Industry	617.40	87.77
#用作原料、材料	Non-Energy Use	10.49	3.10
3. 建筑业	Construction	123.66	
4. 交通运输、仓储和邮政业	Transport, Storage and Post	1861.64	621.68
5. 批发、零售业和住宿、餐饮业	Wholesale, Retail Trade and Hotel, Restaurants	238.09	11.24
6. 生活消费	Residential Consumption	198.75	56.38
城镇	Urban	143.88	6.00
乡村	Rural	54.87	50.38
7. 其他	Other	837.00	143.19
五. 平衡差额	Statistical Difference	**0.27**	**-7.10**

Continued

柴油 Diesel Oil 万吨 10^4 tn	燃料油 Fuel Oil 万吨 10^4 tn	液化石油气 PLG 万吨 10^4 tn	炼厂干气 RefineryGas 万吨 10^4 tn	其他石油制品 OtherPetroleum Products 万吨 10^4 tn	天然气 Natural Gas 亿立方米 10^8 cu. m	热力 Heat 万百万千焦 10^{10} kJ	电力 Electricity 亿千瓦小时 10^8 kW · h	其他能源 Other Energy 万吨标煤 10^4 tce
-65.26	**2286.29**	**624.45**		**167.30**	**331.42**		**3228.55**	**661.23**
					350.15		3302.14	
							2836.81	
							433.42	
								661.23
84.85	2395.45	636.74		432.14			29.80	
26.79	194.26							
-224.00	-76.14	-2.40		-261.84	-18.73		-103.39	
-20.40	-112.60							
67.50	-114.68	-9.89		-3.00				
8261.50	**666.39**	**1210.17**	**575.15**	**4688.75**	**-27.24**	**177300.00**	**15803.61**	**-352.73**
-271.28	-1056.72	-1.56	-16.95	-50.67	-13.24		15803.61	-191.73
	-260.80		-120.08	-26.00	-14.00	177300.00		-85.00
8532.78	2004.84	1211.73	712.18	4765.42				-76.00
	-20.93							
		1.12			**6.65**	**2026.06**	**1260.68**	
8138.48	**2882.08**	**1793.90**	**586.00**	**4857.00**	**305.19**	**175269.66**	**17770.92**	**308.37**
1484.40	0.60					70.83	773.15	
1559.23	1898.31	360.00	586.00	4857.00	239.00	135885.00	12639.00	308.37
35.30	161.99	18.72	46.00	4857.00	66.78			308.37
276.23	17.80	8.87			0.70	215.93	189.78	
3485.20	940.29	35.00			1.75	853.31	396.94	
355.53	13.00	64.38			6.85	1543.69	622.97	
87.89		1292.73			56.89	33666.00	2238.04	
63.35		1099.19			56.89	33666.00	1357.37	
24.54		193.54					880.67	
890.00	12.08	32.92				3034.90	911.04	
57.76	**70.60**	**39.60**	**-10.85**	**-0.95**	**-7.66**	**4.28**	**0.56**	**0.13**

4－4 综合能源平衡表

单位：万吨标准煤

项　目	Item	1980	1985
可供消费的能源总量	**Total Energy Available for Consumption**	**61557**	**77603**
一次能源生产量	Primary Energy Output	63735	85546
回收能	Recovery of Energy		
进口量	Imports	261	340
出口量(－)	Exports (－)	3058	5774
年初年末库存差额	Stock Changes in the Year	619	-2509
能源消费总量	**Total Energy Consumption**	**60275**	**76682**
在总量中：	Consumption by Sector		
1. 农、林、牧、渔、水利业	Farming, Forestry, Animal Husbandry, Fishery and Water Conservancy	4692	4045
2. 工业	Industry	38986	51068
3. 建筑业	Construction	957	1302
4. 交通运输、仓储和邮政业	Transport, Storage and Post	2902	3713
5. 批发、零售业和住宿、餐饮业	Wholesale, Retail Trade and Hotel, Restaurants	518	766
6. 其他	Others	1205	2470
7. 生活消费	Residential Consumption	11015	13318
在总量中：	Consumption by Usage		
(一)终端消费	(I) Final Consumption	57508	73586
#工业	Industry	38293	48021
(二) 加工转换损失量	(II) Losses in Processing and Transformation	1358	1491
#炼焦	Coking	644	572
炼油	Petroleum Refining	113	110
(三) 损失量	(III) Other Losses	1409	1605
平衡差额	**Balance**	**1282**	**921**

注：1. 村办工业包括在工业中(下同)。

2. 电力、热力按等价热值折算，因此加工转换损失量中不包括发电、供热损失量。

3. 进口量包括我国飞机、轮船在国外加油量；出口量包括外国飞机、轮船在我国加油量。

OVERALL ENERGY BALANCE SHEET

(10 000 tce)

1990	1995	1997	1998	1999	2000	2001	2002	2003
96138	**129535**	**133724**	**128368.34**	**115829.27**	**115149.81**	**125309.78**	**144318.71**	**168487.39**
103922	129034	132410	124249.57	109125.62	106988.20	120900.00	138368.81	159911.73
	2312	467	1919.72	1693.52	1759.74	1858.54	1907.98	2042.76
1310	5456	9964	8474.15	9513.3	14331.17	13471.05	15769.27	20048.12
5875	6776	7663	7153.44	6477.17	9025.97	11144.71	11017.01	12701.00
-3219	-491	-1453	878.34	1974	1096.67	224.90	-710.34	-814.22
98703	**131176**	**138173**	**132213.92**	**130119.06**	**130296.57**	**134914.75**	**148221.53**	**170942.60**
4852	5505	5905	5790.32	5831.75	5787.12	6232.83	6514.29	6602.94
67578	96191	100080	94409.15	90797.49	89633.70	92346.68	102181.18	119626.63
1213	1335	1179	1612.09	1381.44	1432.98	1452.80	1610.13	1771.91
4541	5863	7543	8245.02	9242.62	9916.55	10257.08	11086.49	12740.10
1247	2018	2394	2552.08	2811.77	2893.16	3164.51	3464.02	4116.37
3473	4519	4703	5212.56	5501.85	5722.04	6034.25	6333.27	6816.20
15799	15745	16368	14392.7	14552.18	14911.83	15426.60	17031.75	19268.42
94289	124252	130585	126038.66	124095.67	124031.78	128950.63	140846.56	162881.85
63239	89473	92749	88521.91	85095.32	83707.35	86710.88	95143.39	111872.98
2264	3634	3915	2629.15	2335.75	2371.41	2011.03	2611.91	3089.85
905		1297	684.24	543.95	487.29	386.71	322.39	495.08
326		626	616.19	647.68	780.55	635.67	1015.43	1091.65
2150	3289	3672	3546.11	3687.64	3893.38	3953.09	4763.06	4970.91
-2565	**-1641**	**-4449**	**-3845.58**	**-14289.79**	**-15146.76**	**-9604.97**	**-3902.82**	**-2455.21**

a) Data on industry include the data of village - run industry. (The sane as in the following tables).

b) Electric power and heat are converted on the basic of equal caloric value. Therefore, losses in processing and transformation exclude losses in power generation and heating.

c) Data on imports include the petroleum consumed by the Chinese airplanes and ships in refueling abroad. Data on exports include the petroleum consumed by the foreign airplanes and ships in refueling in China.

4-5 煤炭平衡表

单位：万吨

项　　目	Item	1980	1985
可供量	**Total Energy Available for Consumption**	**62601.0**	**82776.6**
生产量	Output	62015.0	87228.4
进口量	Imports	199.0	230.7
出口量(-)	Exports (-)	632.0	777.0
年初年末库存差额	Stock Changes in the Year	1019.0	-3905.5
消费量	**Total Energy Consumption**	**61009.5**	**81603.0**
在消费量中：	Consumption by Sector		
1.农、林、牧、渔、水利业	Farming, Forestry, Animal Husbandry, Fishery and Water Conservancy	1550.3	2208.6
2.工业	Industry	43848.4	58613.3
3.建筑业	Construction	556.0	531.9
4.交通运输、仓储和邮政业	Transport, Storage and Post	1934.4	2307.1
5.批发、零售业和住宿、餐饮业	Wholesale, Retail Trade and Hotel, Restaurants	455.2	738.2
6.其他	Other	1091.2	1579.5
7.生活消费	Residential Consumption	11574.0	15624.4
在消费量中：	Consumption by Usage		
(一)终端消费	(Ⅰ) Final Consumption	38804.2	52704.4
#工业	Industry	21643.1	29715.0
(二)中间消费(用于加工转换)	(Ⅱ) Intermediate Consumption (Consumed in Transformation)	19461.6	25397.4
发电	Power Generation	12648.4	16440.7
供热	Heating		1462.3
炼焦	Coking	6682.2	7303.8
制气	Gas Production	131.0	190.6
(三)洗选损耗	(Ⅲ) Losses in Coal Washing and Dressing	2743.7	3501.2
平衡差额	**Balance**	**1591.5**	**1173.6**

注：生产量为原煤产量。

COAL BALANCE SHEET

(10 000 ton)

1990	1995	1997	1998	1999	2000	2001	2002	2003
102221.0	**133461.7**	**133159.0**	**122810.6**	**103576.1**	**98176.1**	**108480.0**	**129604.8**	**157902.0**
107988.3	136073.1	137282.0	125000.0	104500.0	99800.0	116078.0	138000.0	166700.0
200.3	163.5	201.0	158.6	167.3	217.9	266.0	1125.7	1109.8
1729.0	2861.7	3073.0	3229.7	3743.9	5506.5	9012.9	8389.6	9402.9
-4238.5	86.8	-1251.0	881.7	2652.7	3664.7	1148.9	-1131.4	-504.9
105523.0	**137676.5**	**139248.0**	**129492.2**	**126365.3**	**124537.4**	**126211.3**	**136605.5**	**163732.0**
2095.2	1856.7	1927.0	1923.3	1735.6	1647.7	1599.6	1622.9	1683.3
81090.9	117570.7	121671.0	114952.4	112757.3	111730.0	113608.0	124195.4	150568.5
437.6	439.8	383.0	611.6	522.5	536.8	538.0	553.5	577.2
2160.9	1315.1	1431.0	1390.6	1294.3	1139.9	11050.9	1055.0	1067.3
1058.3	977.4	863.0	947.6	896.2	814.6	809.9	809.1	860.4
1980.4	1986.7	735.0	782.7	751.1	761.0	774.7	767.1	800.6
16699.7	13530.1	12238.0	8884.0	8408.4	7907.0	7830.3	7602.6	8174.7
60205.9	66156.1	61792.0	56347.1	51572.2	46086.8	43891.3	42692.4	48944.8
35773.8	46050.3	44214.0	41807.3	37964.2	33279.7	31287.9	30282.2	35781.2
41257.8	69487.6	77451.0	73145.1	74793.1	78450.6	82320.1	93913.1	114787.3
27204.3	44440.2	48979.0	49489.3	51163.5	54611.2	57687.9	65600.0	77976.5
2995.5	5887.3	6245.0	6319.9	6473.0	6692.1	6961.5	7473.7	9595.5
10697.6	18396.4	19297.0	15628.1	14941.7	15000.4	15436.4	18209.7	23639.9
360.4	763.7	733.0	685.1	847.6	810.0	893.8	973.2	1054.8
4059.3	2032.8	2311.0	1159.3	1491.5	1441.2	1450.5	1717.5	2599.3
-3302.0	**-4214.8**	**-6089.0**	**-6681.6**	**-22789.2**	**-26361.3**	**-17731.3**	**-7000.8**	**-5830.1**

a) Data on output refer to the output of raw coal.

4-6 焦炭平衡表

单位：万吨

项　目	Item	1980	1985
可供量	**Total Energy Available for Consumption**	**4315.3**	**4689.7**
生产量	Output	4343.0	4802.1
进口量	Imports		2.1
出口量(-)	Exports (-)	27.1	36.9
年初年末库存差额	Stock Changes in the Year	-0.6	-77.6
消费量	**Total Energy Consumption**	**4303.0**	**4689.7**
在消费量中：	Consumption by Sector		
1. 农、林、牧、渔、水利业	Farming, Forestry, Animal Husbandry, Fishery and Water Conservancy	10.6	20.8
2. 工业	Industry	4266.7	4627.7
3. 建筑业	Construction	11.9	7.8
4. 交通运输、仓储和邮政业	Transport, Storage and Post	8.2	5.7
5. 批发、零售业和住宿、餐饮业	Wholesale, Retail Trade and Hotel, Restaurants	0.9	2.7
6. 其他	Other	4.7	2.0
7. 生活消费	Residential Consumption		23.0
在消费量中：	Consumption by Usage		
(一)终端消费	(Ⅰ) Final Consumption	4294.7	4677.9
#工业	Industry	4258.4	4615.9
(二)中间消费(用于加工转换)	(Ⅱ) Intermediate Consumption (Consumed in Transformation)	8.3	11.8
制气	Gas Production	8.3	11.8
(三)损失量	(Ⅲ) Losses in Coal Washing and Dressing		
平衡差额	**Balance**	**12.3**	

COKE BALANCE SHEET

(10 000 ton)

1990	1995	1997	1998	1999	2000	2001	2002	2003
7085.8	**12207.1**	**12631.2**	**11733.5**	**10970.6**	**10892.3**	**11462.9**	**12830.5**	**15930.9**
7328.3	13424.5	13653.1	12899.1	12073.7	12184.0	13130.8	14253.3	17775.7
	0.1	0.1						0.2
129.0	886.1	1058.1	1146.4	997.4	1519.7	1384.6	1357.0	1472.1
-113.5	-331.4	36.1	-19.2	-105.7	228.0	-283.2	-65.8	-372.9
6914.7	**10725.3**	**10927.0**	**11078.2**	**10460.5**	**10440.0**	**10999.2**	**12343.9**	**14503.8**
60.1	128.6	144.7	151.4	145.8	144.2	139.2	141.0	141.0
6808.8	10412.0	10584.3	10710.3	10100.9	10080.5	10638.4	11978.1	14149.8
5.2	10.8	12.5	14.6	17.1	19.0	23.9	23.4	20.8
4.1	10.1	6.5	10.3	10.1	11.2	11.7	11.4	10.8
7.7	25.7	35.2	38.8	36.5	35.7	39.7	42.6	47.5
1.9	6.4	19.2	12.8	13.0	12.2	12.1	12.3	11.4
26.9	131.6	124.7	140.0	143.1	137.2	134.2	135.1	122.5
6846.3	10648.0	10848.9	11008.6	10302.7	10297.1	10845.6	12206.6	14325.9
6740.4	10334.7	10506.2	10640.6	9937.1	9937.7	10484.8	11840.7	13972.0
68.4	77.3	78.1	69.7	157.8	142.9	153.7	137.4	177.9
68.4	77.3	78.1	69.7	157.8	142.9	153.7	137.4	177.9
171.1	**1481.8**	**1704.2**	**655.2**	**510.1**	**452.3**	**463.7**	**486.6**	**1427.1**

4-7 石油平衡表

单位：万吨

项　目	Item	1980	1985
可供量	**Total Energy Available for Consumption**	**8794.5**	**9193.7**
生产量	Output	10594.6	12489.5
进口量	Imports	82.7	90.0
出口量(-)	Exports (-)	1806.2	3630.4
年初年末库存差额	Stock Changes in the Year	-76.6	244.6
消费量	**Total Energy Consumption**	**8757.4**	**9168.8**
在消费量中：	Consumption by Sector		
1. 农、林、牧、渔、水利业	Farming, Forestry, Animal Husbandry, Fishery and Water Conservancy	814.9	758.7
2. 工业	Industry	6203.2	6171.4
3. 建筑业	Construction	175.2	292.2
4. 交通运输. 仓储和邮政业	Transport, Storage and Post	911.5	1176.4
5. 批发、零售业和住宿、餐饮业	Wholesale, Retail Trade and Hotel, Restaurants	29.0	38.1
6. 其他	Other	481.7	506.1
7. 生活消费	Residential Consumption	141.9	225.9
在消费量中：	Consumption by Usage	8757.4	
(一)终端消费	(Ⅰ) Final Consumption	6311.0	7063.3
#工业	Industry	3780.3	4462.0
(二)中间消费(用于加工转换)	(Ⅱ) Intermediate Consumption (Consumed in Transformation)	2102.1	1745.6
发电	Power Generation	2065.4	1425.5
供热	Heating		285.6
制气	Gas Production	36.7	34.5
(三) 炼油损失量	(Ⅲ) Losses in Petroleum Refining	81.5	112.9
(四) 损失量	(Ⅳ) Other Losses	262.8	247.0
平衡差额	**Balance**	**37.1**	**24.9**

注：1. 生产量为原油产量。

2. 进口量包括我国飞机、轮船在国外加油量；出口量包括外国飞机、轮船在我国加油量。

PETROLEUM BALANCE SHEET

(10 000 ton)

1990	1995	1997	1998	1999	2000	2001	2002	2003
11435.0	**16072.7**	**19653.8**	**19686.1**	**20964.4**	**22631.8**	**23204.7**	**24925.1**	**27540.5**
13830.6	15005.0	16074.1	16100.0	16000.0	16300.0	16395.9	16700.0	16960.0
755.6	3673.2	6787.0	5738.7	6483.3	9748.5	9118.2	10269.3	13189.6
3110.4	2454.5	2815.2	2326.5	1643.5	2172.1	2046.7	2139.2	2540.8
-40.8	-151.0	-392.2	174.0	124.6	-1244.6	-262.7	94.9	-68.2
11485.6	**16064.9**	**19691.7**	**19817.8**	**21072.9**	**22439.3**	**22838.3**	**24779.8**	**27126.1**
1033.6	1203.2	1256.3	1294.7	1422.1	1496.9	1568.5	1674.1	1681.4
7321.6	9349.3	11304.2	10870.8	10852.8	11404.8	11388.6	12489.6	13686.5
327.3	242.8	285.3	293.9	323.0	344.3	372.3	410.4	430.6
1683.2	2863.6	3733.0	4245.3	5004.3	5509.5	5692.9	6156.7	7093.2
77.6	333.9	416.6	426.0	537.2	545.0	567.4	593.0	682.3
757.8	1390.3	1758.0	1704.8	1800.3	1882.9	1953.7	1978.6	1916.4
284.5	682.0	938.3	983.3	1133.1	1256.5	1294.8	1477.5	1635.8
9304.7	13676.3	17051.9	17514.3	18664.7	19893.5	20357.0	21982.8	24062.8
5180.4	7095.5	8814.1	8717.3	8596.4	9016.2	9059.9	9854.5	10758.7
1630.4	2230.0	2449.7	2106.1	2222.2	2352.9	2292.0	2606.8	2901.4
1234.4	1358.5	1662.1	1304.8	1228.6	1178.2	1213.6	1275.6	1491.6
356.3	399.9	356.5	455.5	394.6	427.0	438.7	420.7	418.0
39.7	51.6	49.2	35.4	32.5	25.9	22.8	18.9	20.9
295.8	420.1	382.0	310.4	566.6	721.9	617.0	891.6	970.9
254.7	158.6	190.1	197.3	186.0	192.9	189.3	190.2	161.9
-50.6	**7.8**	**-37.9**	**-131.5**	**-108.5**	**192.5**	**366.4**	**145.3**	**414.4**

a) Data on output refer to the output of crude oil.

b) Data on imports include the petroleum consumed by the Chinese airplanes and ships in refueling abroad. Data on exports include the petroleum consumed by the foreign airplanes and ships in refueling in China.

4-8 原油平衡表

单位：万吨

项　目	Item	1980	1985
可供量	**Total Energy Available for Consumption**	**9222.9**	**9516.5**
生产量	Output	10594.6	12489.5
进口量	Imports	36.6	
出口量(-)	Exports (-)	1330.9	3003.0
年初年末库存差额	Stock Changes in the Year	-77.4	30.0
消费量	**Total Energy Consumption**	**9205.0**	**9509.5**
在消费量中:	Consumption by Sector		
1. 农、林、牧、渔、水利业	Farming, Forestry, Animal Husbandry, Fishery and Water Conservancy	8.0	0.8
2. 工业	Industry	9112.0	9389.9
3. 建筑业	Construction	28.8	74.0
4. 交通运输. 仓储和邮政业	Transport, Storage and Post	50.1	44.3
5. 批发、零售业和住宿 、餐饮业	Wholesale, Retail Trade and Hotel ,Restaurants		0.1
6. 其他	Other	6.1	0.4
7. 生活消费	Residential Consumption		
在消费量中:	Consumption by Usage		
(一)终端消费	(I) Final Consumption	499.6	350.4
#工业	Industry	429.7	254.9
(二) 中间消费(用于加工转换)	(II) Intermediate Consumption (Consumed in Transformation)	8443.0	8929.7
发电	ower Generation	574.0	279.5
供热	Heating		61.3
炼油	Petroleum Refineries	7869.0	8588.9
(三) 油田原油损失量	(III) Losses in Oil Field for Crude Oil	262.4	229.4
平衡差额	**Balance**	**17.9**	**7.0**

CRUDE OIL BALANC SHEET

(10 000 ton)

1990	1995	1997	1998	1999	2000	2001	2002	2003
11770.6	**14794.9**	**17499.6**	**17316.9**	**18947.2**	**21383.0**	**21537.2**	**22769.0**	**25187.1**
13830.6	15004.4	16074.1	16100.0	16000.0	16300.0	16395.9	16700.0	16960.0
292.3	1709.0	3547.0	2732.0	3661.4	7026.5	6026.0	6940.6	9102.0
2399.0	1822.7	1982.9	1560.0	716.7	1030.6	755.0	766.5	813.3
46.7	-95.8	-138.6	44.9	2.6	-912.9	-129.7	-105.2	-61.6
11762.2	**14886.4**	**17367.2**	**17395.3**	**18949.5**	**21232.0**	**21342.7**	**22541.1**	**24922.0**
0.2	10.1							
11653.8	14716.3	17197.8	17222.5	18775.2	21052.1	21168.2	22357.5	24768.4
55.2	2.7	3.0	2.2	3.2	3.3	3.4	4.2	4.0
52.1	156.8	164.7	168.9	169.5	175.0	169.8	177.9	148.3
0.3	0.5	0.3	0.2	0.2	0.2	0.2	0.1	0.1
0.6	1390.3	1.4	1.5	1.4	1.4	1.2	1.3	1.2
402.1	309.9	492.4	518.7	519.4	636.8	654.1	681.3	812.2
333.4	274.7	471.0	495.4	495.4	612.3	630.8	658.0	793.0
11106.9	14419.4	16686.4	16680.7	18245.7	20404.3	20500.7	21671.3	23949.0
124.6	61.6	64.3	74.4	80.2	85.0	81.6	78.3	94.0
21.1	4.4	14.9	24.5	12.9	14.0	12.3	12.8	11.0
10961.2	14353.4	16607.3	16581.8	18152.6	20305.3	20406.8	21580.2	23844.0
253.2	157.1	188.4	196.0	184.4	190.9	187.9	188.5	160.8
8.4	**-91.5**	**132.4**	**-78.4**	**-2.2**	**151.0**	**194.4**	**227.9**	**265.1**

4-9 燃料油平衡表

单位：万吨

项　目	Item	1980	1985
可供量	**Total Energy Available for Consumption**	**3096.1**	**2848.0**
生产量	Output	3142.0	2835.8
进口量	Imports	39.0	70.0
出口量(-)	Exports (-)	45.4	64.9
年初年末库存差额	Stock Changes in the Year	-39.5	7.1
消费量	**Total Energy Consumption**	**3073.7**	**2837.4**
在消费量中：	Consumption by Sector		
1.农、林、牧、渔、水利业	Farming, Forestry, Animal Husbandry, Fishery and Water Conservancy	2.3	3.1
2.工业	Industry	2937.4	2662.2
3.建筑业	Construction	15.0	18.9
4.交通运输、仓储和邮政业	Transport, Storage and Post	109.0	144.1
5.批发、零售业和住宿、餐饮业	Wholesale, Retail Trade and Hotel, Restaurants	2.9	3.1
6.其他	Other	7.1	6.0
7.生活消费	Residential Consumption		
在消费量中：	Consumption by Usage		
(一)终端消费	(I) Final Consumption	1617.9	1538.8
#工业	Industry	1481.6	1363.5
(二)中间消费(用于加工转换)	(II) Intermediate Consumption (Consumed in Transformation)	1455.8	1296.1
发电	Power Generation	1419.1	1042.3
供热	Heating		219.3
制气	Gas Production	36.7	34.5
(三)损失量	(III) Other Losses		2.5
平衡差额	**Balance**	**22.4**	**10.6**

FUEL OIL BALANCE SHEET

(10 000 ton)

1990	1995	1997	1998	1999	2000	2001	2002	2003
3320.7	**3717.3**	**3721.1**	**3828.7**	**3901.1**	**3836.7**	**3836.9**	**3702.8**	**4291.1**
3267.9	2960.8	2311.2	2100.4	1959.4	2053.7	1864.4	1845.5	2004.8
167.3	859.1	1506.8	1818.3	1963.3	1704.3	2048.7	1915.2	2589.7
97.2	68.6	91.2	72.9	38.8	57.9	84.9	104.9	188.7
-17.3	-34.0	-5.7	-17.2	17.2	136.6	8.7	47.0	-114.7
3367.8	**3693.7**	**3821.3**	**3828.6**	**3934.1**	**3872.8**	**3850.2**	**3873.9**	**4220.5**
2.9	8.4	2.9	0.3	0.4	0.4	0.4	0.4	0.6
3091.7	3406.2	3223.0	3217.3	3047.7	2975.1	2949.3	2950.9	3236.8
47.3	14.2	19.2	16.6	16.2	16.7	16.2	19.0	17.8
208.2	227.5	582.2	565.6	840.0	850.0	855.0	872.1	940.3
1.6	6.6	6.2	7.4	10.5	11.6	12.3	12.3	13.0
16.1	30.8	14.7	21.4	19.4	19.0	17.0	19.1	12.1
2042.6	2262.8	2651.1	2456.4	2694.0	2741.4	2689.3	2675.6	2882.1
1766.5	1975.3	2025.8	1845.1	1807.6	1843.7	1788.4	1752.6	1898.3
1325.2	1430.9	1170.3	1372.2	1240.1	1131.3	1160.9	1198.2	1338.5
977.3	1071.5	839.2	993.8	906.3	814.2	838.5	912.7	1056.7
308.3	307.8	282.0	343.0	301.3	291.2	299.6	266.7	260.8
39.6	51.6	49.2	35.4	32.5	25.9	22.8	18.9	20.9
-47.1	**23.6**	**-100.2**	**0.1**	**-33.0**	**-36.1**	**-13.4**	**-171.1**	**70.6**

4-10 汽油平衡表

单位：万吨

项　　目	Item	1980	1985
可供量	**Total Energy Available for Consumption**	**999.4**	**1399.6**
生产量	Output	1079.0	1471.9
进口量	Imports		0.3
出口量(-)	Exports (-)	117.8	129.9
年初年末库存差额	Stock Changes in the Year	38.2	57.3
消费量	**Total Energy Consumption**	**998.6**	**1396.3**
在消费量中：	Consumption by Sector		
1.农、林、牧、渔、水利业	Farming, Forestry, Animal Husbandry, Fishery and Water Conservancy	53.3	122.3
2.工业	Industry	273.2	451.3
3.建筑业	Construction	54.1	73.0
4.交通运输、仓储和邮政业	Transport, Storage and Post	404.9	477.4
5.批发、零售业和住宿、餐饮业	Wholesale, Retail Trade and Hotel, Restaurants	19.4	23.4
6.其他	Other	193.7	238.3
7.生活消费	Residential Consumption		10.6
平衡差额	**Balance**	**0.8**	**3.3**

4-11 煤油平衡表

单位：万吨

项　　目	Item	1980	1985
可供量	**Total Energy Available for Consumption**	**359.0**	**383.2**
生产量	Output	398.5	405.3
进口量	Imports		15.2
出口量(-)	Exports (-)	46.8	46.0
年初年末库存差额	Stock Changes in the Year	2.3	8.7
消费量	**Total Energy Consumption**	**365.9**	**385.5**
在消费量中：	Consumption by Sector		
1.农、林、牧、渔、水利业	Farming, Forestry, Animal Husbandry, Fishery and Water Conservancy	2.3	3.3
2.工业	Industry	15.7	20.1
3.建筑业	Construction	0.8	1.3
4.交通运输、仓储和邮政业	Transport, Storage and Post	31.4	56.2
5.批发、零售业和住宿、餐饮业	Wholesale, Retail Trade and Hotel, Restaurants	0.2	0.1
6.其他	Other	216.7	182.9
7.生活消费	Residential Consumption	98.8	121.6
平衡差额	**Balance**	**-6.9**	**-2.3**

GASOLINE BALANCE SHEET

(10 000 ton)

1990	1995	1997	1998	1999	2000	2001	2002	2003
1884.1	**2902.0**	**3284.0**	**3307.6**	**3379.8**	**3504.5**	**3606.9**	**3749.7**	**4072.3**
2173.4	3051.6	3517.8	3501.0	3741.3	4134.7	4154.7	4320.8	4790.9
16.9	15.9	8.4	1.5					
233.8	193.1	185.9	194.5	425.8	467.7	586.0	630.4	754.2
-72.4	27.6	-56.4	-0.5	64.3	-162.5	38.1	59.3	35.7
1899.5	**2909.6**	**3312.0**	**3328.6**	**3380.7**	**3504.9**	**3597.8**	**3749.7**	**4072.0**
145.9	179.7	176.4	172.6	178.1	184.5	190.6	187.9	195.0
589.3	812.4	723.1	677.5	646.5	602.0	618.1	631.6	617.9
89.5	103.6	107.7	112.6	113.8	115.6	116.7	122.3	123.7
620.1	982.3	1183.2	1216.6	1265.5	1387.8	1419.4	1503.5	1861.6
46.0	197.2	211.7	216.5	206.3	209.8	214.0	224.2	238.1
390.7	570.7	815.8	825.7	849.4	877.7	904.3	916.3	837.0
18.0	63.7	94.2	107.1	121.1	127.6	134.6	163.8	198.8
-15.4	**-7.6**	**-28.0**	**-21.1**	**-0.9**	**-0.4**	**9.1**		**0.3**

KEROSENE BALANCE SHEET

(10 000 ton)

1990	1995	1997	1998	1999	2000	2001	2002	2003
350.9	**486.4**	**681.7**	**699.9**	**848.6**	**880.9**	**894.2**	**914.8**	**914.5**
392.5	445.8	577.0	616.1	743.8	872.3	789.4	826.1	855.3
26.1	115.7	218.1	188.0	272.2	322.5	298.6	324.3	317.4
55.5	62.4	98.8	127.6	162.8	256.3	246.4	240.9	275.9
-12.2	-12.7	-14.6	23.3	-4.6	-57.6	52.7	5.3	17.7
350.9	**512.1**	**681.7**	**671.4**	**824.2**	**870.1**	**890.3**	**919.2**	**921.6**
3.1	3.6	1.4	1.6	1.4	1.5	1.5	1.4	1.4
20.6	44.9	46.7	62.2	78.4	83.9	86.0	87.4	87.8
1.3	3.5	4.2	3.5	3.9	4.0	3.5		
93.4	250.0	420.1	390.5	505.6	536.4	560.7	616.7	621.7
0.6	8.5	9.0	9.0	11.5	12.0	12.5	13.0	11.2
127.3	137.3	137.7	141.6	152.7	160.1	151.1	140.0	143.2
104.6	64.3	62.7	63.1	70.8	72.2	75.0	60.7	56.4
	-25.7		**28.5**	**24.3**	**11.3**	**4.0**	**-4.4**	**-7.1**

4－12 柴油平衡表

单位：万吨

项　目	Item	1980	1985
可供量	**Total Energy Available for Consumption**	**1663.2**	**1944.1**
生产量	Output	1827.8	2023.2
进口量	Imports	2.1	4.5
出口量(－)	Exports (－)	166.5	225.6
年初年末库存差额	Stock Changes in the Year	－0.2	142.0
消费量	**Total Energy Consumption**	**1663.2**	**1939.4**
在消费量中：	Consumption by Sector		
1.农、林、牧、渔、水利业	Farming, Forestry, Animal Husbandry, Fishery and Water Conservancy	749.0	629.2
2.工业	Industry	457.4	644.1
3.建筑业	Construction	76.5	125.0
4.交通运输.仓储和邮政业	Transport, Storage and Post	316.1	454.4
5.批发、零售业和住宿、餐饮业	Wholesale, Retail Trade and Hotel, Restaurants	6.5	10.9
6.其他	Other	57.7	74.0
7. 生活消费	Residential Consumption		
在消费量中：	Consumption by Usage		
(一)终端消费	(I) Final Consumption	1590.9	1827.4
#工业	Industry	385.1	532.1
(二)中间消费(用于加工转换)	(II) Intermediate Consumption (Consumed in Transformation)	72.3	108.6
发电	Power Generation	72.3	103.6
供热	Heating		5.0
(三) 损失量	(Ⅲ) Other Losses		3.4
平衡差额	**Balance**		**4.7**

DIESEL OIL BALANCE SHEET

(10 000 ton)

1990	1995	1997	1998	1999	2000	2001	2002	2003
2689.4	**4404.2**	**5271.2**	**5229.8**	**6204.3**	**6806.5**	**7272.0**	**7722.3**	**8467.5**
2609.0	3972.6	4924.5	4897.7	6172.6	7079.6	7485.6	7706.1	8532.8
233.8	645.3	790.2	331.7	56.0	51.9	54.7	78.7	111.6
169.8	169.5	261.5	118.8	70.9	77.5	46.9	144.7	244.4
16.4	-44.2	-182.0	119.2	46.5	-247.6	-221.4	82.2	67.5
2691.7	**4321.4**	**5291.2**	**5282.8**	**6231.6**	**6774.3**	**7107.7**	**7667.2**	**8409.8**
881.5	1001.4	1075.7	1120.2	1241.8	1310.1	1375.6	1484.3	1484.4
728.1	1189.9	1730.4	1346.1	1506.8	1596.5	1637.6	1732.1	1830.5
133.0	118.2	146.0	153.5	178.1	195.9	223.1	252.0	276.2
709.4	1246.6	1379.5	1901.9	2221.7	2543.8	2671.0	2964.8	3485.2
22.5	103.6	146.4	153.3	260.9	255.9	268.1	280.8	355.5
217.0	645.7	774.0	564.0	759.7	803.7	853.9	870.0	890.0
	16.1	39.2	43.9	62.7	68.4	79.2	83.9	87.9
2564.8	4070.0	4549.2	5078.9	6016.2	6546.6	6867.3	7441.2	8138.5
601.2	938.5	988.4	1142.2	1291.4	1368.8	1396.4	1505.3	1559.2
126.9	251.4	742.0	203.9	215.5	227.7	240.4	226.0	271.3
124.5	204.9	739.1	203.9	215.5	227.7	240.4	226.0	271.3
2.4	46.6	2.9						
-2.3	**82.7**	**-20.0**	**-52.9**	**-27.4**	**32.2**	**164.4**	**55.2**	**57.8**

4－13 液化石油气平衡表

单位：万吨

项　　目	Item	1980	1985
可供量	**Total Energy Available for Consumption**	**122.5**	**157.3**
生产量	Output	122.5	159.7
进口量	Imports		
出口量(－)	Exports (－)		1.9
年初年末库存差额	Stock Changes in the Year		-0.5
消费量	**Total Energy Consumption**	**119.6**	**155.7**
在消费量中：	Consumption by Sector		
1. 农、林、牧、渔、水利业	Farming, Forestry, Animal Husbandry, Fishery and Water Conservancy		
2. 工业	Industry	76.1	59.9
3. 建筑业	Construction		
4. 交通运输、仓储和邮政业	Transport, Storage and Post		
5. 批发、零售业和住宿、餐饮业	Wholesale, Retail Trade and Hotel, Restaurants		0.5
6. 其他	Other	0.4	4.5
7. 生活消费	Residential Consumption	43.1	90.8
平衡差额	**Balance**	**2.9**	**1.6**

4－14 天然气平衡表

单位：万吨

项　　目	Item	1980	1985
可供量	**Total Energy Available for Consumption**	**142.7**	**129.3**
生产量	Output	142.7	129.3
进口量	Imports		
出口量(－)	Exports (－)		
年初年末库存差额	Stock Changes in the Year		
消费量	**Total Energy Consumption**	**140.6**	**129.3**
在消费量中：	Consumption by Sector		
1. 农、林、牧、渔、水利业	Farming, Forestry, Animal Husbandry, Fishery and Water Conservancy		
2. 工业	Industry	131.4	109.6
3. 建筑业	Construction	6.0	14.1
4. 交通运输、仓储和邮政业	Transport, Storage and Post	0.7	0.8
5. 批发、零售业和住宿、餐饮业	Wholesale, Retail Trade and Hotel, Restaurants		
6. 其他	Other	0.5	0.5
7. 生活消费	Residential Consumption	2.0	4.3
平衡差额	**Balance**	**2.1**	

LPG BALANCE SHEET

(10 000 ton)

1990	1995	1997	1998	1999	2000	2001	2002	2003
258.5	**774.3**	**992.1**	**1178.0**	**1146.6**	**1396.16**	**1428.03**	**1663.61**	**1836.2**
261.6	540.8	667.9	747.4	816.6	916.62	952.33	1036.79	1211.7
	232.6	358.2	476.6	322.3	481.74	488.86	626.16	636.7
1.1	7.1	39.2	50.2	7.5	1.6	2.09	5.62	2.4
-2.0	8.0	5.1	4.2	-1.5	-0.6	-11.07	6.28	-9.9
254.2	**750.6**	**1009.7**	**1186.0**	**1208.5**	**1366.67**	**1411.00**	**1618.39**	**1796.6**
	0.1					0.3		
82.0	192.5	203.4	220.5	254.0	276.14	291.67	320.49	361.6
1.0	0.5	5.2	5.7	7.9	8.91	9.51	12.76	8.9
	0.5	1.6	0.5	2.0	16.45	17.03	21.58	36.1
6.6	17.4	42.9	39.5	47.9	55.48	60.40	62.59	64.4
6.1	5.7	14.5	150.6	17.9	21.00	26.21	31.92	32.9
158.5	534.0	742.2	769.2	878.5	988.34	1006.04	1169.05	1292.7
4.3	**23.7**	**-17.7**	**-8.0**	**-61.6**	**29.49**	**16.87**	**45.22**	**39.6**

NATURAL GAS BALANCE SHEET

(100 million)

1990	1995	1997	1998	1999	2000	2001	2002	2003
153.0	**179.5**	**226.7**	**232.8**	**252.0**	**272.0**	**303.3**	**326.6**	**331.42**
153.0	179.5	227.0	232.8	252.0	272.0	303.3	326.6	350.15
		0.3						18.73
152.5	**177.4**	**195.4**	**202.6**	**214.9**	**245.0**	**274.3**	**291.8**	**339.08**
120.2	154.4	168.9	171.5	180.2	202.0	217.8	227.5	267.8
10.6	0.3		0.1	0.7	0.8	0.7	0.7	0.7
1.9	1.6	3.7	3.7	4.8	5.8	6.0	6.4	6.8
	0.6	1.0	2.5	2.9	3.4	5.0	6.1	6.9
1.2	1.2	0.6	0.6	0.6	0.6	0.7		
18.6	19.4	21.2	24.1	25.7	32.3	44.1	51.2	56.9
0.5	**2.1**	**31.3**	**30.2**	**37.0**	**27.0**	**29.0**	**34.8**	**-7.66**

4－15　电力平衡表

单位：亿千瓦小时

项　目	Item	1980	1985
可供量	**Total Energy Available for Consumption**	**3006.3**	**4117.6**
生产量	Output	3006.3	4106.9
水电	Hydropower	582.1	923.7
火电	Thermal Power	2424.2	3183.2
核电	Nuclear Power		
进口量	Imports		11.1
出口量（－）	Exports（－）		0.4
消费量	**Total Energy Consumption**	**3006.3**	**4117.6**
在消费量中：	Consumption by Sector		
1.农、林、牧、渔、水利业	Farming, Forestry, Animal Husbandry, Fishery and Water Conservancy	270	317.4
2.工业	Industry	2471.9	3283.4
3.建筑业	Construction	47.1	71.2
4.交通运输、仓储和邮政业	Transport, Storage and Post	26.5	63.4
5.批发、零售业和住宿、餐饮业	Wholesale, Retail Trade and Hotel, Restaurants	16.8	38.0
6.其他	Others	68.8	121.7
7.生活消费	Residential Consumption	105.2	222.5
在消费量中：	Consumption by Usage		
（一）终端消费	（I）Final Consumption	2763.4	3813.3
#工业	Industry	2229.0	2979.1
（二）输配电损失量	（II）Losses in Transmission	242.9	304.3

ELECTICITY BALANCE SHEET

(100 million kW · h)

1990	1995	1997	1998	1999	2000	2001	2002	2003
6230.4	**10023.4**	**11273.6**	**11590.4**	**12305.2**	**13472.7**	**14632.6**	**16330.7**	**19032.2**
6212.0	10077.3	11344.7	11662.0	12393.0	13556.0	14716.6	16404.8	19105.8
1267.2	1905.8	1959.8	2080.0	2038.1	2224.1	2774.3	2879.7	2836.8
4944.8	8043.2	9240.7	9441.0	10205.4	11164.5	11767.5	13273.8	15803.6
	128.3	144.2	141.0	149.5	167.4	174.7	251.3	433.4
19.3	6.4	0.9	0.2	3.7	15.5	18.0	23.0	29.8
0.9	60.3	72.0	71.7	91.5	98.8	101.9	97.0	103.4
6230.4	**10023.4**	**11284.4**	**11598.4**	**12305.2**	**13471.4**	**14633.5**	**16331.5**	**19031.6**
426.8	582.4	639.8	623.5	660.4	673.0	762.4	776.2	773.2
4873.3	7659.8	8395.7	8406.0	8832.7	9653.6	10444.7	11793.2	13899.7
65.0	159.6	117.4	188.8	142.3	154.8	144.9	164.1	189.8
105.9	182.3	255.9	255.6	254.8	281.2	309.3	338.0	396.9
76.2	199.5	265.1	293.4	342.8	393.7	444.9	500.0	623.0
202.4	234.2	357.4	506.7	591.4	643.2	688.1	758.5	911.0
480.8	1005.6	1253.2	1324.5	1480.8	1672.0	1839.2	2001.4	2238.0
5795.8	9278.9	10486.0	10807.5	11443.3	12534.7	13600.0	15162.8	17770.9
4438.7	6915.3	7597.3	7615.0	7970.8	8716.9	9411.2	10624.5	12639.0
434.6	744.5	798.4	790.9	861.9	936.7	1033.5	1168.7	1260.7

五、能源消费
Chapter 5 Energy Consumption

5－1 能源消费总量和构成
PRIMARY ENERGY CONSUMPITION AND ITS COMPOSITION

		1991	1995	2000	2001	2002	2003
能源消费总量(万吨标煤)(电热当量计算法)		100318	123519	124646	128452	140654	163226
Total Energy Consumption (10^4 tce)							
(calorific value calculation)							
能源消费总量(万吨标煤)(发电煤耗计算法)		103783	129034	130297	134915	148222	170943
Total Energy Consumption (10^4 tce)							
(coal equivalent calculation)							
煤炭（万吨）	Coal (10^4tn)	110432	137677	124537	126211	136605	163732
石油（万吨）	Petroleum (10^4tn)	12384	16065	22439	22838	24780	27126
天然气（亿立方米）	Natural Gas (10^8 cu. m)	159	177	245	274	292	339
水电（亿千瓦时）	Hydro Power (10^8 kW·h)	1251	1906	2224	2774	2880	2837
核电（亿千瓦时）	Nuclear Power (10^8 kW·h)		128	167	175	251	433
构成(电热当量计算法)(%)							
As Percentage of Primary Energy Production(%)							
(calorific value calculation)							
煤炭	Coal	78.70	78.69	69.23	68.84	69.24	70.94
石油	Petroleum	17.70	17.35	25.80	25.50	25.26	23.81
天然气	Natural Gas	2.10	1.93	2.61	2.84	2.76	2.76
水电	Hydro Power	1.50	1.90	2.19	2.65	2.52	2.16
核电	Nuclear Power		0.13	0.17	0.17	0.22	0.33
构成(发电煤耗计算法)(%)							
As percentage of primary energy production(%)							
(coal equivalent calculation)							
煤炭	Coal	76.10	75.30	66.07	65.28	65.59	67.64
石油	Petroleum	17.10	16.60	24.68	24.27	23.97	22.74
天然气	Natural Gas	2.00	1.90	2.50	2.70	2.62	2.64
水电	Hydro Power	4.80	5.85	6.28	7.27	7.20	6.07
核电	Nuclear Power		0.39	0.47	0.48	0.62	0.92

5-2 工业分行业终端能源消费量(实物量)-2001

		煤合计 Coal Total 万吨 10^4 tn	原煤 Raw Coal 万吨 10^4 tn
		L1	L2
工业合计	**Industry Total**	**31287.92**	**28824.00**
(一)采掘业	**Mining and Quarrying**	**2639.28**	**2309.26**
煤炭采选业	Coal Mining and Dressing	2038.66	1729.45
石油和天然气开采业	Petroleum and Naturl Gas Extraction	136.48	133.48
黑色金属矿采选业	Ferrous Metals Mining and Dressing	62.41	47.41
有色金属矿采选业	Nonferrous Metals Mining and Dressing	71.60	71.07
非金属矿采选业	Nonmetal Minerals Mining and Dressing	250.81	248.53
其他矿采选业	Other Minerals Mining and Dressing	5.20	5.20
木材及竹材采运业	Logging and Transport of Wood and Bamboo	74.12	74.12
(二)制造业	**Manufacturing**	**26168.85**	**24264.97**
食品加工业	Food Processing	911.89	820.67
食品制造业	Food Production	571.61	507.39
饮料制造业	Beverage Production	517.87	514.52
烟草加工业	Tobacco Processing	127.91	127.84
纺织业	Textile Industry	1163.70	1152.96
服装及其他纤维制品制造业	Garments and Other Fiber Products	105.45	105.08
皮革、毛皮、羽绒及其制品业	Leather, Furs, Down and Related Products	65.07	65.00
木材加工及竹、藤、棕、草制品业	Timber Processing, Bamboo, Cane, Palm & Straw Products	203.02	202.78
家具制造业	Furniture Manufacturing	42.08	42.06
造纸及纸制品业	Papermaking and Paper Products	1174.51	1119.19
印刷业、记录媒介的复制	Printing and Record Medium Reproduction	47.46	47.01
文教体育用品制造业	Cultural, Educational and Sports Articles	17.36	17.31
石油加工及炼焦业	Petroleum Processing and Coking	702.73	571.48
化学原料及化学品制造业	Raw Chemical Materials and Chemical Products	4572.58	4373.60
医药制造业	Medical and Pharmaceutical Products	436.42	421.14
化学纤维制造业	Chemical Fiber	264.65	262.32
橡胶制品业	Rubber Products	259.46	258.24
塑料制品业	Plastic Products	122.36	120.26
非金属矿物制品业	Nonmetal Mineral Products	8943.82	8458.96
黑色金属冶炼及压延加工业	Smelting and Pressing of Ferrous Metals	3494.19	2882.40
有色金属冶炼及压延加工业	Smelting and Pressing of Nonferrous Metals	690.84	576.48
金属制品业	Metal Products	208.41	197.20
普通机械制造业	Ordinary Machinery	323.17	278.24
专用设备制造业	Equipment for Special Purpose	263.39	223.28
交通运输设备制造业	Transportation Equipment	454.85	449.69
电气机械及器材制造业	Electric Equipment and Machinery	142.41	138.80
电子及通信设备制造业	Electronic and Telecommunications Equipment	55.47	54.30
仪器仪表、文化办公用机械制造业	Instruments, Meters Cultural and Office Machinery	25.60	25.53
其他制造业	Other Manufacturing Industry	260.57	251.24
(三)电力、煤气及水生产和供应业	**Electric Power, Gas and Water Production and Supply**	**2479.79**	**2249.77**
电力、蒸汽、热水的生产和供应业	Electric Power, Steam and Hot Water Production and Supply	2224.53	2017.68
煤气生产和供应业	Gas Production and Supply	230.27	208.13
自来水的生产和供应业	Tap Water Production and Supply	24.99	23.96

FINAL ENERGY CONSUMPTION BY INDUSTRIAL SECTOR – 2001
(PHYSICAL QUANTITY)

洗精煤 Cleaned Coal 万吨 10^4 tn	其他洗煤 Other Washed Coal 万吨 10^4 tn	焦炭 Coke 万吨 10^4 tn	焦炉煤气 Coke Oven Gas 亿立方米 10^8 cu. m	其他煤气 Other Gas 亿立方米 10^8 cu. m	其他焦化产品 Other Coking Products 万吨 10^4 tn	油品合计 Petroleum Products Total 万吨 10^4 tn	原油 Crude Oil 万吨 10^4 tn
L3	L4	L6	L7	L8	L9	L10	L11
1020.07	**1436.85**	**10484.75**	**191.09**	**390.75**	**230.82**	**9059.88**	**630.82**
124.32	**205.34**	**149.90**	**0.75**	**0.72**	**7.09**	**1076.10**	**424.98**
122.41	186.79	47.70	0.75	0.72	5.44	92.11	2.32
	3.00	5.33				881.49	422.65
0.35	14.37	51.00				17.34	
0.06	0.40	19.57				18.35	
1.50	0.78	26.00			1.65	40.77	
		0.19				1.54	
		0.11				24.50	
853.36	**1043.88**	**10334.85**	**184.92**	**388.83**	**221.59**	**7758.68**	**204.21**
5.00	86.21	16.00		0.01		80.34	0.40
61.20	3.00	15.50	0.22	0.07		40.08	0.45
2.50	0.85	2.90			0.09	30.12	0.50
0.07		1.21		0.01		36.51	
2.70	8.00	4.20	0.24	0.14		151.19	0.06
0.30	0.02	1.63		0.01		38.65	0.17
0.06	0.01	1.65				21.80	
0.21	0.03	1.38			0.31	13.93	
	0.02	1.09				7.18	
10.20	45.11	1.56				60.24	0.51
0.45		0.29	0.02	0.01		23.63	
0.05		1.66		0.01		16.39	0.11
102.01	29.24	41.30	11.50	3.20	22.86	3348.18	104.19
91.81	105.77	1051.01	9.55	2.50	48.41	1564.55	70.39
0.86	14.37	0.65	0.20		5.44	24.47	
	2.33	24.53				395.42	6.31
0.50	0.72	2.62	0.01			31.79	0.06
0.54	1.56	6.61				66.26	0.35
99.44	385.27	315.15	3.82	7.82	15.28	744.56	8.62
336.62	270.37	8137.13	157.62	357.96	116.60	391.66	9.85
51.00	63.34	211.90	0.18	9.00	11.84	140.78	0.77
10.20	1.00	131.09	0.12	0.26	0.11	84.88	0.03
40.80	4.10	205.73	0.34	1.03	0.30	64.36	0.12
30.60	9.50	70.34	0.10	4.70	0.10	55.38	0.26
3.05	2.10	38.89	0.12	1.10	0.25	92.33	0.07
1.80	1.80	12.05	0.39	0.40		60.43	0.45
1.10	0.07	0.35	0.49	0.08		65.72	
0.06	0.01	5.10		0.02		14.32	
0.23	9.08	31.33		0.50		93.53	0.54
42.39	**187.63**		**5.42**	**1.20**	**2.14**	**225.10**	**1.63**
19.36	187.49				0.16	199.27	1.63
22.00	0.14		5.42	1.20	1.98	20.37	
1.03						5.46	

续表

		汽油 Gasoline 万吨 10^4 tn	煤油 Kerosene 万吨 10^4 tn
		L12	L13
工业合计	**Industry Total**	**617.42**	**86.00**
(一)采掘业	**Mining and Quarrying**	**102.25**	**7.59**
煤炭采选业	Coal Mining and Dressing	30.93	5.50
石油和天然气开采业	Petroleum and Naturl Gas Extraction	38.23	0.43
黑色金属矿采选业	Ferrous Metals Mining and Dressing	5.17	0.03
有色金属矿采选业	Nonferrous Metals Mining and Dressing	4.90	1.29
非金属矿采选业	Nonmetal Minerals Mining and Dressing	8.20	0.34
其他矿采选业	Other Minerals Mining and Dressing	0.30	
木材及竹材采运业	Logging and Transport of Wood and Bamboo	14.52	
(二)制造业	**Manufacturing**	**487.37**	**77.92**
食品加工业	Food Processing	31.87	0.26
食品制造业	Food Production	12.80	0.09
饮料制造业	Beverage Production	9.35	0.09
烟草加工业	Tobacco Processing	30.00	0.09
纺织业	Textile Industry	37.05	3.87
服装及其他纤维制品制造业	Garments and Other Fiber Products	8.17	0.43
皮革、毛皮、羽绒及其制品业	Leather, Furs, Down and Related Products	4.94	0.17
木材加工及竹、藤、棕、草制品业	Timber Processing, Bamboo, Cane, Palm & Straw Products	4.00	0.09
家具制造业	Furniture Manufacturing	3.57	0.05
造纸及纸制品业	Papermaking and Paper Products	12.20	3.70
印刷业、记录媒介的复制	Printing and Record Medium Reproduction	6.17	5.85
文教体育用品制造业	Cultural, Educational and Sports Articles	2.73	1.29
石油加工及炼焦业	Petroleum Processing and Coking	15.35	18.47
化学原料及化学品制造业	Raw Chemical Materials and Chemical Products	50.01	8.94
医药制造业	Medical and Pharmaceutical Products	10.35	0.14
化学纤维制造业	Chemical Fiber	3.55	0.43
橡胶制品业	Rubber Products	8.04	0.08
塑料制品业	Plastic Products	11.35	0.43
非金属矿物制品业	Nonmetal Mineral Products	47.39	2.49
黑色金属冶炼及压延加工业	Smelting and Pressing of Ferrous Metals	30.87	5.50
有色金属冶炼及压延加工业	Smelting and Pressing of Nonferrous Metals	11.20	0.60
金属制品业	Metal Products	21.52	1.72
普通机械制造业	Ordinary Machinery	21.70	3.35
专用设备制造业	Equipment for Special Purpose	28.87	1.38
交通运输设备制造业	Transportation Equipment	18.70	6.45
电气机械及器材制造业	Electric Equipment and Machinery	17.52	0.26
电子及通信设备制造业	Electronic and Telecommunications Equipment	9.35	0.17
仪器仪表、文化办公用机械制造业	Instruments, Meters Cultural and Office Machinery	3.30	0.17
其他制造业	Other Manufacturing Industry	15.45	11.36
(三)电力、煤气及水生产和供应业	**Electric Power, Gas and Water Production and Supply**	**27.80**	**0.49**
电力、蒸汽、热水的生产和供应业	Electric Power, Steam and Hot Water Production and Supply	23.70	0.44
煤气生产和供应业	Gas Production and Supply	1.60	0.01
自来水的生产和供应业	Tap Water Production and Supply	2.50	0.04

Continued

柴油 Diesel Oil 万吨 10^4 tn	燃料油 Fuel Oil 万吨 10^4 tn	液化石油气 PLG 万吨 10^4 tn	炼厂干气 Refinery Gas 万吨 10^4 tn	其他石油制品 Other Petroleum Products 万吨 10^4 tn	天然气 Nature Gas 亿立方米 10^8 cu. m	热力 Heat 万百万千焦 10^{10} kJ	电力 Electricity 亿千瓦小时 10^8 kW · h
L14	L15	L16	L17	L18	L19	L20	L21
1396.42	**1788.40**	**290.51**	**559.00**	**3691.31**	**186.94**	**123365.60**	**9411.19**
275.63	**155.67**	**18.08**	**60.49**	**31.41**	**59.41**	**7599.14**	**1051.58**
50.79		0.06		2.50		1233.66	448.02
158.61	154.17	18.00	60.49	28.91	59.38	4934.62	340.83
12.14						2.70	64.95
11.96	0.20					11.00	85.78
30.93	1.30				0.03	1233.66	89.31
1.24							8.75
9.96		0.02				183.50	13.94
1046.97	**1524.33**	**262.86**	**498.32**	**3656.70**	**125.33**	**109148.18**	**7031.06**
30.05	7.50	1.91		8.35	0.16	1867.31	170.01
16.40	8.45	1.75		0.14	0.08	2067.31	94.11
10.96	9.00	0.07		0.15	0.02	1133.66	60.11
3.55	2.70	0.02		0.15	0.09	240.60	32.50
35.40	62.90	4.81	0.20	6.90	1.07	7201.94	385.87
14.50	13.88	1.00		0.50		220.00	54.11
12.50	3.10	0.15		0.94		110.00	30.00
6.80	3.00	0.02		0.02		907.00	37.00
2.70	0.60	0.25		0.01		150.00	14.00
20.93	19.00	0.60	0.30	3.00	0.26	4734.90	251.35
7.11	2.15	0.35		2.00	0.09	152.50	35.00
10.96	1.07	0.18		0.05		35.00	25.00
69.82	286.14	114.82	384.00	2355.39	11.68	26340.40	266.34
115.93	300.91	62.82	44.72	910.83	95.50	23739.00	1184.83
7.00	5.35	0.23		1.40	0.67	3800.79	99.22
9.20	50.65	3.81	63.08	258.39		5968.28	196.22
7.00	13.10	0.01		3.50		1033.00	106.66
37.89	10.80	2.24		3.20	0.09	170.00	127.14
293.25	320.00	45.01	5.59	22.21	2.80	1433.66	793.05
72.82	271.14	0.48		1.00	1.67	13370.22	1164.07
41.60	59.00	0.70		26.91	0.53	6771.66	716.93
40.89	11.80	7.72		1.20	0.75	270.00	223.55
25.89	8.00	0.50		4.80	0.17	933.66	168.22
10.96	9.00	1.91		3.00	1.60	1200.66	94.11
50.86	11.65	1.00		3.60	1.90	2567.31	228.22
22.50	12.82	5.81	0.08	0.99	0.70	660.66	98.11
39.00	13.50	2.91	0.19	0.60	3.98	298.00	130.11
10.10	0.12	0.08		0.55	0.03	187.00	26.00
20.40	7.00	1.70	0.16	36.92	1.49	1583.66	219.22
73.82	**108.40**	**9.57**	**0.19**	**3.20**	**2.20**	**6618.28**	**1328.55**
63.82	107.30	0.85	0.13	1.40	0.25	6168.28	1144.99
7.60	1.08	8.72	0.06	1.30	1.92	415.00	37.06
2.40	0.02			0.50	0.03	35.00	146.50

5-2 工业分行业终端能源消费量(标准量)-2001

(万吨标准煤)

		终端消费合计 Final Consumption Total	
		(发电煤耗计算法) (coal equivalent calculation)	(电热当量计算法) (calorific value calculation)
工业合计	**Industry Total**	**86711.09**	**62488.64**
(一)采掘业	**Mining and Quarrying**	**8356.89**	**5688.47**
煤炭采选业	Coal Mining and Dressing	3187.47	2062.95
石油和天然气开采业	Petroleum and Naturl Gas Extraction	3609.48	2729.38
黑色金属矿采选业	Ferrous Metals Mining and Dressing	351.16	189.23
有色金属矿采选业	Nonferrous Metals Mining and Dressing	408.19	194.28
非金属矿采选业	Nonmetal Minerals Mining and Dressing	621.62	391.37
其他矿采选业	Other Minerals Mining and Dressing	38.17	16.36
木材及竹材采运业	Logging and Transport of Wood and Bamboo	140.80	104.92
(二)制造业	**Manufacturing**	**71216.37**	**53015.19**
食品加工业	Food Processing	1478.68	1043.34
食品制造业	Food Production	876.56	629.20
饮料制造业	Beverage Production	634.33	477.48
烟草加工业	Tobacco Processing	264.94	182.44
纺织业	Textile Industry	2679.32	1672.96
服装及其他纤维制品制造业	Garments and Other Fiber Products	332.84	196.59
皮革、毛皮、羽绒及其制品业	Leather, Furs, Down and Related Products	189.18	113.71
木材加工及竹、藤、棕、草制品业	Timber Processing, Bamboo, Cane, Palm & Straw Products	320.88	223.05
家具制造业	Furniture Manufacturing	95.49	59.66
造纸及纸制品业	Papermaking and Paper Products	1937.27	1281.47
印刷业、记录媒介的复制	Printing and Record Medium Reproduction	201.66	113.46
文教体育用品制造业	Cultural, Educational and Sports Articles	130.67	68.12
石油加工及炼焦业	Petroleum Processing and Coking	7411.28	6584.93
化学原料及化学品制造业	Raw Chemical Materials and Chemical Products	12739.57	9639.46
医药制造业	Medical and Pharmaceutical Products	841.15	570.37
化学纤维制造业	Chemical Fiber	1701.75	1175.79
橡胶制品业	Rubber Products	645.87	373.59
塑料制品业	Plastic Products	658.83	340.81
非金属矿物制品业	Nonmetal Mineral Products	9962.00	7976.10
黑色金属冶炼及压延加工业	Smelting and Pressing of Ferrous Metals	17077.12	14092.69
有色金属冶炼及压延加工业	Smelting and Pressing of Nonferrous Metals	3823.61	1994.56
金属制品业	Metal Products	1229.40	670.43
普通机械制造业	Ordinary Machinery	1160.55	735.43
专用设备制造业	Equipment for Special Purpose	748.52	506.51
交通运输设备制造业	Transportation Equipment	1433.42	848.65
电气机械及器材制造业	Electric Equipment and Machinery	592.06	343.39
电子及通信设备制造业	Electronic and Telecommunications Equipment	683.00	356.79
仪器仪表、文化办公用机械制造业	Instruments, Meters Cultural and Office Machinery	145.95	79.99
其他制造业	Other Manufacturing Industry	1220.57	664.30
(三)电力、煤气及水生产和供应业	**Electric Power, Gas and Water Production and Supply**	**7137.78**	**3784.92**
电力、蒸汽、热水的生产和供应业	Electric Power, Steam and Hot Water Production and Supply	6171.04	3278.58
煤气生产和供应业	Gas Production and Supply	396.09	301.14
自来水的生产和供应业	Tap Water Production and Supply	570.64	205.20

FINAL ENERGY CONSUMPTION BY INDUSTRIAL SECTOR－2001 (STANDARD QUANTITY)

(10 000 tce)

煤合计 Coal Total	原煤 Raw Coal	洗精煤 Cleaned Coal	其他洗煤 Other Washed Coal	焦炭 Coke	焦炉煤气 Coke Oven Gas	其他煤气 Other Gas	其他焦化产品 Other Coking Products	油品合计 Petroleum Products Total
L1	L2	L3	L4	L6	L7	L8	L9	L10
19349.26	**17671.22**	**919.16**	**754.63**	**9510.82**	**950.30**	**1123.61**	**266.35**	**12723.44**
1635.82	**1415.74**	**112.02**	**107.84**	**135.98**	**3.73**	**2.07**	**8.18**	**1548.26**
1268.69	1060.28	110.30	98.10	43.27	3.73	2.07	6.28	134.25
83.41	81.83		1.58	4.83				1264.20
37.11	29.07	0.32	7.55	46.26				25.34
43.87	43.57	0.05	0.21	17.75				26.83
154.13	152.37	1.35	0.41	23.58			1.90	59.50
3.19	3.19			0.17				2.25
45.44	45.44			0.10				35.90
16197.41	**14876.20**	**768.94**	**548.24**	**9374.85**	**919.61**	**1118.08**	**255.70**	**10847.95**
552.93	503.13	4.51	45.28	14.51		0.03		116.55
367.81	311.07	55.15	1.58	14.06	1.09	0.20		58.74
318.14	315.44	2.25	0.45	2.63			0.10	43.74
78.44	78.38	0.06		1.10		0.03		53.53
713.50	706.85	2.43	4.20	3.81	1.19	0.40		219.33
64.73	64.42	0.27	0.01	1.48		0.03		56.22
39.91	39.85	0.05	0.01	1.50				31.65
124.53	124.32	0.19	0.02	1.25			0.36	20.28
25.80	25.79		0.01	0.99				10.55
719.04	686.15	9.19	23.69	1.42				87.17
29.23	28.82	0.41		0.26	0.10	0.03		34.34
10.66	10.61	0.05		1.51		0.03		23.95
457.64	350.36	91.92	15.36	37.46	57.19	9.20	26.38	4593.96
2820.47	2681.34	82.73	55.55	953.38	47.49	7.19	55.86	2156.03
266.54	258.19	0.77	7.55	0.59	0.99		6.28	35.51
162.04	160.82		1.22	22.25				544.81
159.15	158.32	0.45	0.38	2.38	0.05			45.55
75.04	73.73	0.49	0.82	6.00				96.49
5477.99	5185.96	89.60	202.34	285.88	19.00	22.49	17.63	1084.96
2215.35	1767.12	303.32	142.00	7381.27	783.85	1029.32	134.55	562.90
432.65	353.42	45.95	33.27	192.22	0.90	25.88	13.66	199.82
130.63	120.90	9.19	0.53	118.91	0.60	0.75	0.13	125.47
209.51	170.58	36.76	2.15	186.62	1.69	2.96	0.35	93.33
169.46	136.89	27.57	4.99	63.81	0.50	13.51	0.12	80.90
279.55	275.69	2.75	1.10	35.28	0.60	3.16	0.29	134.29
87.67	85.09	1.62	0.95	10.93	1.94	1.15		89.27
34.32	33.29	0.99	0.04	0.32	2.44	0.23		96.21
15.71	15.65	0.05	0.01	4.63		0.06		20.86
159.02	154.03	0.21	4.77	28.42		1.44		131.48
1516.01	**1379.27**	**38.20**	**98.54**		**26.95**	**3.45**	**2.47**	**327.22**
1352.90	1236.99	17.44	98.47				0.18	287.58
147.49	127.60	19.82	0.07		26.95	3.45	2.28	31.71
15.62	14.69	0.93						7.93

续表

（万吨标准煤）

		原油 Crude Oil	汽油 Gasoline
		L11	L12
工业合计	**Industry Total**	**883.81**	**908.47**
（一）采掘业	**Mining and Quarrying**	**595.42**	**150.45**
煤炭采选业	Coal Mining and Dressing	3.26	45.51
石油和天然气开采业	Petroleum and Naturl Gas Extraction	592.15	56.25
黑色金属矿采选业	Ferrous Metals Mining and Dressing		7.61
有色金属矿采选业	Nonferrous Metals Mining and Dressing		7.21
非金属矿采选业	Nonmetal Minerals Mining and Dressing		12.07
其他矿采选业	Other Minerals Mining and Dressing		0.44
木材及竹材采运业	Logging and Transport of Wood and Bamboo		21.36
（二）制造业	**Manufacturing**	**286.11**	**717.12**
食品加工业	Food Processing	0.56	46.89
食品制造业	Food Production	0.63	18.83
饮料制造业	Beverage Production	0.70	13.76
烟草加工业	Tobacco Processing		44.14
纺织业	Textile Industry	0.08	54.52
服装及其他纤维制品制造业	Garments and Other Fiber Products	0.24	12.02
皮革、毛皮、羽绒及其制品业	Leather, Furs, Down and Related Products		7.27
木材加工及竹、藤、棕、草制品业	Timber Processing, Bamboo, Cane, Palm & Straw Products		5.89
家具制造业	Furniture Manufacturing		5.25
造纸及纸制品业	Papermaking and Paper Products	0.71	17.95
印刷业、记录媒介的复制	Printing and Record Medium Reproduction		9.08
文教体育用品制造业	Cultural, Educational and Sports Articles	0.15	4.02
石油加工及炼焦业	Petroleum Processing and Coking	145.97	22.59
化学原料及化学品制造业	Raw Chemical Materials and Chemical Products	98.62	73.58
医药制造业	Medical and Pharmaceutical Products		15.23
化学纤维制造业	Chemical Fiber	8.84	5.22
橡胶制品业	Rubber Products	0.08	11.83
塑料制品业	Plastic Products	0.49	16.70
非金属矿物制品业	Nonmetal Mineral Products	12.08	69.73
黑色金属冶炼及压延加工业	Smelting and Pressing of Ferrous Metals	13.80	45.42
有色金属冶炼及压延加工业	Smelting and Pressing of Nonferrous Metals	1.08	16.48
金属制品业	Metal Products	0.04	31.66
普通机械制造业	Ordinary Machinery	0.17	31.93
专用设备制造业	Equipment for Special Purpose	0.36	42.48
交通运输设备制造业	Transportation Equipment	0.10	27.52
电气机械及器材制造业	Electric Equipment and Machinery	0.63	25.78
电子及通信设备制造业	Electronic and Telecommunications Equipment		13.76
仪器仪表、文化办公用机械制造业	Instruments, Meters Cultural and Office Machinery		4.86
其他制造业	Other Manufacturing Industry	0.76	22.73
（三）电力、煤气及水生产和供应业	**Electric Power, Gas and Water Production and Supply**	**2.28**	**40.90**
电力、蒸汽、热水的生产和供应业	Electric Power, Steam and Hot Water Production and Supply	2.28	34.87
煤气生产和供应业	Gas Production and Supply		2.35
自来水的生产和供应业	Tap Water Production and Supply		3.68

Continued

(10 000 tce)

煤油 Kerosene	柴油 Diesel Oil	燃料油 Fuel Oil	液化石油气 PLG	炼厂干气 Refinery Gas	其他石油制品 Other Petroleum Products	天然气 Nature Gas	热力 Heat	电力 Electricity
L13	L14	L15	L16	L17	L18	L19	L20	L21
126.54	**2034.72**	**2554.90**	**498.02**	**878.41**	**4838.57**	**2486.31**	**4206.77**	**11566.35**
11.17	**401.62**	**222.39**	**30.99**	**95.05**	**41.17**	**790.15**	**259.13**	**1292.39**
8.09	74.01		0.10		3.28		42.07	550.62
0.63	231.11	220.25	30.86	95.05	37.90	789.76	168.27	418.88
0.04	17.69						0.09	79.82
1.90	17.43	0.29					0.38	105.42
0.50	45.07	1.86				0.40	42.07	109.76
	1.81							10.75
	14.51		0.03				6.26	17.13
114.65	**1525.54**	**2177.65**	**450.62**	**783.06**	**4793.20**	**1666.89**	**3721.95**	**8641.17**
0.38	43.79	10.71	3.27		10.95	2.13	63.68	208.94
0.13	23.90	12.07	3.00		0.18	1.06	70.50	115.66
0.13	15.97	12.86	0.12		0.20	0.27	38.66	73.88
0.13	5.17	3.86	0.03		0.20	1.20	8.20	39.94
5.69	51.58	89.86	8.25	0.31	9.04	14.23	245.59	474.23
0.63	21.13	19.83	1.71		0.66		7.50	66.50
0.25	18.21	4.43	0.26		1.23		3.75	36.87
0.13	9.91	4.29	0.03		0.03		30.93	45.47
0.07	3.93	0.86	0.43		0.01		5.11	17.21
5.44	30.50	27.14	1.03	0.47	3.93	3.46	161.46	308.91
8.61	10.36	3.07	0.60		2.62	1.20	5.20	43.02
1.90	15.97	1.53	0.31		0.07		1.19	30.73
27.18	101.73	408.78	196.84	603.42	3087.45	155.34	898.21	327.33
13.15	168.92	429.88	107.69	70.27	1193.92	1270.15	809.50	1456.16
0.21	10.20	7.64	0.39		1.84	8.91	129.61	121.94
0.63	13.41	72.36	6.53	99.12	338.70		203.52	241.15
0.12	10.20	18.71	0.02		4.59		35.23	131.09
0.63	55.21	15.43	3.84		4.19	1.20	5.80	156.26
3.66	427.29	457.15	77.16	8.78	29.11	37.24	48.89	974.66
8.09	106.11	387.35	0.82		1.31	22.21	455.92	1430.64
0.88	60.62	84.29	1.20		35.27	7.05	230.91	881.11
2.53	59.58	16.86	13.23		1.57	9.98	9.21	274.74
4.93	37.72	11.43	0.86		6.29	2.26	31.84	206.74
2.03	15.97	12.86	3.27		3.93	21.28	40.94	115.66
9.49	74.11	16.64	1.71		4.72	25.27	87.55	280.48
0.38	32.78	18.31	9.96	0.13	1.30	9.31	22.53	120.58
0.25	56.83	19.29	4.99	0.30	0.79	52.93	10.16	159.91
0.25	14.72	0.17	0.14		0.72	0.40	6.38	31.95
16.71	29.73	10.00	2.91	0.25	48.39	19.82	54.00	269.42
0.72	**107.56**	**154.86**	**16.41**	**0.30**	**4.19**	**29.26**	**225.68**	**1632.79**
0.65	92.99	153.29	1.46	0.20	1.84	3.33	210.34	1407.19
0.01	11.07	1.54	14.95	0.09	1.70	25.54	14.15	45.55
0.06	3.50	0.03			0.66	0.40	1.19	180.05

5－3　工业分行业终端能源消费量(实物量)－2002

		煤合计 Coal Total 万吨 10^4 tn	原煤 Raw Coal 万吨 10^4 tn
		L1	L2
工业合计	**Industry Total**	**30282.24**	**27800.88**
(一)采掘业	**Mining and Quarrying**	**2513.93**	**2196.68**
煤炭采选业	Coal Mining and Dressing	1966.84	1668.05
石油和天然气开采业	Petroleum and Naturl Gas Extraction	121.24	118.74
黑色金属矿采选业	Ferrous Metals Mining and Dressing	58.91	45.88
有色金属矿采选业	Nonferrous Metals Mining and Dressing	68.23	67.73
非金属矿采选业	Nonmetal Minerals Mining and Dressing	231.89	229.46
其他矿采选业	Other Minerals Mining and Dressing	2.00	2.00
木材及竹材采运业	Logging and Transport of Wood and Bamboo	64.82	64.82
(二)制造业	**Manufacturing**	**25410.47**	**23481.82**
食品加工业	Food Processing	877.75	785.54
食品制造业	Food Production	531.00	478.90
饮料制造业	Beverage Production	493.73	490.26
烟草加工业	Tobacco Processing	123.34	123.30
纺织业	Textile Industry	1122.00	1112.04
服装及其他纤维制品制造业	Garments and Other Fiber Products	101.76	101.35
皮革、毛皮、羽绒及其制品业	Leather, Furs, Down and Related Products	62.75	62.69
木材加工及竹、藤、棕、草制品业	Timber Processing, Bamboo, Cane, Palm & Straw Products	195.31	195.13
家具制造业	Furniture Manufacturing	38.35	38.34
造纸及纸制品业	Papermaking and Paper Products	1178.32	1120.17
印刷业、记录媒介的复制	Printing and Record Medium Reproduction	45.56	45.06
文教体育用品制造业	Cultural, Educational and Sports Articles	10.32	10.31
石油加工及炼焦业	Petroleum Processing and Coking	672.51	529.18
化学原料及化学品制造业	Raw Chemical Materials and Chemical Products	4544.49	4350.08
医药制造业	Medical and Pharmaceutical Products	422.47	406.19
化学纤维制造业	Chemical Fiber	255.60	253.01
橡胶制品业	Rubber Products	247.56	246.48
塑料制品业	Plastic Products	101.60	99.64
非金属矿物制品业	Nonmetal Mineral Products	8694.44	8185.00
黑色金属冶炼及压延加工业	Smelting and Pressing of Ferrous Metals	3389.64	2780.09
有色金属冶炼及压延加工业	Smelting and Pressing of Nonferrous Metals	677.05	556.02
金属制品业	Metal Products	201.86	190.20
普通机械制造业	Ordinary Machinery	311.33	268.36
专用设备制造业	Equipment for Special Purpose	231.46	192.08
交通运输设备制造业	Transportation Equipment	438.19	433.73
电气机械及器材制造业	Electric Equipment and Machinery	136.89	133.76
电子及通信设备制造业	Electronic and Telecommunications Equipment	53.28	52.37
仪器仪表、文化办公用机械制造业	Instruments, Meters Cultural and Office Machinery	24.67	24.62
其他制造业	Other Manufacturing Industry	227.24	217.92
(三)电力、煤气及水生产和供应业	**Electric Power, Gas and Water Production and Supply**	**2357.84**	**2122.38**
电力、蒸汽、热水的生产和供应业	Electric Power, Steam and Hot Water Production and Supply	2114.83	1900.06
煤气生产和供应业	Gas Production and Supply	221.43	200.74
自来水的生产和供应业	Tap Water Production and Supply	21.58	21.58

FINAL ENERGY CONSUMPTION BY INDUSTRIAL SECTOR – 2002 (PHYSICAL QUANTITY)

洗精煤 Cleaned Coal 万吨 10^4 tn	其他洗煤 Other Washed Coal 万吨 10^4 tn	焦炭 Coke 万吨 10^4 tn	焦炉煤气 Coke Oven Gas 亿立方米 10^8 cu. m	其他煤气 Other Gas 亿立方米 10^8 cu. m	其他焦化产品 Other Coking Products 万吨 10^4 tn	油品合计 Petroleum Products Total 万吨 10^4 tn	原油 Crude Oil 万吨 10^4 tn
L3	L4	L6	L7	L8	L9	L10	L11
1025.00	**1450.01**	**11840.70**	**204.77**	**389.58**	**250.00**	**9854.51**	**658.00**
120.33	**196.59**	**165.99**	**0.64**	**0.70**	**6.50**	**1134.43**	**445.97**
118.16	180.63	47.73	0.64	0.70	5.00	94.76	1.18
	2.50	5.00				927.29	444.79
0.40	12.35	52.15				21.73	
0.03	0.42	28.12				20.01	
1.74	0.69	32.62			1.50	43.83	
		0.25				1.29	
		0.12				25.52	
866.32	**1056.31**	**11674.71**	**197.71**	**387.68**	**240.94**	**8488.40**	**210.74**
5.05	87.14	14.23				84.03	0.30
48.00	4.07	14.00	0.26	0.09		44.39	0.43
2.47	1.00	3.30				29.20	0.59
0.04		1.26		0.02		36.81	
2.38	7.55	4.54	0.31	0.18		151.08	0.05
0.33	0.02	2.17		0.01		40.66	0.12
0.06		1.53				21.55	
0.15	0.03	1.55			0.21	12.07	
	0.01	1.14				8.28	
10.25	47.90	1.73				72.50	0.50
0.50		0.26	0.03	0.02		23.60	
0.01		1.70				17.97	0.09
112.08	31.25	45.90	13.50	3.80	21.09	3661.06	110.35
97.53	95.38	1162.00	12.26	3.00	45.41	1854.91	64.90
1.23	15.01	0.72	0.17		5.00	24.15	
	2.59	25.56				441.27	7.40
0.54	0.54	2.37	0.01			32.11	0.06
0.67	1.29	5.13				63.49	0.50
110.04	399.20	371.71	3.36	7.64	22.11	780.39	9.61
338.43	267.11	9253.30	165.92	356.68	136.16	368.30	13.47
52.10	68.90	223.13	0.19	8.05	9.96	151.60	1.00
10.36	1.29	152.57	0.15	0.29	0.10	89.06	0.04
39.18	3.75	227.49	0.51	1.08	0.53	71.79	0.09
30.54	8.83	69.34	0.11	4.61	0.06	55.11	0.25
2.10	2.35	43.37	0.12	1.22	0.31	84.48	0.05
1.14	1.98	10.46	0.33	0.45		65.53	0.50
0.83	0.08	0.49	0.48	0.09		86.64	
0.04	0.01	5.68		0.02		15.54	
0.27	9.03	28.08		0.43		100.83	0.44
38.35	**197.11**		**6.42**	**1.20**	**2.56**	**231.68**	**1.29**
17.80	196.97				0.19	200.93	1.29
20.55	0.14		6.42	1.20	2.37	25.29	
						5.46	

续表

		汽油 Gasoline 万吨 10^4 tn	煤油 Kerosene 万吨 10^4 tn
		L12	L13
工业合计	**Industry Total**	**630.90**	**87.35**
(一)采掘业	**Mining and Quarrying**	**104.10**	**8.15**
煤炭采选业	Coal Mining and Dressing	30.10	5.99
石油和天然气开采业	Petroleum and Naturl Gas Extraction	39.10	0.40
黑色金属矿采选业	Ferrous Metals Mining and Dressing	6.18	0.03
有色金属矿采选业	Nonferrous Metals Mining and Dressing	4.87	1.31
非金属矿采选业	Nonmetal Minerals Mining and Dressing	8.57	0.42
其他矿采选业	Other Minerals Mining and Dressing	0.28	
木材及竹材采运业	Logging and Transport of Wood and Bamboo	15.00	
(二)制造业	**Manufacturing**	**499.18**	**78.66**
食品加工业	Food Processing	30.66	0.29
食品制造业	Food Production	13.18	0.07
饮料制造业	Beverage Production	8.46	0.08
烟草加工业	Tobacco Processing	30.54	0.10
纺织业	Textile Industry	35.44	4.34
服装及其他纤维制品制造业	Garments and Other Fiber Products	8.06	0.51
皮革、毛皮、羽绒及其制品业	Leather, Furs, Down and Related Products	4.81	0.15
木材加工及竹、藤、棕、草制品业	Timber Processing, Bamboo, Cane, Palm & Straw Products	3.00	0.10
家具制造业	Furniture Manufacturing	3.87	0.05
造纸及纸制品业	Papermaking and Paper Products	15.65	2.93
印刷业、记录媒介的复制	Printing and Record Medium Reproduction	6.51	5.96
文教体育用品制造业	Cultural, Educational and Sports Articles	2.86	1.20
石油加工及炼焦业	Petroleum Processing and Coking	15.87	17.00
化学原料及化学品制造业	Raw Chemical Materials and Chemical Products	55.03	10.25
医药制造业	Medical and Pharmaceutical Products	10.65	0.10
化学纤维制造业	Chemical Fiber	3.64	0.37
橡胶制品业	Rubber Products	8.29	0.05
塑料制品业	Plastic Products	11.68	0.49
非金属矿物制品业	Nonmetal Mineral Products	55.70	1.72
黑色金属冶炼及压延加工业	Smelting and Pressing of Ferrous Metals	31.22	6.46
有色金属冶炼及压延加工业	Smelting and Pressing of Nonferrous Metals	11.02	0.63
金属制品业	Metal Products	19.78	2.17
普通机械制造业	Ordinary Machinery	22.14	3.53
专用设备制造业	Equipment for Special Purpose	27.48	1.18
交通运输设备制造业	Transportation Equipment	19.79	6.64
电气机械及器材制造业	Electric Equipment and Machinery	18.19	0.32
电子及通信设备制造业	Electronic and Telecommunications Equipment	9.70	0.25
仪器仪表、文化办公用机械制造业	Instruments, Meters Cultural and Office Machinery	3.03	0.33
其他制造业	Other Manufacturing Industry	12.93	11.39
(三)电力、煤气及水生产和供应业	**Electric Power, Gas and Water Production and Supply**	**27.62**	**0.54**
电力、蒸汽、热水的生产和供应业	Electric Power, Steam and Hot Water Production and Supply	23.71	0.50
煤气生产和供应业	Gas Production and Supply	1.47	
自来水的生产和供应业	Tap Water Production and Supply	2.44	0.04

Continued

柴油 Diesel Oil 万吨 10^4 tn	燃料油 Fuel Oil 万吨 10^4 tn	液化石油气 PLG 万吨 10^4 tn	炼厂干气 Refinery Gas 万吨 10^4 tn	其他石油制品 Other Petroleum Products 万吨 10^4 tn	天然气 Nature Gas 亿立方米 10^8 cu. m	热力 Heat 万百万千焦 10^{10} kJ	电力 Electricity 亿千瓦小时 10^8 kW · h
L14	L15	L16	L17	L18	L19	L20	L21
1505.34	**1752.63**	**318.77**	**570.00**	**4331.52**	**197.94**	**130282.41**	**10624.50**
309.52	**145.24**	**19.78**	**63.54**	**38.13**	**60.86**	**6823.00**	**1127.86**
54.73		0.05		2.71		660.78	498.82
180.23	144.10	19.71	63.54	35.42	60.85	4712.86	349.51
15.52						3.26	75.55
13.72	0.11					11.62	88.00
33.81	1.03				0.01	1302.80	95.55
1.01							9.40
10.50		0.02				131.68	11.03
1117.82	**1498.45**	**288.10**	**506.24**	**4289.21**	**134.91**	**116325.29**	**8011.57**
32.77	7.48	1.80		10.73	0.15	1972.00	195.19
19.53	9.11	1.93		0.14	0.10	2289.68	113.69
11.81	8.02	0.11		0.13	0.02	1071.89	67.85
4.55	1.47	0.02		0.13	0.12	153.71	31.23
36.83	63.72	4.49	0.21	6.00	0.81	8426.34	454.11
15.35	14.67	1.15		0.80		221.56	58.97
12.55	2.85	0.19		1.00		90.81	35.70
6.09	2.84	0.01		0.03		957.85	37.59
3.29	0.74	0.30		0.03		204.61	11.21
28.67	19.82	1.00	0.33	3.60	0.27	6316.14	284.97
7.38	1.65	0.35		1.75	0.10	155.26	33.80
12.40	1.14	0.24		0.04		27.00	32.05
75.26	260.70	125.98	391.43	2664.47	11.54	24538.66	330.62
122.83	315.49	70.46	47.15	1168.80	102.02	28014.97	1355.56
6.81	4.63	0.26		1.70	0.98	3870.82	97.93
9.80	51.72	4.31	60.83	303.20		5897.36	206.46
7.14	12.40			4.17		763.76	108.87
36.56	9.17	1.60		3.49	0.10	159.53	143.53
297.20	334.18	49.38	6.00	26.60	3.50	1585.98	879.64
80.28	235.45	0.70		0.72	2.30	13249.71	1323.11
42.61	66.37	0.85		29.12	0.66	7960.39	823.81
43.63	12.76	7.50		3.18	0.82	300.21	282.10
31.83	8.41	0.60		5.19	0.22	852.86	201.52
11.18	9.69	1.84		3.49	2.22	1327.25	102.86
42.05	10.73	1.20		4.02	1.79	2801.61	258.53
25.14	12.19	7.63	0.09	1.47	1.02	747.21	129.98
59.01	14.29	2.39	0.20	0.80	4.83	319.68	150.15
11.46	0.14	0.07		0.51	0.03	152.32	32.04
23.81	6.62	1.74		43.90	1.31	1896.12	228.50
78.00	**108.94**	**10.89**	**0.22**	**4.18**	**2.17**	**7134.12**	**1485.07**
64.64	108.00	0.32	0.15	2.32	0.22	6714.12	1308.24
11.00	0.92	10.57	0.07	1.26	1.93	380.00	36.95
2.36	0.02			0.60	0.02	40.00	139.88

5-3 工业分行业终端能源消费量(标准量)-2002

(万吨标准煤)

		终端消费合计 Final Consumption Total	
		(发电煤耗计算法) (coal equivalent calculation)	(电热当量计算法) (calorific value calculation)
工业合计	**Industry Total**	**95143.44**	**68161.73**
(一)采掘业	**Mining and Quarrying**	**8720.66**	**5893.89**
煤炭采选业	Coal Mining and Dressing	3359.22	2121.64
石油和天然气开采业	Petroleum and Naturl Gas Extraction	3715.41	2825.51
黑色金属矿采选业	Ferrous Metals Mining and Dressing	399.76	212.84
有色金属矿采选业	Nonferrous Metals Mining and Dressing	427.46	209.70
非金属矿采选业	Nonmetal Minerals Mining and Dressing	654.54	411.18
其他矿采选业	Other Minerals Mining and Dressing	38.23	14.98
木材及竹材采运业	Logging and Transport of Wood and Bamboo	126.04	98.04
(二)制造业	**Manufacturing**	**78683.54**	**58240.74**
食品加工业	Food Processing	1604.63	1111.18
食品制造业	Food Production	945.94	652.41
饮料制造业	Beverage Production	662.64	489.04
烟草加工业	Tobacco Processing	259.27	181.19
纺织业	Textile Industry	2984.59	1816.05
服装及其他纤维制品制造业	Garments and Other Fiber Products	355.20	208.13
皮革、毛皮、羽绒及其制品业	Leather, Furs, Down and Related Products	209.65	120.83
木材加工及竹、藤、棕、草制品业	Timber Processing, Bamboo, Cane, Palm & Straw Products	324.27	226.14
家具制造业	Furniture Manufacturing	87.95	59.12
造纸及纸制品业	Papermaking and Paper Products	2180.54	1441.73
印刷业、记录媒介的复制	Printing and Record Medium Reproduction	197.40	112.95
文教体育用品制造业	Cultural, Educational and Sports Articles	154.52	75.09
石油加工及炼焦业	Petroleum Processing and Coking	7995.09	7045.79
化学原料及化学品制造业	Raw Chemical Materials and Chemical Products	14299.15	10795.62
医药制造业	Medical and Pharmaceutical Products	845.44	582.44
化学纤维制造业	Chemical Fiber	1795.13	1252.79
橡胶制品业	Rubber Products	643.59	370.17
塑料制品业	Plastic Products	702.84	346.90
非金属矿物制品业	Nonmetal Mineral Products	10588.21	8403.55
黑色金属冶炼及压延加工业	Smelting and Pressing of Ferrous Metals	19476.92	16132.71
有色金属冶炼及压延加工业	Smelting and Pressing of Nonferrous Metals	4289.34	2208.68
金属制品业	Metal Products	1481.75	782.25
普通机械制造业	Ordinary Machinery	1322.86	819.75
专用设备制造业	Equipment for Special Purpose	778.70	517.14
交通运输设备制造业	Transportation Equipment	1549.76	895.18
电气机械及器材制造业	Electric Equipment and Machinery	724.60	399.03
电子及通信设备制造业	Electronic and Telecommunications Equipment	798.24	425.08
仪器仪表、文化办公用机械制造业	Instruments, Meters Cultural and Office Machinery	169.42	89.33
其他制造业	Other Manufacturing Industry	1256.03	680.58
(三)电力、煤气及水生产和供应业	**Electric Power, Gas and Water Production and Supply**	**7739.18**	**4027.04**
电力、蒸汽、热水的生产和供应业	Electric Power, Steam and Hot Water Production and Supply	6782.32	3509.88
煤气生产和供应业	Gas Production and Supply	415.05	321.61
自来水的生产和供应业	Tap Water Production and Supply	541.84	195.58

FINAL ENERGY CONSUMPTION BY INDUSTRIAL SECTOR - 2002 (STANDARD QUANTITY)

(10 000 tce)

煤合计 Coal Total	原煤 Raw Coal	洗精煤 Cleaned Coal	其他洗煤 Other Washed Coal	焦炭 Coke	焦炉煤气 Coke Oven Gas	其他煤气 Other Gas	其他焦化产品 Other Coking Products	油品合计 Petroleum Products Total
L1	L2	L3	L4	L6	L7	L8	L9	L10
19744.84	**18182.39**	**797.04**	**761.55**	**11502.06**	**1248.52**	**1120.25**	**288.50**	**13814.03**
1633.70	**1436.68**	**93.57**	**103.25**	**161.24**	**3.90**	**2.01**	**7.50**	**1644.50**
1277.69	1090.94	91.88	94.87	46.36	3.90	2.01	5.77	138.18
78.97	77.66		1.31	4.86				1342.09
36.98	30.01	0.31	6.49	50.66				31.74
44.57	44.30	0.02	0.22	27.32				29.25
151.78	150.07	1.35	0.36	31.69			1.73	63.96
1.31	1.31			0.24				1.88
42.39	42.39			0.12				37.40
16589.72	**15357.63**	**673.65**	**554.78**	**11340.81**	**1205.48**	**1114.79**	**278.04**	**11832.44**
563.47	513.76	3.93	45.77	13.82				121.56
352.69	313.21	37.32	2.14	13.60	1.59	0.26		65.06
323.09	320.64	1.92	0.53	3.21				42.44
80.67	80.64	0.03		1.22		0.06		54.02
733.14	727.30	1.85	3.97	4.41	1.89	0.52		219.19
66.60	66.29	0.26	0.01	2.11		0.03		59.13
41.05	41.00	0.05		1.49				31.30
127.76	127.62	0.12	0.02	1.51			0.24	17.55
25.09	25.08		0.01	1.11				12.16
765.75	732.62	7.97	25.16	1.68				105.09
29.86	29.47	0.39		0.25	0.18	0.06		34.35
6.75	6.74	0.01		1.65				26.27
449.66	346.10	87.15	16.41	44.59	82.31	10.93	24.34	5011.76
2971.89	2845.05	75.84	50.09	1128.77	74.75	8.63	52.40	2545.40
274.52	265.66	0.96	7.88	0.70	1.04		5.77	35.03
166.83	165.47		1.36	24.83				605.05
161.90	161.20	0.42	0.28	2.30	0.06			45.94
66.37	65.17	0.52	0.68	4.98				92.30
5648.52	5353.17	85.57	209.66	361.08	20.49	21.97	25.51	1137.63
2224.12	1818.24	263.16	140.29	8988.66	1011.65	1025.65	157.13	530.17
440.37	363.65	40.51	36.19	216.75	1.16	23.15	11.49	215.11
133.14	124.39	8.06	0.68	148.21	0.91	0.83	0.12	131.18
207.97	175.51	30.47	1.97	220.98	3.11	3.11	0.61	104.12
154.02	125.62	23.75	4.64	67.36	0.67	13.26	0.07	80.38
286.54	283.67	1.63	1.23	42.13	0.73	3.51	0.36	122.89
89.42	87.48	0.89	1.04	10.16	2.01	1.29		97.13
34.94	34.25	0.65	0.04	0.48	2.93	0.26		126.49
16.14	16.10	0.03	0.01	5.52		0.06		22.64
147.49	142.53	0.21	4.74	27.28		1.24		141.09
1521.42	**1388.08**	**29.82**	**103.52**		**39.14**	**3.45**	**2.95**	**337.05**
1359.97	1242.68	13.84	103.45				0.22	289.78
147.34	131.29	15.98	0.07		39.14	3.45	2.73	39.38
14.11	14.11							7.91

续表

（万吨标准煤）

		原油 Crude Oil	汽油 Gasoline
		L11	L12
工业合计	**Industry Total**	**940.02**	**928.31**
（一）采掘业	**Mining and Quarrying**	**637.11**	**153.17**
煤炭采选业	Coal Mining and Dressing	1.69	44.29
石油和天然气开采业	Petroleum and Naturl Gas Extraction	635.43	57.53
黑色金属矿采选业	Ferrous Metals Mining and Dressing		9.09
有色金属矿采选业	Nonferrous Metals Mining and Dressing		7.17
非金属矿采选业	Nonmetal Minerals Mining and Dressing		12.61
其他矿采选业	Other Minerals Mining and Dressing		0.41
木材及竹材采运业	Logging and Transport of Wood and Bamboo		22.07
（二）制造业	**Manufacturing**	**301.06**	**734.49**
食品加工业	Food Processing	0.43	45.11
食品制造业	Food Production	0.61	19.39
饮料制造业	Beverage Production	0.84	12.45
烟草加工业	Tobacco Processing		44.94
纺织业	Textile Industry	0.07	52.15
服装及其他纤维制品制造业	Garments and Other Fiber Products	0.17	11.86
皮革、毛皮、羽绒及其制品业	Leather, Furs, Down and Related Products		7.08
木材加工及竹、藤、棕、草制品业	Timber Processing, Bamboo, Cane, Palm & Straw Products		4.41
家具制造业	Furniture Manufacturing		5.69
造纸及纸制品业	Papermaking and Paper Products	0.71	23.03
印刷业、记录媒介的复制	Printing and Record Medium Reproduction		9.58
文教体育用品制造业	Cultural, Educational and Sports Articles	0.13	4.21
石油加工及炼焦业	Petroleum Processing and Coking	157.65	23.35
化学原料及化学品制造业	Raw Chemical Materials and Chemical Products	92.72	80.97
医药制造业	Medical and Pharmaceutical Products		15.67
化学纤维制造业	Chemical Fiber	10.57	5.36
橡胶制品业	Rubber Products	0.09	12.20
塑料制品业	Plastic Products	0.71	17.19
非金属矿物制品业	Nonmetal Mineral Products	13.73	81.96
黑色金属冶炼及压延加工业	Smelting and Pressing of Ferrous Metals	19.24	45.94
有色金属冶炼及压延加工业	Smelting and Pressing of Nonferrous Metals	1.43	16.21
金属制品业	Metal Products	0.06	29.10
普通机械制造业	Ordinary Machinery	0.13	32.58
专用设备制造业	Equipment for Special Purpose	0.36	40.43
交通运输设备制造业	Transportation Equipment	0.07	29.12
电气机械及器材制造业	Electric Equipment and Machinery	0.71	26.76
电子及通信设备制造业	Electronic and Telecommunications Equipment		14.27
仪器仪表、文化办公用机械制造业	Instruments, Meters Cultural and Office Machinery		4.46
其他制造业	Other Manufacturing Industry	0.63	19.02
（三）电力、煤气及水生产和供应业	**Electric Power, Gas and Water Production and Supply**	**1.84**	**40.64**
电力、蒸汽、热水的生产和供应业	Electric Power, Steam and Hot Water Production and Supply	1.84	34.89
煤气生产和供应业	Gas Production and Supply		2.16
自来水的生产和供应业	Tap Water Production and Supply		3.59

Continued

(10 000 tce)

煤油 Kerosene	柴油 Diesel Oil	燃料油 Fuel Oil	液化石油气 PLG	炼厂干气 Refinery Gas	其他石油制品 Other Petroleum Products	天然气 Nature Gas	热力 Heat	电力 Electricity
L13	L14	L15	L16	L17	L18	L19	L20	L21
128.53	**2193.43**	**2503.81**	**546.47**	**895.70**	**5677.76**	**2632.59**	**4442.63**	**13057.51**
11.99	**451.00**	**207.49**	**33.91**	**99.85**	**49.98**	**809.44**	**232.66**	**1386.14**
8.81	79.75		0.09		3.55		22.53	613.05
0.59	262.61	205.86	33.79	99.85	46.43	809.30	160.71	429.55
0.04	22.61						0.11	92.85
1.93	19.99	0.16					0.40	108.15
0.62	49.26	1.47				0.13	44.43	117.43
	1.47							11.55
	15.30		0.03				4.49	13.56
115.74	**1628.77**	**2140.69**	**493.89**	**795.50**	**5622.30**	**1794.30**	**3966.69**	**9846.22**
0.43	47.75	10.69	3.09		14.06	1.99	67.25	239.89
0.10	28.46	13.01	3.31		0.18	1.33	78.08	139.73
0.12	17.21	11.46	0.19		0.17	0.27	36.55	83.39
0.15	6.63	2.10	0.03		0.17	1.60	5.24	38.38
6.39	53.66	91.03	7.70	0.33	7.86	10.77	287.34	558.10
0.75	22.37	20.96	1.97		1.05		7.56	72.47
0.22	18.29	4.07	0.33		1.31		3.10	43.88
0.15	8.87	4.06	0.02		0.04		32.66	46.20
0.07	4.79	1.06	0.51		0.04		6.98	13.78
4.31	41.78	28.31	1.71	0.52	4.72	3.59	215.38	350.23
8.77	10.75	2.36	0.60		2.29	1.33	5.29	41.54
1.77	18.07	1.63	0.41		0.05		0.92	39.39
25.01	109.66	372.44	215.97	615.09	3492.59	153.48	836.77	406.33
15.08	178.98	450.71	120.79	74.09	1532.06	1356.86	955.31	1665.98
0.15	9.92	6.61	0.45		2.23	13.03	131.99	120.36
0.54	14.28	73.89	7.39	95.59	397.43		201.10	253.74
0.07	10.40	17.71			5.47		26.04	133.80
0.72	53.27	13.10	2.74		4.57	1.33	5.44	176.40
2.53	433.05	477.41	84.65	9.43	34.87	46.55	54.08	1081.08
9.51	116.98	336.36	1.20		0.94	30.59	451.82	1626.10
0.93	62.09	94.82	1.46		38.17	8.78	271.45	1012.46
3.19	63.57	18.23	12.86		4.17	10.91	10.24	346.70
5.19	46.38	12.01	1.03		6.80	2.93	29.08	247.67
1.74	16.29	13.84	3.15		4.57	29.53	45.26	126.41
9.77	61.27	15.33	2.06		5.27	23.81	95.53	317.73
0.47	36.63	17.41	13.08	0.14	1.93	13.57	25.48	159.75
0.37	85.98	20.41	4.10	0.31	1.05	64.24	10.90	184.53
0.49	16.70	0.20	0.12		0.67	0.40	5.19	39.38
16.76	34.69	9.46	2.98		57.55	17.42	64.66	280.83
0.79	**113.65**	**155.63**	**18.67**	**0.35**	**5.48**	**28.86**	**243.27**	**1825.15**
0.74	94.19	154.29	0.55	0.24	3.04	2.93	228.95	1607.83
	16.03	1.31	18.12	0.11	1.65	25.67	12.96	45.41
0.06	3.44	0.03			0.79	0.27	1.36	171.91

5－4　工业分行业终端能源消费量(实物量)－2003

		煤合计 Coal Total 万吨 10^4 tn	原煤 Raw Coal 万吨 10^4 tn
		L1	L2
工业	**Industry**	**35781.21**	**29653.00**
(一)采掘业	**Mining and Quarrying**	**3147.93**	**2700.63**
煤炭开采和洗选业	Mining and Washing of Coal	2473.64	2043.96
石油和天然气开采业	Extraction of Petroleum and Natural Gas	132.40	129.90
黑色金属矿采选业	Mining and Processing of Ferrous Metal Ores	96.80	84.30
有色金属矿采选业	Mining and Processing of Non-Ferrous Metal Ores	70.04	70.00
非金属矿采选业	Mining and Processing of Nonmetal Ores	302.37	299.78
其他采矿业	Mining of Other Ores	72.69	72.69
(二)制造业	**Manufacturing**	**29860.79**	**24550.89**
农副食品加工业	Processing of Food from Agricultural Products	870.09	766.00
食品制造业	Manufacture of Foods	488.23	438.23
饮料制造业	Manufacture of Beverages	515.32	511.00
烟草制品业	Manufacture of Tobacco	131.09	131.04
纺织业	Manufacture of Textile	1274.78	1257.20
纺织服装、鞋、帽制造业	Manufacture of Textile Wearing Apparel, Footware, and Caps	116.78	116.41
皮革、毛皮、羽毛(绒)及其制品业	Manufacture of Leather, Fur, Feather and Related Products	64.89	64.85
木材加工及木、竹、藤、棕、草制品业	Processing of Timber, Manufacture of Wood, Bamboo, Rattan, Palm, and Straw Products	241.86	241.72
家具制造业	Manufacture of Furniture	45.70	45.70
造纸及纸制品业	Manufacture of Paper and Paper Products	1179.63	1117.99
印刷业和记录媒介的复制	Printing, Reproduction of Recording Media	58.48	57.88
文教体育用品制造业	Manufacture of Articles For Culture, Education and Sport Activity	17.01	17.00
石油加工、炼焦及核燃料加工业	Processing of Petroleum, Coking, Processing of Nuclear Fuel	825.20	629.00
化学原料及化学制品制造业	Manufacture of Raw Chemical Materials and Chemical Products	5395.53	5076.88
医药制造业	Manufacture of Medicines	446.67	426.00
化学纤维制造业	Manufacture of Chemical Fibers	274.49	271.49
橡胶制品业	Manufacture of Rubber	264.03	262.05
塑料制品业	Manufacture of Plastics	132.13	129.00
非金属矿物制品业	Manufacture of Non-metallic Mineral Products	10763.06	7721.80
黑色金属冶炼及压延加工业	Smelting and Pressing of Ferrous Metals	4367.67	3147.64
有色金属冶炼及压延加工业	Smelting and Pressing of Non-ferrous Metals	751.45	607.41
金属制品业	Manufacture of Metal Products	187.44	177.44
通用设备制造业	Manufacture of General Purpose Machinery	295.40	250.00
专用设备制造业	Manufacture of Special Purpose Machinery	327.69	281.80
交通运输设备制造业	Manufacture of Transport Equipment	391.12	385.36
电气机械及器材制造业	Manufacture of Electrical Machinery and Equipment	124.00	120.00
通信设备、计算机及其他电子设备制造业	Manufacture of Communication Equipment, Computers and Other Electronic Equipment	59.72	59.02
仪器仪表及文化、办公用机械制造业	Manufacture of Measuring Instruments and Machinery for Cultural Activity and Office Work	30.03	30.00
工艺品及其他制造业	Manufacture of Artwork and Other Manufacturing	218.30	208.00
废弃资源和废旧材料回收加工业	Recycling and Disposal of Waste	3.00	3.00
(三)电力、煤气及水生产和供应业	**Electric Power, Gas and Water Production and Supply**	**2772.49**	**2401.49**
电力、热力的生产和供应业	Production and Distribution of Electric Power and Heat Power	2572.22	2219.22
燃气生产和供应业	Production and Distribution of Gas	177.99	159.99
水的生产和供应业	Production and Distribution of Water	22.28	22.28

FINAL ENERGY CONSUMPTION BY INDUSTRIAL SECTOR－2003
(PHYSICAL QUANTITY)

洗精煤 Cleaned Coal 万吨 10^4 tn	其他洗煤 Other Washed Coal 万吨 10^4 tn	焦炭 Coke 万吨 10^4 tn	焦炉煤气 Coke Oven Gas 亿立方米 10^8 cu. m	其他煤气 Other Gas 亿立方米 10^8 cu. m	其他焦化产品 Other Coking Products 万吨 10^4 tn	油品合计 Petroleum Products Total 万吨 10^4 tn	原油 Crude Oil 万吨 10^4 tn
L3	L4	L6	L7	L8	L9	L10	L11
1117.25	**5004.86**	**13972.00**	**234.00**	**436.32**	**304.00**	**10758.71**	**793.00**
149.44	**297.86**	**157.00**	**1.06**		**8.50**	**1220.11**	**553.17**
147.00	282.68	43.02	1.06		6.00	91.96	1.34
	2.50	7.03				1002.14	551.83
0.50	12.00	56.75				25.22	
0.04		28.37				22.12	
1.90	0.68	21.66			2.50	53.05	
		0.17				25.61	
934.81	**4368.99**	**13815.00**	**224.91**	**434.32**	**293.01**	**9270.29**	**238.46**
7.33	96.76	14.55				72.54	0.34
45.00	5.00	12.00	0.25			41.10	0.40
3.72	0.60	3.67				24.39	0.61
0.05		0.80				33.46	
3.00	14.59	3.05	0.96			127.41	0.03
0.35	0.02	1.37				40.80	0.40
0.04		2.56				24.92	
0.14		2.35				13.21	
		0.86				9.19	
11.56	50.08	2.00				81.56	0.63
0.60						21.41	
0.01		1.40				19.33	0.10
151.20	45.00	56.20	17.72	3.57	22.33	4096.90	134.33
93.65	223.00	1116.44	12.49	3.35	58.00	2032.56	73.45
2.01	18.66	1.00			6.00	25.23	
	3.00	30.00				516.65	6.74
0.60	1.38	2.00				34.05	0.10
0.78	2.35	1.43				65.94	0.55
135.00	2906.26	284.94	2.70	8.65	25.00	811.85	9.93
350.93	865.00	11521.00	190.24	397.44	172.73	399.34	8.39
40.04	104.00	225.21		12.00	8.12	177.59	1.00
9.00	1.00	127.00				87.41	
40.00	5.40	246.06	0.56	1.25	0.82	85.19	
34.00	11.89	53.33		6.63		57.33	0.27
2.76	3.00	52.48		1.43		93.47	0.27
2.00	2.00	15.82				77.97	0.53
0.70						83.29	
0.03		7.48				24.82	
0.30	10.00	30.00				91.38	0.40
33.00	**338.00**		**8.03**	**2.00**	**2.49**	**268.32**	**1.37**
15.00	338.00					233.13	1.37
18.00			8.03	2.00	2.49	29.20	
						5.99	

续表

		汽油 Gasoline 万吨 10^4tn	煤油 Kerosene 万吨 10^4tn
		L12	L13
工业	**Industry**	**617.40**	**87.77**
(一)采掘业	**Mining and Quarrying**	**103.61**	**8.09**
煤炭开采和洗选业	Mining and Washing of Coal	32.26	6.37
石油和天然气开采业	Extraction of Petroleum and Natural Gas	38.14	0.28
黑色金属矿采选业	Mining and Processing of Ferrous Metal Ores	5.84	
有色金属矿采选业	Mining and Processing of Non-Ferrous Metal Ores	4.87	1.32
非金属矿采选业	Mining and Processing of Nonmetal Ores	8.19	0.13
其他采矿业	Mining of Other Ores	14.30	
(二)制造业	**Manufacturing**	**484.52**	**79.14**
农副食品加工业	Processing of Food from Agricultural Products	21.23	0.40
食品制造业	Manufacture of Foods	8.15	0.10
饮料制造业	Manufacture of Beverages	8.00	0.14
烟草制品业	Manufacture of Tobacco	27.31	
纺织业	Manufacture of Textile	25.62	3.71
纺织服装、鞋、帽制造业	Manufacture of Textile Wearing Apparel, Footware, and Caps	9.08	0.50
皮革、毛皮、羽毛(绒)及其制品业	Manufacture of Leather, Fur, Feather and Related Products	3.96	0.18
木材加工及木、竹、藤、棕、草制品业	Processing of Timber, Manufacture of Wood, Bamboo, Rattan, Palm, and Straw Products	3.00	0.21
家具制造业	Manufacture of Furniture	4.46	
造纸及纸制品业	Manufacture of Paper and Paper Products	18.65	1.90
印刷业和记录媒介的复制	Printing, Reproduction of Recording Media	6.12	6.00
文教体育用品制造业	Manufacture of Articles For Culture, Education and Sport Activity	2.72	1.63
石油加工、炼焦及核燃料加工业	Processing of Petroleum, Coking, Processing of Nuclear Fuel	22.07	16.79
化学原料及化学制品制造业	Manufacture of Raw Chemical Materials and Chemical Products	44.11	9.68
医药制造业	Manufacture of Medicines	13.24	0.08
化学纤维制造业	Manufacture of Chemical Fibers	2.95	0.42
橡胶制品业	Manufacture of Rubber	8.73	0.08
塑料制品业	Manufacture of Plastics	9.73	0.67
非金属矿物制品业	Manufacture of Non-metallic Mineral Products	57.74	1.52
黑色金属冶炼及压延加工业	Smelting and Pressing of Ferrous Metals	35.97	3.00
有色金属冶炼及压延加工业	Smelting and Pressing of Non-ferrous Metals	11.65	1.14
金属制品业	Manufacture of Metal Products	21.47	2.40
通用设备制造业	Manufacture of General Purpose Machinery	27.97	5.72
专用设备制造业	Manufacture of Special Purpose Machinery	23.66	1.64
交通运输设备制造业	Manufacture of Transport Equipment	21.00	7.18
电气机械及器材制造业	Manufacture of Electrical Machinery and Equipment	22.59	0.49
通信设备、计算机及其他电子设备制造业	Manufacture of Communication Equipment, Computers and Other Electronic Equipment	11.48	0.30
仪器仪表及文化、办公用机械制造业	Manufacture of Measuring Instruments and Machinery for Cultural Activity and Office Work	6.24	0.42
工艺品及其他制造业	Manufacture of Artwork and Other Manufacturing	5.63	12.85
废弃资源和废旧材料回收加工业	Recycling and Disposal of Waste		
(三)电力、煤气及水生产和供应业	**Electric Power, Gas and Water Production and Supply**	**29.27**	**0.53**
电力、热力的生产和供应业	Production and Distribution of Electric Power and Heat Power	24.81	0.53
燃气生产和供应业	Production and Distribution of Gas	1.08	
水的生产和供应业	Production and Distribution of Water	3.39	

Continued

柴油 Diesel Oil 万吨 10^4 tn	燃料油 Fuel Oil 万吨 10^4 tn	液化石油气 PLG 万吨 10^4 tn	炼厂干气 Refinery Gas 万吨 10^4 tn	其他石油制品 Other Petroleum Products 万吨 10^4 tn	天然气 Nature Gas 亿立方米 10^8 cu. m	热力 Heat 万百万千焦 10^{10} kJ	电力 Electricity 亿千瓦小时 10^8 kW · h
L14	L15	L16	L17	L18	L19	L20	L21
1559.23	**1898.31**	**360.00**	**586.00**	**4857.00**	**239.00**	**135885.00**	**12639.00**
299.94	**125.91**	**21.00**	**60.00**	**48.39**	**63.69**	**7009.41**	**1249.87**
50.00				2.00		600.00	522.82
159.61	124.89	21.00	60.00	46.39	63.69	5002.41	349.34
19.38							109.00
15.92						10.00	127.00
43.71	1.02					1159.00	112.51
11.31						238.00	29.20
1174.50	**1637.87**	**325.60**	**524.98**	**4805.21**	**171.07**	**119979.00**	**9517.04**
32.25	7.00	1.32		10.00		1659.42	170.56
20.89	9.56	2.00				2061.03	93.04
9.00	6.58	0.06				1285.19	65.00
5.14	1.00	0.01				157.87	31.37
35.08	51.97	6.00		5.00	0.93	8537.57	544.80
18.34	11.77	0.70				365.37	65.86
17.00	3.65	0.13				86.98	42.46
7.00	3.00					720.92	53.30
4.00	0.54	0.20				150.00	15.04
35.00	21.05	1.33		3.00		6417.68	311.62
6.00	1.61	0.18		1.50		213.14	78.00
13.56	1.00	0.32				12.60	29.00
87.20	322.95	149.42	408.14	2956.00	16.00	20747.00	335.61
127.79	334.00	75.00	50.00	1318.54	132.00	33205.63	1630.34
5.00	4.87	0.26		1.79	0.98	4607.00	124.00
9.20	49.34	3.26	59.74	385.00		6798.88	207.54
8.43	13.72			3.00		802.00	127.70
39.69	11.17	2.14		2.00		160.58	171.00
287.03	373.63	55.00	7.00	20.00	3.86	1347.12	1030.93
94.47	255.10	0.91		1.50	3.26	13586.88	1648.00
51.98	71.54	1.57		38.71	0.82	8785.31	1071.66
44.24	9.64	7.67		2.00	1.00	197.61	355.85
35.00	12.00	0.50		4.00		750.18	248.00
17.58	10.00	1.68		2.50	2.43	1354.00	120.00
48.00	12.17	1.86		3.00	1.89	2784.06	282.51
29.07	14.36	9.00	0.10	1.83	1.27	863.37	169.00
49.30	19.00	3.16		0.04	5.62	421.60	217.00
17.18	0.10	0.08		0.80		100.00	35.85
20.09	5.56	1.85		45.00	1.00	1800.00	232.00
							10.00
84.80	**134.53**	**13.40**	**1.01**	**3.40**	**4.24**	**8896.60**	**1872.09**
70.21	133.43	0.40	0.17	2.20	0.28	8449.59	1698.48
12.00	1.07	13.00	0.84	1.20	3.97	403.70	29.19
2.58	0.02					43.30	144.43

5-4 工业分行业终端能源消费量(标准量)-2003

(万吨标准煤)

		终端消费合计 Final Consumption Total	
		(发电煤耗计算法) (coal equivalent calculation)	(电热当量计算法) (calorific value calculation)
工业	**Industry**	**111872.99**	**80398.59**
(一)采掘业	**Mining and Quarrying**	**9862.26**	**6809.45**
煤炭开采和洗选业	Mining and Washing of Coal	3876.24	2620.90
石油和天然气开采业	Extraction of Petroleum and Natural Gas	3877.48	2995.97
黑色金属矿采选业	Mining and Processing of Ferrous Metal Ores	554.15	293.59
有色金属矿采选业	Mining and Processing of Non-Ferrous Metal Ores	570.61	266.93
非金属矿采选业	Mining and Processing of Nonmetal Ores	777.56	497.85
其他采矿业	Mining of Other Ores	206.23	134.22
(二)制造业	**Manufacturing**	**92381.21**	**68517.35**
农副食品加工业	Processing of Food from Agricultural Products	1548.28	1125.17
食品制造业	Manufacture of Foods	859.98	618.43
饮料制造业	Manufacture of Beverages	703.05	535.74
烟草制品业	Manufacture of Tobacco	265.01	188.57
纺织业	Manufacture of Textile	3468.96	2087.38
纺织服装、鞋、帽制造业	Manufacture of Textile Wearing Apparel, Footware, and Caps	399.44	238.61
皮革、毛皮、羽毛(绒)及其制品业	Manufacture of Leather, Fur, Feather and Related Products	243.16	140.84
木材加工及木、竹、藤、棕、草制品业	Processing of Timber, Manufacture of Wood, Bamboo, Rattan, Palm, and Straw Products	420.51	286.40
家具制造业	Manufacture of Furniture	108.30	70.95
造纸及纸制品业	Manufacture of Paper and Paper Products	2371.45	1566.96
印刷业和记录媒介的复制	Printing, Reproduction of Recording Media	365.09	176.66
文教体育用品制造业	Manufacture of Articles For Culture, Education and Sport Activity	147.44	78.00
石油加工、炼焦及核燃料加工业	Processing of Petroleum, Coking, Processing of Nuclear Fuel	8769.93	7775.05
化学原料及化学制品制造业	Manufacture of Raw Chemical Materials and Chemical Products	17020.89	12815.36
医药制造业	Manufacture of Medicines	1025.78	686.59
化学纤维制造业	Manufacture of Chemical Fibers	1977.81	1418.57
橡胶制品业	Manufacture of Rubber	738.49	425.79
塑料制品业	Manufacture of Plastics	818.61	408.36
非金属矿物制品业	Manufacture of Non-metallic Mineral Products	12611.74	10134.86
黑色金属冶炼及压延加工业	Smelting and Pressing of Ferrous Metals	23997.99	19932.40
有色金属冶炼及压延加工业	Smelting and Pressing of Non-ferrous Metals	5321.63	2678.32
金属制品业	Manufacture of Metal Products	1699.29	846.82
通用设备制造业	Manufacture of General Purpose Machinery	1520.95	921.16
专用设备制造业	Manufacture of Special Purpose Machinery	920.87	621.45
交通运输设备制造业	Manufacture of Transport Equipment	1643.66	942.50
电气机械及器材制造业	Manufacture of Electrical Machinery and Equipment	886.55	474.55
通信设备、计算机及其他电子设备制造业	Manufacture of Communication Equipment, Computers and Other Electronic Equipment	1043.56	520.92
仪器仪表及文化、办公用机械制造业	Manufacture of Measuring Instruments and Machinery for Cultural Activity and Office Work	199.21	112.59
工艺品及其他制造业	Manufacture of Artwork and Other Manufacturing	1245.22	673.92
废弃资源和废旧材料回收加工业	Recycling and Disposal of Waste	38.36	14.46
(三)电力、煤气及水生产和供应业	**Electric Power, Gas and Water Production and Supply**	**9629.52**	**5071.79**
电力、热力的生产和供应业	Production and Distribution of Electric Power and Heat Power	8668.69	4530.12
燃气生产和供应业	Production and Distribution of Gas	411.32	337.81
水的生产和供应业	Production and Distribution of Water	549.50	203.86

FINAL ENERGY CONSUMPTION BY INDUSTRIAL SECTOR－2003 (STANDARD QUANTITY)

(10 000 tce)

煤合计 Coal Total	原煤 Raw Coal	洗精煤 Cleaned Coal	其他洗煤 Other Washed Coal	焦炭 Coke	焦炉煤气 Coke Oven Gas	其他煤气 Other Gas	其他焦化产品 Other Coking Products	油品合计 Petroleum Products Total
L1	L2	L3	L4	L6	L7	L8	L9	L10
25080.82	**21428.99**	**1019.61**	**2628.55**	**13572.40**	**1426.91**	**1254.64**	**350.82**	**15058.89**
2244.45	**1951.63**	**136.38**	**156.44**	**152.51**	**6.45**		**9.81**	**1765.24**
1759.70	1477.08	134.15	148.46	41.79	6.45		6.92	134.22
95.19	93.87		1.31	6.83				1446.96
67.68	60.92	0.46	6.30	55.13				36.83
50.62	50.59	0.04		27.56				32.32
218.74	216.64	1.74	0.36	21.04			2.89	77.39
52.53	52.53			0.16				37.53
20893.28	**17741.90**	**853.11**	**2294.60**	**13419.89**	**1371.49**	**1248.89**	**338.13**	**12903.07**
611.07	553.56	6.69	50.82	14.14				104.67
360.38	316.69	41.07	2.63	11.66	1.52			60.23
372.99	369.28	3.39	0.32	3.57				35.47
94.74	94.69	0.05		0.78				49.12
918.92	908.52	2.74	7.66	2.96	5.85			185.39
84.46	84.13	0.32	0.01	1.33				59.41
46.90	46.87	0.04		2.49				36.30
174.81	174.68	0.13		2.29				19.21
33.02	33.02			0.84				13.49
844.77	807.92	10.55	26.30	1.94				118.41
42.38	41.83	0.55						31.15
12.29	12.29	0.01		1.36				28.27
616.17	454.55	137.99	23.63	54.59	108.05	10.27	25.77	5609.74
3872.64	3668.85	85.47	117.12	1084.51	76.15	9.63	66.93	2782.90
319.49	307.85	1.83	9.80	0.97			6.92	36.62
197.77	196.19		1.58	29.14				702.60
190.64	189.37	0.55	0.72	1.94				48.91
95.17	93.22	0.71	1.23	1.39				96.16
7229.79	5580.22	123.20	1526.37	276.79	16.45	24.86	28.85	1184.88
3051.70	2274.67	320.26	454.30	11191.50	1160.08	1142.85	199.33	574.94
530.11	438.95	36.54	54.62	218.77		34.51	9.37	251.63
136.96	128.23	8.21	0.53	123.37				129.11
220.01	180.66	36.50	2.84	239.02	3.39	3.60	0.95	123.81
240.92	203.65	31.03	6.24	51.81		19.06		83.68
282.58	278.48	2.52	1.58	50.98		4.12		136.29
89.59	86.72	1.83	1.05	15.36				115.57
43.29	42.65	0.64						121.79
21.71	21.68	0.03		7.27				36.16
155.84	150.31	0.27	5.25	29.14				127.14
2.17	2.17							
1943.09	**1735.45**	**30.12**	**177.52**		**48.97**	**5.75**	**2.88**	**390.58**
1794.94	1603.74	13.69	177.52					336.01
132.05	115.62	16.43			48.97	5.75	2.88	45.79
16.10	16.10							8.78

续表

(万吨标准煤)

		原油 Crude Oil	汽油 Gasoline
		L11	L12
工业合计	**Industry Total**	**1132.88**	**908.44**
(一)采掘业	**Mining and Quarrying**	**790.25**	**152.44**
煤炭开采和洗选业	Mining and Washing of Coal	1.91	47.47
石油和天然气开采业	Extraction of Petroleum and Natural Gas	788.34	56.12
黑色金属矿采选业	Mining and Processing of Ferrous Metal Ores		8.59
有色金属矿采选业	Mining and Processing of Non-Ferrous Metal Ores		7.17
非金属矿采选业	Mining and Processing of Nonmetal Ores		12.05
其他采矿业	Mining of Other Ores		21.04
(二)制造业	**Manufacturing**	**340.66**	**712.92**
农副食品加工业	Processing of Food from Agricultural Products	0.49	31.23
食品制造业	Manufacture of Foods	0.57	11.99
饮料制造业	Manufacture of Beverages	0.87	11.77
烟草制品业	Manufacture of Tobacco		40.18
纺织业	Manufacture of Textile	0.04	37.70
纺织服装、鞋、帽制造业	Manufacture of Textile Wearing Apparel, Footware, and Caps	0.58	13.37
皮革、毛皮、羽毛(绒)及其制品业	Manufacture of Leather, Fur, Feather and Related Products		5.82
木材加工及木、竹、藤、棕、草制品业	Processing of Timber, Manufacture of Wood, Bamboo, Rattan, Palm, and Straw Products		4.41
家具制造业	Manufacture of Furniture		6.56
造纸及纸制品业	Manufacture of Paper and Paper Products	0.89	27.44
印刷业和记录媒介的复制	Printing, Reproduction of Recording Media		9.00
文教体育用品制造业	Manufacture of Articles For Culture, Education and Sport Activity	0.14	4.01
石油加工、炼焦及核燃料加工业	Processing of Petroleum, Coking, Processing of Nuclear Fuel	191.90	32.47
化学原料及化学制品制造业	Manufacture of Raw Chemical Materials and Chemical Products	104.93	64.90
医药制造业	Manufacture of Medicines		19.48
化学纤维制造业	Manufacture of Chemical Fibers	9.64	4.34
橡胶制品业	Manufacture of Rubber	0.14	12.84
塑料制品业	Manufacture of Plastics	0.79	14.31
非金属矿物制品业	Manufacture of Non-metallic Mineral Products	14.18	84.96
黑色金属冶炼及压延加工业	Smelting and Pressing of Ferrous Metals	11.98	52.93
有色金属冶炼及压延加工业	Smelting and Pressing of Non-ferrous Metals	1.43	17.15
金属制品业	Manufacture of Metal Products		31.58
通用设备制造业	Manufacture of General Purpose Machinery		41.16
专用设备制造业	Manufacture of Special Purpose Machinery	0.39	34.82
交通运输设备制造业	Manufacture of Transport Equipment	0.39	30.90
电气机械及器材制造业	Manufacture of Electrical Machinery and Equipment	0.76	33.24
通信设备、计算机及其他电子设备制造业	Manufacture of Communication Equipment, Computers and Other Electronic Equipment		16.89
仪器仪表及文化、办公用机械制造业	Manufacture of Measuring Instruments and Machinery for Cultural Activity and Office Work		9.18
工艺品及其他制造业	Manufacture of Artwork and Other Manufacturing	0.57	8.28
废弃资源和废旧材料回收加工业	Recycling and Disposal of Waste		
(三)电力、煤气及水生产和供应业	**Electric Power, Gas and Water Production and Supply**	**1.96**	**43.07**
电力、热力的生产和供应业	Production and Distribution of Electric Power and Heat Power	1.96	36.50
燃气生产和供应业	Production and Distribution of Gas		1.59
水的生产和供应业	Production and Distribution of Water		4.98

Continued

(10 000 tce)

煤油 Kerosene	柴油 Diesel Oil	燃料油 Fuel Oil	液化石油气 PLG	炼厂干气 Refinery Gas	其他石油制品 Other Petroleum Products	天然气 Nature Gas	热力 Heat	电力 Electricity
L13	L14	L15	L16	L17	L18	L19	L20	L21
129.14	**2271.96**	**2711.92**	**617.15**	**920.83**	**6366.56**	**3178.73**	**4633.68**	**15533.33**
11.91	**437.05**	**179.88**	**36.00**	**94.28**	**63.43**	**847.08**	**239.02**	**1536.09**
9.37	72.86				2.62		20.46	642.55
0.41	232.57	178.42	36.00	94.28	60.81	847.08	170.58	429.33
	28.23							133.96
1.94	23.20						0.34	156.08
0.19	63.69	1.46					39.52	138.27
	16.49						8.12	35.89
116.45	**1711.36**	**2339.86**	**558.18**	**824.96**	**6298.67**	**2275.22**	**4091.28**	**11696.44**
0.59	46.99	10.00	2.26		13.11		56.59	209.61
0.15	30.44	13.65	3.43				70.28	114.35
0.21	13.11	9.40	0.11				43.82	79.89
	7.49	1.43	0.02				5.38	38.55
5.46	51.12	74.24	10.29		6.55	12.36	291.13	669.56
0.74	26.72	16.82	1.19				12.46	80.95
0.27	24.77	5.22	0.22				2.97	52.19
0.30	10.20	4.29					24.58	65.51
	5.83	0.77	0.34				5.12	18.48
2.80	51.00	30.07	2.28		3.93		218.84	382.98
8.83	8.74	2.30	0.31		1.97		7.27	95.86
2.40	19.75	1.43	0.55				0.43	35.64
24.71	127.06	461.37	256.15	641.35	3874.72	212.80	707.47	412.46
14.24	186.20	477.15	128.57	78.57	1728.34	1755.60	1132.31	2003.69
0.12	7.29	6.95	0.44		2.34	13.09	157.10	152.40
0.61	13.40	70.48	5.59	93.88	504.66		231.84	255.07
0.12	12.28	19.60			3.93		27.35	156.94
0.98	57.83	15.96	3.67		2.62		5.48	210.16
2.23	418.23	533.77	94.29	11.00	26.22	51.30	45.94	1267.01
4.41	137.66	364.44	1.56		1.97	43.33	463.31	2025.39
1.68	75.74	102.20	2.69		50.75	10.96	299.58	1317.07
3.53	64.46	13.77	13.14		2.62	13.30	6.74	437.34
8.41	51.00	17.14	0.86		5.24		25.58	304.79
2.41	25.62	14.29	2.89		3.28	32.33	46.17	147.48
10.56	69.94	17.38	3.19		3.93	25.20	94.94	347.20
0.72	42.36	20.51	15.43	0.16	2.39	16.88	29.44	207.70
0.44	71.83	27.14	5.42		0.06	74.77	14.38	266.69
0.61	25.03	0.14	0.14		1.05		3.41	44.05
18.91	29.28	7.94	3.18		58.99	13.30	61.38	285.13
								12.29
0.78	**123.56**	**192.19**	**22.97**	**1.59**	**4.46**	**56.43**	**303.37**	**2300.80**
0.78	102.31	190.62	0.69	0.27	2.88	3.69	288.13	2087.43
	17.49	1.53	22.29	1.33	1.57	52.74	13.77	35.87
	3.77	0.03					1.48	177.50

5-5 分行业能源消费总量
CONSUMPTION OF TOTAL ENERGY AND ITS MAIN VARIETIES BY SECTOR

单位:万吨标准煤 (10 000 tec)

行业	Sector	1995	2000	2001	2002	2003
消费总量	**Total Consumption**	**131175.4**	**130296.88**	**134914.75**	**148221.13**	**170942.58**
农、林、牧、渔、水利业	**Farming, Forestry, Animal Husbandry, Fishery and Water Conservancy**	**5505.1**	**5787.12**	**6232.83**	**6514.29**	**6602.94**
工业	**Industry**	**96191.3**	**89633.65**	**92346.68**	**102181.18**	**119626.63**
采掘业	**Mining and Quarrying**	**9941.0**	**9305.23**	**9619.1**	**10406.15**	**12122.81**
煤炭开采和洗选业	Mining and Washing of Coal	5499.8	4080.89	4053.14	4242.42	5395.84
石油和天然气开采业	Extraction of Petroleum and Natural Gas	2812.6	3748.78	4006.02	4517.70	4618.43
黑色金属矿采选业	Mining and Processing of Ferrous Metal Ores	268.2	333.78	351.16	399.76	554.15
有色金属矿采选业	Mining and Processing of Non-Ferrous Metal Ores	557.2	375.97	408.19	427.46	570.61
非金属矿采选业	Mining and Processing of Nonmetal Ores	553.4	575.97	621.62	654.54	777.56
其他采矿业	Mining of Other Ores	249.8	189.84	178.97	164.27	206.23
制造业	**Manufacturing**	**78368.2**	**69516.52**	**71958.22**	**79532.95**	**93163.87**
农副食品加工业	Processing of Food from Agricultural Products	1972.5	1403.78	1478.68	1604.63	1548.28
食品制造业	Manufacture of Foods	1208	858.48	878.66	947.38	861.71
饮料制造业	Manufacture of Beverages	1000.3	617.65	634.33	662.64	703.05
烟草制品业	Manufacture of Tobacco	223.8	252.1	264.94	259.27	265.01
纺织业	Manufacture of Textile	3531.3	2497	2679.32	2984.43	3468.96
纺织服装、鞋、帽制造业	Manufacture of Textile Wearing Apparel, Footware, and Caps	329.2	297.88	332.84	355.20	399.44
皮革、毛皮、羽毛(绒)及其制品业	Manufacture of Leather, Fur, Feather and Related Products	289.9	173.8	189.18	209.77	243.16
木材加工及木、竹、藤、棕、草制品业	Processing of Timber, Manufacture of Wood, Bamboo, Rattan, Palm, and Straw Products	380	285.65	320.88	324.27	420.51
家具制造业	Manufacture of Furniture	105.8	83.82	95.49	87.95	108.30
造纸及纸制品业	Manufacture of Paper and Paper Products	2138.4	1826.84	1937.27	2180.54	2371.45
印刷业和记录媒介的复制	Printing, Reproduction of Recording Media	203.4	178.78	201.73	197.46	365.09
文教体育用品制造业	Manufacture of Articles For Culture, Education and Sport Activity	62	109.61	130.67	154.52	147.44
石油加工、炼焦及核燃料加工业	Processing of Petroleum, Coking, Processing of Nuclear Fuel	5567.3	7410.88	7837.34	8478.69	8991.34
化学原料及化学制品制造业	Manufacture of Raw Chemical Materials and Chemical Products	15821.6	12700.66	12886.45	14507.73	17108.20
医药制造业	Manufacture of Medicines	1201.3	759.82	841.15	845.44	1025.78
化学纤维制造业	Manufacture of Chemical Fibers	1278	1677.96	1705.02	1942.76	2199.87
橡胶制品业	Manufacture of Rubber	644.1	577.83	645.87	643.59	738.49
塑料制品业	Manufacture of Plastics	541.9	613.96	658.83	702.84	818.61
非金属矿物制品业	Manufacture of Non-metallic Mineral Products	13058	10100.55	9980.87	10624.64	12656.08
黑色金属冶炼及压延加工业	Smelting and Pressing of Ferrous Metals	18532.8	16791.6	17136.33	19327.49	24069.66
有色金属冶炼及压延加工业	Smelting and Pressing of Non-ferrous Metals	2841.7	3605.15	3892.76	4372.95	5408.79
金属制品业	Manufacture of Metal Products	993.9	1063.65	1229.40	1481.75	1699.29
通用设备制造业	Manufacture of General Purpose Machinery	1650.5	1087.62	1161.52	1325.07	1523.24
专用设备制造业	Manufacture of Special Purpose Machinery	1089.3	744	754.33	782.46	924.09
交通运输设备制造业	Manufacture of Transport Equipment	1376.3	1278.31	1440.51	1555.65	1653.76
电气机械及器材制造业	Manufacture of Electrical Machinery and Equipment	629.2	558.03	593.64	725.47	889.74
通信设备、计算机及其他电子设备制造业	Manufacture of Communication Equipment, Computers and Other Electronic Equipment	321.4	627.62	683.26	798.87	1044.36
仪器仪表及文化、办公用机械制造业	Manufacture of Measuring Instruments and Machinery for Cultural Activity and Office Work	142.6	137.14	145.95	169.42	199.21
工艺品及其他制造业	Manufacture of Artwork and Other Manufacturing	1233.7	1196.35	1221.00	1280.07	1272.59
废弃资源和废旧材料回收加工业	Recycling and Disposal of Waste					38.36
电力、煤气及水生产和供应业	**Electric Power, Gas and Water Production and Supply**	**7882.7**	**10811.9**	**10769.36**	**12242.08**	**14339.95**
电力、热力的生产和供应业	Production and Distribution of Electric Power and Heat Power	7052.7	9689.45	9727.44	11150.53	13276.90
燃气生产和供应业	Production and Distribution of Gas	341.3	559.94	468.98	547.72	513.34
水的生产和供应业	Production and Distribution of Water	488.7	562.51	572.94	543.83	549.71
建筑业	**Construction**	**1334.5**	**1432.96**	**1452.80**	**1610.13**	**1771.91**
交通运输、仓储和邮政业	**Transport, Storage and Post**	**5862.9**	**9916.12**	**10257.08**	**11086.49**	**12740.10**
批发、零售业和住宿、餐饮业	**Wholesale, Retail Trade and Hotel, Restaurants**	**2017.8**	**2893.16**	**3164.51**	**3464.02**	**4116.37**
其他行业	**Others**	**4519.0**	**5722.04**	**6034.25**	**6333.27**	**6816.20**
生活消费	**Residential Consumption**	**15744.8**	**14911.83**	**15426.60**	**17031.75**	**19268.42**

注:1. 工业能源消费量中包括村办工业。

a) The energy consumption by the industrial sector includes the consumption by village-run industry.

5-6 分行业煤炭消费总量

CONSUMPTION OF COAL AND ITS MAIN VARIETIES BY SECTOR

单位:万吨 (10 000 ton)

行业	Sector	1995	2000	2001	2002	2003
消费总量	**Total Consumption**	**137676.50**	**124537.40**	**126211.33**	**136605.53**	**163732.05**
农、林、牧、渔、水利业	**Farming, Forestry, Animal Husbandry, Fishery and Water Conservancy**	**1856.70**	**1647.68**	**1599.64**	**1622.89**	**1683.33**
工业	**Industry**	**117570.70**	**111730.02**	**113607.98**	**124195.37**	**150568.49**
采掘业	**Mining and Quarrying**	**9861.00**	**8147.23**	**8430.46**	**8921.14**	**12634.07**
煤炭开采和洗选业	Mining and Washing of Coal	8290.70	6727.33	6872.70	7273.82	10370.40
石油和天然气开采业	Extraction of Petroleum and Natural Gas	637.20	754.59	797.62	898.34	1139.03
黑色金属矿采选业	Mining and Processing of Ferrous Metal Ores	94.90	65.14	64.09	60.71	98.80
有色金属矿采选业	Mining and Processing of Non-Ferrous Metal Ores	174.70	83.41	88.52	82.57	85.04
非金属矿采选业	Mining and Processing of Nonmetal Ores	434.40	402.84	482.67	505.23	730.13
其他采矿业	Mining of Other Ores	229.10	113.92	124.86	100.47	210.68
制造业	**Manufacturing**	**63109.40**	**47523.46**	**46720.33**	**48996.36**	**58660.97**
农副食品加工业	Processing of Food from Agricultural Products	1753.90	1349.83	1406.90	1337.05	1463.46
食品制造业	Manufacture of Foods	1214.50	606.73	609.10	572.51	536.62
饮料制造业	Manufacture of Beverages	983.30	576.40	613.97	571.03	621.10
烟草制品业	Manufacture of Tobacco	190.70	117.57	129.27	124.74	132.57
纺织业	Manufacture of Textile	2536.90	1314.29	1334.15	1266.89	1422.78
纺织服装、鞋、帽制造业	Manufacture of Textile Wearing Apparel, Footware, and Caps	117.30	110.86	120.98	107.88	121.78
皮革、毛皮、羽毛(绒)及其制品业	Manufacture of Leather, Fur, Feather and Related Products	239.00	63.64	66.25	62.85	64.89
木材加工及木、竹、藤、棕、草制品业	Processing of Timber, Manufacture of Wood, Bamboo, Rattan, Palm, and Straw Products	363.00	210.07	209.41	204.31	250.86
家具制造业	Manufacture of Furniture	62.70	38.70	42.55	38.82	46.26
造纸及纸制品业	Manufacture of Paper and Paper Products	2132.20	1715.94	1691.22	1747.30	1835.91
印刷业和记录媒介的复制	Printing, Reproduction of Recording Media	86.80	45.86	48.68	46.72	60.11
文教体育用品制造业	Manufacture of Articles For Culture, Education and Sport Activity	33.20	15.80	17.36	10.32	17.01
石油加工、炼焦及核燃料加工业	Processing of Petroleum, Coking, Processing of Nuclear Fuel	8025.10	7709.57	8443.96	9843.29	12497.00
化学原料及化学制品制造业	Manufacture of Raw Chemical Materials and Chemical Products	10803.50	7639.70	7152.43	7530.93	8580.11
医药制造业	Manufacture of Medicines	915.10	497.81	498.56	483.20	545.93
化学纤维制造业	Manufacture of Chemical Fibers	823.10	827.50	790.51	720.23	753.44
橡胶制品业	Manufacture of Rubber	566.40	246.53	262.11	251.72	268.28
塑料制品业	Manufacture of Plastics	311.50	134.25	136.44	104.16	134.94
非金属矿物制品业	Manufacture of Non-metallic Mineral Products	13424.20	9939.58	9099.44	8868.88	11075.01
黑色金属冶炼及压延加工业	Smelting and Pressing of Ferrous Metals	12920.70	11132.51	10757.18	11845.42	14690.74
有色金属冶炼及压延加工业	Smelting and Pressing of Non-ferrous Metals	1348.60	1190.86	1266.79	1307.05	1430.65
金属制品业	Manufacture of Metal Products	462.10	214.50	223.35	217.27	202.44
通用设备制造业	Manufacture of General Purpose Machinery	821.10	335.63	347.95	330.34	317.44
专用设备制造业	Manufacture of Special Purpose Machinery	652.50	309.61	301.83	266.83	368.86
交通运输设备制造业	Manufacture of Transport Equipment	860.20	649.13	674.60	679.60	668.48
电气机械及器材制造业	Manufacture of Electrical Machinery and Equipment	343.60	174.73	171.36	159.39	155.57
通信设备、计算机及其他电子设备制造业	Manufacture of Communication Equipment, Computers and Other Electronic Equipment	141.50	65.81	60.21	57.73	66.64
仪器仪表及文化、办公用机械制造业	Manufacture of Measuring Instruments and Machinery for Cultural Activity and Office Work	70.90	28.97	25.60	24.77	31.48
工艺品及其他制造业	Manufacture of Artwork and Other Manufacturing	905.90	261.08	218.17	215.13	200.60
废弃资源和废旧材料回收加工业	Recycling and Disposal of Waste					100.00
电力、煤气及水生产和供应业	**Electric Power, Gas and Water Production and Supply**	**44600.30**	**56059.33**	**58457.19**	**66277.87**	**79273.45**
电力、热力的生产和供应业	Production and Distribution of Electric Power and Heat Power	43799.60	54954.56	57472.23	65173.60	78153.02
燃气生产和供应业	Production and Distribution of Gas	763.10	1061.83	944.48	1068.69	1083.10
水的生产和供应业	Production and Distribution of Water	37.60	42.94	40.48	35.58	37.33
建筑业	**Construction**	**439.80**	**536.82**	**537.98**	**553.54**	**577.15**
交通运输、仓储和邮政业	**Transport, Storage and Post**	**1315.10**	**1139.94**	**1050.88**	**1054.95**	**1067.33**
批发、零售业和住宿、餐饮业	**Wholesale, Retail Trade and Hotel, Restaurants**	**977.40**	**814.64**	**809.87**	**809.08**	**860.42**
其他行业	**Others**	**1986.70**	**761.20**	**774.73**	**767.06**	**800.62**
生活消费	**Residential Consumption**	**13530.10**	**7907.10**	**7830.25**	**7602.64**	**8174.71**

5－7 分行业焦炭消费总量

CONSUMPTION OF COKE AND ITS MAIN VARIETIES BY SECTOR

单位：万吨 (10 000 ton)

行　　业	Sector	1995	2000	2001	2002	2003
消费总量	**Total Consumption**	**10725.28**	**10440.00**	**10999.25**	**12343.69**	**14503.76**
农、林、牧、渔、水利业	**Farming, Forestry, Animal Husbandry, Fishery and Water Conservancy**	**128.62**	**144.18**	**139.23**	**140.98**	**140.98**
工业	**Industry**	**10412.04**	**10080.54**	**10638.42**	**11977.83**	**14149.85**
采掘业	**Mining and Quarrying**	**151.42**	**153.27**	**149.90**	**165.77**	**157.00**
煤炭开采和洗选业	Mining and Washing of Coal	41.97	50.64	47.70	47.73	43.02
石油和天然气开采业	Extraction of Petroleum and Natural Gas	1.21	5.50	5.33	5.00	7.03
黑色金属矿采选业	Mining and Processing of Ferrous Metal Ores	56.76	50.00	51.00	52.15	56.75
有色金属矿采选业	Mining and Processing of Non-Ferrous Metal Ores	24.53	21.11	19.57	28.12	28.37
非金属矿采选业	Mining and Processing of Nonmetal Ores	26.14	25.72	26.00	32.62	21.66
其他采矿业	Mining of Other Ores	0.81	0.30	0.30	0.15	0.17
制造业	**Manufacturing**	**10243.83**	**9890.49**	**10448.81**	**11780.00**	**13951.34**
农副食品加工业	Processing of Food from Agricultural Products	15.37	15.41	16.00	14.23	14.55
食品制造业	Manufacture of Foods	10.43	14.00	15.50	14.00	12.00
饮料制造业	Manufacture of Beverages	4.98	3.00	2.90	3.30	3.67
烟草制品业	Manufacture of Tobacco	1.59	1.20	1.21	1.26	0.80
纺织业	Manufacture of Textile	5.78	4.00	4.20	4.54	3.05
纺织服装、鞋、帽制造业	Manufacture of Textile Wearing Apparel, Footware, and Caps	1.12	1.60	1.63	2.17	1.37
皮革、毛皮、羽毛(绒)及其制品业	Manufacture of Leather, Fur, Feather and Related Products	0.80	1.68	1.65	1.53	2.56
木材加工及木、竹、藤、棕、草制品业	Processing of Timber, Manufacture of Wood, Bamboo, Rattan, Palm, and Straw Products	1.13	1.40	1.38	1.55	2.35
家具制造业	Manufacture of Furniture	1.29	1.00	1.09	1.14	0.86
造纸及纸制品业	Manufacture of Paper and Paper Products	3.84	1.50	1.56	1.73	2.00
印刷业和记录媒介的复制	Printing, Reproduction of Recording Media	0.53	0.28	0.29	0.26	
文教体育用品制造业	Manufacture of Articles For Culture, Education and Sport Activity	1.52	1.60	1.68	1.70	1.40
石油加工、炼焦及核燃料加工业	Processing of Petroleum, Coking, Processing of Nuclear Fuel	31.56	62.96	63.33	67.69	84.42
化学原料及化学制品制造业	Manufacture of Raw Chemical Materials and Chemical Products	1298.71	1054.89	1058.87	1169.03	1125.54
医药制造业	Manufacture of Medicines	2.64	0.65	0.65	0.72	1.00
化学纤维制造业	Manufacture of Chemical Fibers	23.53	26.24	24.53	25.56	30.00
橡胶制品业	Manufacture of Rubber	1.56	2.50	2.62	2.37	2.00
塑料制品业	Manufacture of Plastics	1.52	6.00	6.61	5.13	1.43
非金属矿物制品业	Manufacture of Non-metallic Mineral Products	276.66	298.13	315.15	371.71	284.94
黑色金属冶炼及压延加工业	Smelting and Pressing of Ferrous Metals	7810.76	7720.00	8210.54	9319.68	11606.95
有色金属冶炼及压延加工业	Smelting and Pressing of Non-ferrous Metals	195.09	208.61	222.54	233.22	238.27
金属制品业	Manufacture of Metal Products	123.24	120.31	131.09	152.57	127.00
通用设备制造业	Manufacture of General Purpose Machinery	237.13	198.75	205.73	227.49	246.06
专用设备制造业	Manufacture of Special Purpose Machinery	101.25	70.56	70.34	69.34	53.33
交通运输设备制造业	Manufacture of Transport Equipment	41.42	30.81	38.89	43.37	52.48
电气机械及器材制造业	Manufacture of Electrical Machinery and Equipment	15.59	10.42	12.05	10.46	15.82
通信设备、计算机及其他电子设备制造业	Manufacture of Communication Equipment, Computers and Other Electronic Equipment	1.05	0.30	0.35	0.49	
仪器仪表及文化、办公用机械制造业	Manufacture of Measuring Instruments and Machinery for Cultural Activity and Office Work	3.42	4.00	5.10	5.68	7.48
工艺品及其他制造业	Manufacture of Artwork and Other Manufacturing	30.32	28.69	31.33	28.08	30.00
废弃资源和废旧材料回收加工业	Recyclingand Disposal of Waste					
电力、煤气及水生产和供应业	**Electric Power, Gas and Water Production and Supply**	**16.79**	**36.78**	**39.71**	**32.06**	**41.51**
电力、热力的生产和供应业	Production and Distribution of Electric Power and Heat Power	3.80				
燃气生产和供应业	Production and Distribution of Gas	12.88	36.78	39.71	32.06	41.51
水的生产和供应业	Production and Distribution of Water	0.11				
建筑业	**Construction**	**10.76**	**18.98**	**23.91**	**23.38**	**20.79**
交通运输、仓储和邮政业	**Transport, Storage and Post**	**10.10**	**11.24**	**11.68**	**11.44**	**10.79**
批发、零售业和住宿、餐饮业	**Wholesale, Retail Trade and Hotel, Restaurants**	**25.71**	**35.71**	**39.73**	**42.60**	**47.46**
其他行业	**Others**	**6.44**	**12.15**	**12.08**	**12.34**	**11.39**
生活消费	**Residential Consumption**	**131.61**	**137.20**	**134.20**	**135.12**	**122.50**

5-8 分行业原油消费总量

CONSUMPTION OF CRUDE OIL AND ITS MAIN VARIETIES BY SECTOR

单位:万吨 (10 000 ton)

行业	Sector	1995	2000	2001	2002	2003
消费总量	**Total Consumption**	**14886.39**	**21231.97**	**21342.74**	**22541.05**	**24922.00**
农、林、牧、渔、水利业	**Farming, Forestry, Animal Husbandry, Fishery and Water Conservancy**	**10.11**				
工业	**Industry**	**14716.30**	**21052.07**	**21168.31**	**22357.50**	**24768.40**
采掘业	**Mining and Quarrying**	**1686.21**	**3196.35**	**3205.98**	**3378.87**	**3909.70**
煤炭开采和洗选业	Mining and Washing of Coal		2.32	2.33	1.18	1.34
石油和天然气开采业	Extraction of Petroleum and Natural Gas	1686.16	3194.03	3203.65	3377.69	3908.36
黑色金属矿采选业	Mining and Processing of Ferrous Metal Ores					
有色金属矿采选业	Mining and Processing of Non-Ferrous Metal Ores	0.05				
非金属矿采选业	Mining and Processing of Nonmetal Ores					
其他采矿业	Mining of Other Ores					
制造业	**Manufacturing**	**12963.62**	**17779.14**	**17886.06**	**18909.36**	**20793.79**
农副食品加工业	Processing of Food from Agricultural Products	0.53	0.42	0.40	0.30	0.34
食品制造业	Manufacture of Foods	0.72	0.48	0.45	0.43	0.40
饮料制造业	Manufacture of Beverages	0.72	0.52	0.50	0.59	0.61
烟草制品业	Manufacture of Tobacco					
纺织业	Manufacture of Textile	1.29	0.05	0.06	0.05	0.03
纺织服装、鞋、帽制造业	Manufacture of Textile Wearing Apparel, Footware, and Caps	0.04	0.16	0.17	0.12	0.40
皮革、毛皮、羽毛(绒)及其制品业	Manufacture of Leather, Fur, Feather and Related Products	0.04				
木材加工及木、竹、藤、棕、草制品业	Processing of Timber, Manufacture of Wood, Bamboo, Rattan, Palm, and Straw Products					
家具制造业	Manufacture of Furniture					
造纸及纸制品业	Manufacture of Paper and Paper Products	0.26	0.48	0.51	0.50	0.63
印刷业和记录媒介的复制	Printing, Reproduction of Recording Media	0.10				
文教体育用品制造业	Manufacture of Articles For Culture, Education and Sport Activity		0.10	0.11	0.09	0.10
石油加工、炼焦及核燃料加工业	Processing of Petroleum, Coking, Processing of Nuclear Fuel	11338.36	15305.82	15383.52	16317.92	18008.32
化学原料及化学制品制造业	Manufacture of Raw Chemical Materials and Chemical Products	1078.84	1809.79	1823.31	1876.95	2002.53
医药制造业	Manufacture of Medicines	0.12				
化学纤维制造业	Manufacture of Chemical Fibers	478.22	594.71	611.31	646.40	712.78
橡胶制品业	Manufacture of Rubber	1.22	0.05	0.06	0.06	0.10
塑料制品业	Manufacture of Plastics	0.02	0.40	0.35	0.50	0.90
非金属矿物制品业	Manufacture of Non-metallic Mineral Products	56.32	53.54	53.22	49.61	55.80
黑色金属冶炼及压延加工业	Smelting and Pressing of Ferrous Metals	3.17	10.25	9.85	13.47	8.39
有色金属冶炼及压延加工业	Smelting and Pressing of Non-ferrous Metals	0.35	0.80	0.77	1.00	1.00
金属制品业	Manufacture of Metal Products	0.17	0.03	0.03	0.04	
通用设备制造业	Manufacture of General Purpose Machinery	0.28	0.11	0.12	0.09	
专用设备制造业	Manufacture of Special Purpose Machinery	0.20	0.27	0.26	0.25	0.27
交通运输设备制造业	Manufacture of Transport Equipment	0.57	0.06	0.07	0.05	0.27
电气机械及器材制造业	Manufacture of Electrical Machinery and Equipment	0.85	0.50	0.45	0.50	0.53
通信设备、计算机及其他电子设备制造业	Manufacture of Communication Equipment, Computers and Other Electronic Equipment					
仪器仪表及文化、办公用机械制造业	Manufacture of Measuring Instruments and Machinery for Cultural Activity and Office Work					
工艺品及其他制造业	Manufacture of Artwork and Other Manufacturing	1.23	0.60	0.54	0.44	0.40
废弃资源和废旧材料回收加工业	Recycling and Disposal of Waste					
电力、煤气及水生产和供应业	**Electric Power, Gas and Water Production and Supply**	**66.47**	**76.58**	**76.27**	**69.27**	**64.92**
电力、热力的生产和供应业	Production and Distribution of Electric Power and Heat Power	66.47	76.58	76.27	69.27	64.92
燃气生产和供应业	Production and Distribution of Gas					
水的生产和供应业	Production and Distribution of Water					
建筑业	**Construction**	**2.71**	**3.30**	**3.27**	**4.20**	**4.00**
交通运输、仓储和邮政业	**Transport, Storage and Post**	**156.77**	**175.02**	**169.81**	**177.94**	**148.31**
批发、零售业和住宿、餐饮业	**Wholesale, Retail Trade and Hotel, Restaurants**	**0.50**	**0.18**	**0.15**	**0.12**	**0.09**
其他行业	**Others**		**1.40**	**1.20**	**1.29**	**1.20**
生活消费	**Residential Consumption**					

5-9 分行业汽油消费总量
CONSUMPTION OF GASOLINE AND ITS MAIN VARIETIES BY SECTOR

单位:万吨 (10 000 ton)

行 业	Sector	1995	2000	2001	2002	2003
消费总量消费总量	**Total Consumption**	**2909.59**	**3504.93**	**3597.75**	**3749.70**	**4072.02**
农、林、牧、渔、水利业	**Farming, Forestry, Animal Husbandry, Fishery and Water Conservancy**	**179.66**	**184.51**	**190.60**	**187.93**	**195.00**
工业	**Industry**	**812.43**	**601.98**	**618.14**	**632.14**	**617.88**
采掘业	**Mining and Quarrying**	**135.90**	**106.59**	**102.26**	**104.10**	**103.61**
煤炭开采和洗选业	Mining and Washing of Coal	37.87	32.05	30.93	30.10	32.26
石油和天然气开采业	Extraction of Petroleum and Natural Gas	58.99	40.05	38.24	39.10	38.14
黑色金属矿采选业	Mining and Processing of Ferrous Metal Ores	4.74	6.01	5.17	6.18	5.84
有色金属矿采选业	Mining and Processing of Non-Ferrous Metal Ores	8.18	5.18	4.90	4.87	4.87
非金属矿采选业	Mining and Processing of Nonmetal Ores	8.74	8.00	8.20	8.57	8.19
其他采矿业	Mining of Other Ores	17.38	15.30	14.82	15.28	14.30
制造业	**Manufacturing**	**637.21**	**466.65**	**487.47**	**499.79**	**484.60**
农副食品加工业	Processing of Food from Agricultural Products	37.56	30.04	31.87	30.66	21.23
食品制造业	Manufacture of Foods	16.33	12.02	12.80	13.18	8.15
饮料制造业	Manufacture of Beverages	14.91	10.02	9.35	8.46	8.00
烟草制品业	Manufacture of Tobacco	3.17	30.04	30.00	30.54	27.31
纺织业	Manufacture of Textile	42.72	35.02	37.05	35.44	25.62
纺织服装、鞋、帽制造业	Manufacture of Textile Wearing Apparel, Footware, and Caps	11.39	7.01	8.17	8.06	9.08
皮革、毛皮、羽毛(绒)及其制品业	Manufacture of Leather, Fur, Feather and Related Products	5.38	5.01	4.94	4.81	3.96
木材加工及木、竹、藤、棕、草制品业	Processing of Timber, Manufacture of Wood, Bamboo, Rattan, Palm, and Straw Products	4.68	3.25	4.00	3.00	3.00
家具制造业	Manufacture of Furniture	3.71	3.50	3.57	3.87	4.46
造纸及纸制品业	Manufacture of Paper and Paper Products	14.59	12.02	12.20	15.65	18.65
印刷业和记录媒介的复制	Printing, Reproduction of Recording Media	6.17	6.01	6.17	6.51	6.12
文教体育用品制造业	Manufacture of Articles For Culture, Education and Sport Activity	2.66	2.25	2.73	2.86	2.72
石油加工、炼焦及核燃料加工业	Processing of Petroleum, Coking, Processing of Nuclear Fuel	29.23	14.70	15.46	15.98	22.15
化学原料及化学制品制造业	Manufacture of Raw Chemical Materials and Chemical Products	62.64	45.05	50.01	55.03	44.11
医药制造业	Manufacture of Medicines	8.98	9.02	10.35	10.65	13.24
化学纤维制造业	Manufacture of Chemical Fibers	4.56	3.80	3.55	3.64	2.95
橡胶制品业	Manufacture of Rubber	14.41	8.55	8.04	8.29	8.73
塑料制品业	Manufacture of Plastics	17.47	12.12	11.35	11.68	9.73
非金属矿物制品业	Manufacture of Non-metallic Mineral Products	82.14	45.66	47.38	55.70	57.74
黑色金属冶炼及压延加工业	Smelting and Pressing of Ferrous Metals	42.55	30.04	30.87	31.22	35.97
有色金属冶炼及压延加工业	Smelting and Pressing of Non-ferrous Metals	12.71	11.02	11.20	11.02	11.65
金属制品业	Manufacture of Metal Products	18.19	18.02	21.52	19.78	21.47
通用设备制造业	Manufacture of General Purpose Machinery	58.65	21.02	21.70	22.14	27.97
专用设备制造业	Manufacture of Special Purpose Machinery	26.69	30.11	28.87	27.48	23.66
交通运输设备制造业	Manufacture of Transport Equipment	37.48	20.03	18.70	19.79	21.00
电气机械及器材制造业	Manufacture of Electrical Machinery and Equipment	24.07	16.02	17.52	18.19	22.59
通信设备、计算机及其他电子设备制造业	Manufacture of Communication Equipment, Computers and Other Electronic Equipment	9.15	8.00	9.35	9.70	11.48
仪器仪表及文化、办公用机械制造业	Manufacture of Measuring Instruments and Machinery for Cultural Activity and Office Work	4.69	3.00	3.30	3.03	6.24
工艺品及其他制造业	Manufacture of Artwork and Other Manufacturing	20.33	14.30	15.45	13.43	5.63
废弃资源和废旧材料回收加工业	Recycling and Disposal of Waste					
电力、煤气及水生产和供应业	**Electric Power, Gas and Water Production and Supply**	**39.32**	**28.74**	**28.41**	**28.25**	**29.67**
电力、热力的生产和供应业	Production and Distribution of Electric Power and Heat Power	33.85	24.97	24.31	24.34	25.21
燃气生产和供应业	Production and Distribution of Gas	3.21	1.72	1.60	1.47	1.08
水的生产和供应业	Production and Distribution of Water	2.26	2.05	2.50	2.44	3.39
建筑业	**Construction**	**103.62**	**115.56**	**116.70**	**122.32**	**123.66**
交通运输、仓储和邮政业	**Transport, Storage and Post**	**982.30**	**1387.79**	**1419.37**	**1503.00**	**1861.64**
批发、零售业和住宿、餐饮业	**Wholesale, Retail Trade and Hotel, Restaurants**	**197.23**	**209.84**	**214.04**	**224.22**	**238.09**
其他行业	**Others**	**570.65**	**877.67**	**904.30**	**916.29**	**837.00**
生活消费	**Residential Consumption**	**63.70**	**127.58**	**134.60**	**163.80**	**198.75**

5－10 分行业煤油消费总量
CONSUMPTION OF KEROSENE AND ITS MAIN VARIETIES BY SECTOR

单位:万吨　　　　(10 000 ton)

行　业	Sector	1995	2000	2001	2002	2003
消费总量	**Total Consumption**	**512.11**	**870.10**	**890.27**	**919.19**	**921.61**
农、林、牧、渔、水利业	**Farming, Forestry, Animal Husbandry, Fishery and Water Conservancy**	**3.57**	**1.50**	**1.52**	**1.40**	**1.35**
工业	**Industry**	**44.94**	**83.94**	**86.00**	**87.35**	**87.77**
采掘业	**Mining and Quarrying**	**2.92**	**7.44**	**7.59**	**8.15**	**8.09**
煤炭开采和洗选业	Mining and Washing of Coal	1.59	5.37	5.50	5.99	6.37
石油和天然气开采业	Extraction of Petroleum and Natural Gas	0.59	0.42	0.43	0.40	0.28
黑色金属矿采选业	Mining and Processing of Ferrous Metal Ores	0.08	0.04	0.03	0.03	
有色金属矿采选业	Mining and Processing of Non-Ferrous Metal Ores	0.40	1.26	1.29	1.31	1.32
非金属矿采选业	Mining and Processing of Nonmetal Ores	0.20	0.34	0.34	0.42	0.13
其他采矿业	Mining of Other Ores	0.06	0.01			
制造业	**Manufacturing**	**40.41**	**76.04**	**77.92**	**78.66**	**79.14**
农副食品加工业	Processing of Food from Agricultural Products	0.26	0.25	0.26	0.29	0.40
食品制造业	Manufacture of Foods	0.33	0.08	0.09	0.07	0.10
饮料制造业	Manufacture of Beverages	0.23	0.08	0.09	0.08	0.14
烟草制品业	Manufacture of Tobacco	2.07	0.08	0.09	0.10	
纺织业	Manufacture of Textile	2.91	3.78	3.87	4.34	3.71
纺织服装、鞋、帽制造业	Manufacture of Textile Wearing Apparel, Footware, and Caps	0.11	0.42	0.43	0.51	0.50
皮革、毛皮、羽毛(绒)及其制品业	Manufacture of Leather, Fur, Feather and Related Products	0.42	0.17	0.17	0.15	0.18
木材加工及木、竹、藤、棕、草制品业	Processing of Timber, Manufacture of Wood, Bamboo, Rattan, Palm, and Straw Products	1.17	0.08	0.09	0.10	0.21
家具制造业	Manufacture of Furniture	0.01	0.04	0.05	0.05	
造纸及纸制品业	Manufacture of Paper and Paper Products	1.78	3.61	3.70	2.93	1.90
印刷业和记录媒介的复制	Printing, Reproduction of Recording Media	3.41	5.71	5.85	5.96	6.00
文教体育用品制造业	Manufacture of Articles For Culture, Education and Sport Activity	0.10	1.26	1.29	1.20	1.63
石油加工、炼焦及核燃料加工业	Processing of Petroleum, Coking, Processing of Nuclear Fuel	1.02	18.06	18.47	17.00	16.79
化学原料及化学制品制造业	Manufacture of Raw Chemical Materials and Chemical Products	8.10	8.73	8.94	10.25	9.68
医药制造业	Manufacture of Medicines	0.15	0.15	0.14	0.10	0.08
化学纤维制造业	Manufacture of Chemical Fibers	0.18	0.42	0.43	0.37	0.42
橡胶制品业	Manufacture of Rubber	0.16	0.07	0.08	0.05	0.08
塑料制品业	Manufacture of Plastics	0.39	0.42	0.43	0.49	0.67
非金属矿物制品业	Manufacture of Non-metallic Mineral Products	2.59	2.43	2.49	1.72	1.52
黑色金属冶炼及压延加工业	Smelting and Pressing of Ferrous Metals	0.41	5.37	5.50	6.46	3.00
有色金属冶炼及压延加工业	Smelting and Pressing of Non-ferrous Metals	0.57	0.59	0.60	0.63	1.14
金属制品业	Manufacture of Metal Products	3.37	1.68	1.72	2.17	2.40
通用设备制造业	Manufacture of General Purpose Machinery	3.05	3.27	3.35	3.53	5.72
专用设备制造业	Manufacture of Special Purpose Machinery	0.91	1.34	1.38	1.18	1.64
交通运输设备制造业	Manufacture of Transport Equipment	4.87	6.30	6.45	6.64	7.18
电气机械及器材制造业	Manufacture of Electrical Machinery and Equipment	0.50	0.25	0.26	0.32	0.49
通信设备、计算机及其他电子设备制造业	Manufacture of Communication Equipment, Computers and Other Electronic Equipment	0.23	0.18	0.17	0.25	0.30
仪器仪表及文化、办公用机械制造业	Manufacture of Measuring Instruments and Machinery for Cultural Activity and Office Work	0.12	0.15	0.17	0.33	0.42
工艺品及其他制造业	Manufacture of Artwork and Other Manufacturing	0.99	11.07	11.36	11.39	12.85
废弃资源和废旧材料回收加工业	Recycling and Disposal of Waste					
电力、煤气及水生产和供应业	**Electric Power, Gas and Water Production and Supply**	**1.61**	**0.46**	**0.49**	**0.54**	**0.53**
电力、热力的生产和供应业	Production and Distribution of Electric Power and Heat Power	1.30	0.42	0.44	0.50	0.53
燃气生产和供应业	Production and Distribution of Gas	0.11	0.01	0.01		
水的生产和供应业	Production and Distribution of Water	0.20	0.03	0.04	0.04	
建筑业	**Construction**	**3.51**	**4.00**	**3.50**		
交通运输、仓储和邮政业	**Transport, Storage and Post**	**250.01**	**536.40**	**560.69**	**616.74**	**621.68**
批发、零售业和住宿、餐饮业	**Wholesale, Retail Trade and Hotel, Restaurants**	**8.51**	**12.00**	**12.47**	**13.00**	**11.24**
其他行业	**Others**	**137.32**	**160.09**	**151.09**	**140.00**	**143.19**
生活消费	**Residential Consumption**	**64.25**	**72.17**	**75.00**	**60.70**	**56.38**

5－11　分行业柴油消费总量

CONSUMPTION OF DIESEL OIL AND ITS MAIN VARIETIES BY SECTOR

单位:万吨　　　　(10 000 ton)

行　业	Sector	1995	2000	2001	2002	2003
消费总量	**Total Consumption**	**4321.44**	**6774.29**	**7108.41**	**7667.89**	**8409.76**
农、林、牧、渔、水利业	**Farming, Forestry, Animal Husbandry, Fishery and Water Conservancy**	**1001.39**	**1310.14**	**1375.64**	**1484.31**	**1484.40**
工业	**Industry**	**1189.87**	**1596.48**	**1637.55**	**1732.08**	**1830.51**
采掘业	**Mining and Quarrying**	**229.63**	**270.13**	**279.49**	**317.02**	**309.82**
煤炭开采和洗选业	Mining and Washing of Coal	31.68	50.75	50.86	54.80	50.06
石油和天然气开采业	Extraction of Petroleum and Natural Gas	147.95	155.62	161.79	187.36	169.13
黑色金属矿采选业	Mining and Processing of Ferrous Metal Ores	5.41	11.69	12.14	15.52	19.38
有色金属矿采选业	Mining and Processing of Non-Ferrous Metal Ores	12.62	12.78	12.00	13.72	15.92
非金属矿采选业	Mining and Processing of Nonmetal Ores	20.96	27.39	31.50	34.11	44.01
其他采矿业	Mining of Other Ores	11.01	11.90	11.20	11.51	11.31
制造业	**Manufacturing**	**722.25**	**1064.02**	**1085.60**	**1150.46**	**1208.61**
农副食品加工业	Processing of Food from Agricultural Products	33.65	37.56	30.61	33.07	32.35
食品制造业	Manufacture of Foods	18.15	16.67	16.72	19.84	21.19
饮料制造业	Manufacture of Beverages	8.04	10.02	11.00	11.84	9.02
烟草制品业	Manufacture of Tobacco	1.16	4.00	3.55	4.55	5.14
纺织业	Manufacture of Textile	36.39	43.75	44.64	43.94	42.08
纺织服装、鞋、帽制造业	Manufacture of Textile Wearing Apparel, Footware, and Caps	8.64	13.69	14.50	15.35	18.34
皮革、毛皮、羽毛(绒)及其制品业	Manufacture of Leather, Fur, Feather and Related Products	5.76	14.55	17.11	14.05	18.50
木材加工及木、竹、藤、棕、草制品业	Processing of Timber, Manufacture of Wood, Bamboo, Rattan, Palm, and Straw Products	6.10	6.50	6.80	6.09	7.00
家具制造业	Manufacture of Furniture	1.42	2.40	2.70	3.29	4.00
造纸及纸制品业	Manufacture of Paper and Paper Products	27.59	22.54	22.20	29.73	35.81
印刷业和记录媒介的复制	Printing, Reproduction of Recording Media	2.66	7.18	7.68	7.89	6.84
文教体育用品制造业	Manufacture of Articles For Culture, Education and Sport Activity	2.73	11.37	14.25	15.68	17.08
石油加工、炼焦及核燃料加工业	Processing of Petroleum, Coking, Processing of Nuclear Fuel	48.89	69.18	71.13	76.51	88.46
化学原料及化学制品制造业	Manufacture of Raw Chemical Materials and Chemical Products	94.41	115.21	118.11	125.34	132.62
医药制造业	Manufacture of Medicines	3.86	6.69	7.00	6.81	5.00
化学纤维制造业	Manufacture of Chemical Fibers	5.45	9.70	10.08	10.55	9.90
橡胶制品业	Manufacture of Rubber	4.04	7.69	7.10	7.34	8.63
塑料制品业	Manufacture of Plastics	21.02	39.44	43.41	40.55	42.74
非金属矿物制品业	Manufacture of Non-metallic Mineral Products	149.29	298.33	296.18	301.64	292.03
黑色金属冶炼及压延加工业	Smelting and Pressing of Ferrous Metals	73.20	68.95	73.53	81.10	95.27
有色金属冶炼及压延加工业	Smelting and Pressing of Non-ferrous Metals	21.66	41.09	41.83	42.81	52.18
金属制品业	Manufacture of Metal Products	23.40	37.15	40.89	43.63	44.24
通用设备制造业	Manufacture of General Purpose Machinery	31.18	31.23	26.01	31.83	35.00
专用设备制造业	Manufacture of Special Purpose Machinery	14.53	12.69	10.96	11.18	18.18
交通运输设备制造业	Manufacture of Transport Equipment	31.60	47.81	51.09	42.20	48.20
电气机械及器材制造业	Manufacture of Electrical Machinery and Equipment	17.14	24.12	24.20	27.44	31.07
通信设备、计算机及其他电子设备制造业	Manufacture of Communication Equipment, Computers and Other Electronic Equipment	10.73	35.26	41.82	60.94	50.14
仪器仪表及文化、办公用机械制造业	Manufacture of Measuring Instruments and Machinery for Cultural Activity and Office Work	3.94	9.69	10.10	11.46	17.18
工艺品及其他制造业	Manufacture of Artwork and Other Manufacturing	15.62	19.56	20.40	23.81	20.09
废弃资源和废旧材料回收加工业	Recycling and Disposal of Waste					0.33
电力、煤气及水生产和供应业	**Electric Power, Gas and Water Production and Supply**	**237.99**	**262.33**	**272.46**	**264.60**	**312.08**
电力、热力的生产和供应业	Production and Distribution of Electric Power and Heat Power	234.44	253.03	262.46	251.24	297.49
燃气生产和供应业	Production and Distribution of Gas	2.12	6.69	7.60	11.00	12.00
水的生产和供应业	Production and Distribution of Water	1.43	2.61	2.40	2.36	2.58
建筑业	**Construction**	**118.19**	**195.86**	**223.08**	**251.99**	**276.23**
交通运输、仓储和邮政业	**Transport, Storage and Post**	**1246.56**	**2543.81**	**2671.01**	**2964.80**	**3485.20**
批发、零售业和住宿、餐饮业	**Wholesale, Retail Trade and Hotel, Restaurants**	**103.59**	**255.94**	**268.07**	**280.79**	**355.53**
其他行业	**Others**	**645.70**	**803.70**	**853.89**	**870.00**	**890.00**
生活消费	**Residential Consumption**	**16.14**	**68.36**	**79.17**	**83.92**	**87.89**

5－12 分行业燃料油消费总量
CONSUMPTION OF FUEL OIL AND ITS MAIN VARIETIES BY SECTOR

单位:万吨 (10 000 ton)

行　　业	Sector	1995	2000	2001	2002	2003
消费总量	**Total Consumption**	**3693.67**	**3872.78**	**3850.22**	**3873.87**	**4220.53**
农、林、牧、渔、水利业	**Farming, Forestry, Animal Husbandry, Fishery and Water Conservancy**	**8.37**	**0.40**	**0.42**	**0.41**	**0.60**
工业	**Industry**	**3406.16**	**2975.08**	**2949.32**	**2950.86**	**3236.76**
采掘业	**Mining and Quarrying**	**246.45**	**209.96**	**212.02**	**197.44**	**201.41**
煤炭开采和洗选业	Mining and Washing of Coal	1.16	5.77			
石油和天然气开采业	Extraction of Petroleum and Natural Gas	226.71	202.77	210.52	196.30	176.32
黑色金属矿采选业	Mining and Processing of Ferrous Metal Ores	2.33				
有色金属矿采选业	Mining and Processing of Non-Ferrous Metal Ores	9.46	0.22	0.20	0.11	
非金属矿采选业	Mining and Processing of Nonmetal Ores	6.79	1.20	1.30	1.03	14.88
其他采矿业	Mining of Other Ores					10.21
制造业	**Manufacturing**	**2186.73**	**1928.46**	**1895.59**	**1851.46**	**1986.79**
农副食品加工业	Processing of Food from Agricultural Products	20.68	13.32	8.49	8.38	7.88
食品制造业	Manufacture of Foods	5.40	9.04	8.45	9.11	9.56
饮料制造业	Manufacture of Beverages	7.13	8.08	9.08	8.08	9.09
烟草制品业	Manufacture of Tobacco	1.34	3.00	2.70	1.47	2.87
纺织业	Manufacture of Textile	34.95	66.61	64.64	65.16	52.97
纺织服装、鞋、帽制造业	Manufacture of Textile Wearing Apparel, Footware, and Caps	2.07	12.44	13.87	14.67	11.77
皮革、毛皮、羽毛(绒)及其制品业	Manufacture of Leather, Fur, Feather and Related Products	1.49	3.50	3.65	3.35	3.65
木材加工及木、竹、藤、棕、草制品业	Processing of Timber, Manufacture of Wood, Bamboo, Rattan, Palm, and Straw Products	1.59	2.82	3.12	3.04	3.20
家具制造业	Manufacture of Furniture	0.83	0.67	0.60	0.74	0.54
造纸及纸制品业	Manufacture of Paper and Paper Products	16.62	19.72	21.67	21.85	22.56
印刷业和记录媒介的复制	Printing, Reproduction of Recording Media	0.23	2.30	2.39	1.65	1.61
文教体育用品制造业	Manufacture of Articles For Culture, Education and Sport Activity	0.06	1.04	1.07	1.14	1.00
石油加工、炼焦及核燃料加工业	Processing of Petroleum, Coking, Processing of Nuclear Fuel	611.91	510.63	508.74	479.59	535.81
化学原料及化学制品制造业	Manufacture of Raw Chemical Materials and Chemical Products	388.63	372.50	358.35	370.39	385.22
医药制造业	Manufacture of Medicines	38.86	5.53	5.38	4.63	4.87
化学纤维制造业	Manufacture of Chemical Fibers	90.23	89.86	88.30	87.72	84.12
橡胶制品业	Manufacture of Rubber	11.23	12.44	13.10	12.40	13.72
塑料制品业	Manufacture of Plastics	3.19	10.77	11.14	9.17	11.17
非金属矿物制品业	Manufacture of Non-metallic Mineral Products	324.83	314.36	323.82	339.18	383.63
黑色金属冶炼及压延加工业	Smelting and Pressing of Ferrous Metals	464.93	332.01	307.78	263.11	282.89
有色金属冶炼及压延加工业	Smelting and Pressing of Non-ferrous Metals	62.13	55.43	61.77	69.30	74.16
金属制品业	Manufacture of Metal Products	13.24	12.93	11.80	12.76	9.64
通用设备制造业	Manufacture of General Purpose Machinery	9.99	7.05	8.00	8.41	12.00
专用设备制造业	Manufacture of Special Purpose Machinery	22.57	11.56	9.12	9.79	10.10
交通运输设备制造业	Manufacture of Transport Equipment	15.93	14.22	13.54	11.93	12.86
电气机械及器材制造业	Manufacture of Electrical Machinery and Equipment	10.20	12.67	13.06	12.19	14.36
通信设备、计算机及其他电子设备制造业	Manufacture of Communication Equipment, Computers and Other Electronic Equipment	7.96	12.57	14.79	15.49	19.90
仪器仪表及文化、办公用机械制造业	Manufacture of Measuring Instruments and Machinery for Cultural Activity and Office Work	1.24	0.15	0.12	0.14	0.10
工艺品及其他制造业	Manufacture of Artwork and Other Manufacturing	17.27	11.24	7.05	6.62	5.56
废弃资源和废旧材料回收加工业	Recycling and Disposal of Waste					
电力、煤气及水生产和供应业	**Electric Power, Gas and Water Production and Supply**	**972.98**	**836.66**	**841.71**	**901.96**	**1048.56**
电力、热力的生产和供应业	Production and Distribution of Electric Power and Heat Power	927.73	812.31	820.09	883.38	1028.04
燃气生产和供应业	Production and Distribution of Gas	45.25	24.34	21.60	18.56	20.49
水的生产和供应业	Production and Distribution of Water		0.01	0.02	0.02	0.02
建筑业	**Construction**	**14.24**	**16.71**	**16.18**	**19.10**	**17.80**
交通运输、仓储和邮政业	**Transport, Storage and Post**	**227.45**	**850.00**	**855.00**	**872.10**	**940.29**
批发、零售业和住宿、餐饮业	**Wholesale, Retail Trade and Hotel, Restaurants**	**6.62**	**11.59**	**12.28**	**12.30**	**13.00**
其他行业	**Others**	**30.83**	**19.00**	**17.02**	**19.10**	**12.08**
生活消费	**Residential Consumption**					

5-13 分行业天然气消费总量

CONSUMPTION OF NATURAL GAS AND ITS MAIN VARIETIES BY SECTOR

单位:亿立方米 (100 million cu. m)

行　　业	Sector	1995	2000	2001	2002	2003
消费总量	**Total Consumption**	**177.41**	**245.05**	**274.30**	**291.84**	**339.08**
农、林、牧、渔、水利业	**Farming, Forestry, Animal Husbandry, Fishery and Water Conservancy**	**0.02**				
工业	**Industry**	**154.39**	**202.02**	**217.81**	**227.53**	**267.82**
采掘业	**Mining and Quarrying**	**51.87**	**73.02**	**79.48**	**79.98**	**81.30**
煤炭开采和洗选业	Mining and Washing of Coal		0.10			
石油和天然气开采业	Extraction of Petroleum and Natural Gas	50.58	72.88	79.45	79.97	81.30
黑色金属矿采选业	Mining and Processing of Ferrous Metal Ores					
有色金属矿采选业	Mining and Processing of Non-Ferrous Metal Ores	0.59				
非金属矿采选业	Mining and Processing of Nonmetal Ores	0.70	0.04	0.03	0.01	
其他采矿业	Mining of Other Ores					
制造业	**Manufacturing**	**100.80**	**120.83**	**129.09**	**138.67**	**175.00**
农副食品加工业	Processing of Food from Agricultural Products	1.00	0.15	0.16	0.15	
食品制造业	Manufacture of Foods	0.03	0.07	0.08	0.10	
饮料制造业	Manufacture of Beverages	0.02	0.03	0.02	0.02	
烟草制品业	Manufacture of Tobacco		0.08	0.09	0.12	
纺织业	Manufacture of Textile	3.97	1.11	1.07	0.81	0.93
纺织服装、鞋、帽制造业	Manufacture of Textile Wearing Apparel, Footware, and Caps					
皮革、毛皮、羽毛(绒)及其制品业	Manufacture of Leather, Fur, Feather and Related Products					
木材加工及木、竹、藤、棕、草制品业	Processing of Timber, Manufacture of Wood, Bamboo, Rattan, Palm, and Straw Products					
家具制造业	Manufacture of Furniture					
造纸及纸制品业	Manufacture of Paper and Paper Products	0.06	0.30	0.26	0.27	
印刷业和记录媒介的复制	Printing, Reproduction of Recording Media		0.08	0.09	0.10	
文教体育用品制造业	Manufacture of Articles For Culture, Education and Sport Activity					
石油加工、炼焦及核燃料加工业	Processing of Petroleum, Coking, Processing of Nuclear Fuel	15.14	13.42	15.29	15.30	19.93
化学原料及化学制品制造业	Manufacture of Raw Chemical Materials and Chemical Products	63.36	90.32	95.50	102.02	132.00
医药制造业	Manufacture of Medicines	0.30	0.60	0.67	0.98	0.98
化学纤维制造业	Manufacture of Chemical Fibers	4.32	0.07			
橡胶制品业	Manufacture of Rubber					
塑料制品业	Manufacture of Plastics		0.10	0.09	0.10	
非金属矿物制品业	Manufacture of Non-metallic Mineral Products	2.27	2.50	2.80	3.50	3.86
黑色金属冶炼及压延加工业	Smelting and Pressing of Ferrous Metals	3.69	1.71	1.67	2.30	3.26
有色金属冶炼及压延加工业	Smelting and Pressing of Non-ferrous Metals	0.50	0.50	0.53	0.66	0.82
金属制品业	Manufacture of Metal Products	0.45	0.60	0.75	0.82	1.00
通用设备制造业	Manufacture of General Purpose Machinery	0.14	0.20	0.17	0.22	
专用设备制造业	Manufacture of Special Purpose Machinery	2.25	1.31	1.60	2.22	2.43
交通运输设备制造业	Manufacture of Transport Equipment	0.66	1.71	2.05	1.79	1.89
电气机械及器材制造业	Manufacture of Electrical Machinery and Equipment	0.74	0.80	0.70	1.02	1.27
通信设备、计算机及其他电子设备制造业	Manufacture of Communication Equipment, Computers and Other Electronic Equipment	1.01	3.41	3.98	4.83	5.62
仪器仪表及文化、办公用机械制造业	Manufacture of Measuring Instruments and Machinery for Cultural Activity and Office Work	0.01	0.02	0.03	0.03	
工艺品及其他制造业	Manufacture of Artwork and Other Manufacturing	0.88	1.74	1.49	1.31	1.00
废弃资源和废旧材料回收加工业	Recycling and Disposal of Waste					
电力、煤气及水生产和供应业	**Electric Power, Gas and Water Production and Supply**	**1.72**	**8.17**	**9.24**	**8.88**	**11.52**
电力、热力的生产和供应业	Production and Distribution of Electric Power and Heat Power	1.14	6.44	7.29	6.93	7.55
燃气生产和供应业	Production and Distribution of Gas	0.58	1.71	1.92	1.93	3.97
水的生产和供应业	Production and Distribution of Water		0.02	0.03	0.02	
建筑业	**Construction**	**0.28**	**0.82**	**0.72**	**0.68**	**0.70**
交通运输、仓储和邮政业	**Transport, Storage and Post**	**1.57**	**5.81**	**5.96**	**6.37**	**6.82**
批发、零售业和住宿、餐饮业	**Wholesale, Retail Trade and Hotel, Restaurants**	**0.55**	**3.44**	**5.00**	**6.10**	**6.85**
其他行业	**Others**	**1.19**	**0.64**	**0.70**		
生活消费	**Residential Consumption**	**19.41**	**32.32**	**44.11**	**51.16**	**56.89**

5－14　分行业电力消费总量

CONSUMPTION OF ELECTRICITY AND ITS MAIN VARIETIES BY SECTOR

单位:亿千瓦小时　　　　(100 million kW·h)

行　　业	Sector	1995	2000	2001	2002	2003
消费总量	**Total Consumption**	**10023.40**	**13471.38**	**14633.46**	**16331.45**	**19031.60**
农、林、牧、渔、水利业	**Farming, Forestry, Animal Husbandry, Fishery and Water Conservancy**	**582.42**	**672.96**	**762.39**	**776.23**	**773.15**
工业	**Industry**	**7659.81**	**9653.62**	**10444.66**	**11793.16**	**13899.68**
采掘业	**Mining and Quarrying**	**837.66**	**955.25**	**1051.58**	**1127.86**	**1249.87**
煤炭开采和洗选业	Mining and Washing of Coal	392.38	401.01	448.02	498.82	522.82
石油和天然气开采业	Extraction of Petroleum and Natural Gas	258.85	309.19	340.83	349.51	349.34
黑色金属矿采选业	Mining and Processing of Ferrous Metal Ores	34.28	61.00	64.95	75.55	109.00
有色金属矿采选业	Mining and Processing of Non-Ferrous Metal Ores	83.00	77.66	85.78	88.00	127.00
非金属矿采选业	Mining and Processing of Nonmetal Ores	52.76	81.55	89.31	95.55	112.51
其他采矿业	Mining of Other Ores	16.39	24.84	22.69	20.43	29.20
制造业	**Manufacturing**	**5156.10**	**6470.88**	**7031.06**	**8011.57**	**9517.04**
农副食品加工业	Processing of Food from Agricultural Products	181.00	155.00	170.01	195.19	170.56
食品制造业	Manufacture of Foods	72.15	95.00	94.11	113.69	93.04
饮料制造业	Manufacture of Beverages	52.62	56.70	60.11	67.81	65.00
烟草制品业	Manufacture of Tobacco	17.16	31.58	32.50	31.23	31.37
纺织业	Manufacture of Textile	335.22	356.08	385.87	454.11	544.80
纺织服装、鞋、帽制造业	Manufacture of Textile Wearing Apparel, Footware, and Caps	41.22	47.17	54.11	58.97	65.86
皮革、毛皮、羽毛(绒)及其制品业	Manufacture of Leather, Fur, Feather and Related Products	42.88	26.07	30.00	35.70	42.46
木材加工及木、竹、藤、棕、草制品业	Processing of Timber, Manufacture of Wood, Bamboo, Rattan, Palm, and Straw Products	25.88	30.99	37.00	37.59	53.30
家具制造业	Manufacture of Furniture	13.16	12.00	14.00	11.21	15.04
造纸及纸制品业	Manufacture of Paper and Paper Products	169.06	228.22	251.35	284.97	311.62
印刷业和记录媒介的复制	Printing, Reproduction of Recording Media	31.19	30.00	35.00	33.80	78.00
文教体育用品制造业	Manufacture of Articles For Culture, Education and Sport Activity	7.09	20.00	25.00	32.05	29.00
石油加工、炼焦及核燃料加工业	Processing of Petroleum, Coking, Processing of Nuclear Fuel	156.06	236.09	266.34	330.62	335.61
化学原料及化学制品制造业	Manufacture of Raw Chemical Materials and Chemical Products	1028.05	1109.08	1184.83	1355.56	1630.34
医药制造业	Manufacture of Medicines	107.46	84.94	99.22	97.93	124.00
化学纤维制造业	Manufacture of Chemical Fibers	92.78	187.25	196.22	206.46	207.54
橡胶制品业	Manufacture of Rubber	53.80	94.92	106.66	108.87	127.70
塑料制品业	Manufacture of Plastics	71.36	116.14	127.14	143.53	171.00
非金属矿物制品业	Manufacture of Non-metallic Mineral Products	599.61	734.18	793.05	879.64	1030.93
黑色金属冶炼及压延加工业	Smelting and Pressing of Ferrous Metals	905.36	1077.69	1164.07	1323.10	1648.00
有色金属冶炼及压延加工业	Smelting and Pressing of Non-ferrous Metals	425.61	670.58	716.93	823.81	1071.66
金属制品业	Manufacture of Metal Products	113.51	188.70	223.55	282.10	355.85
通用设备制造业	Manufacture of General Purpose Machinery	136.30	154.55	168.22	201.52	248.00
专用设备制造业	Manufacture of Special Purpose Machinery	97.67	90.83	94.11	102.86	120.00
交通运输设备制造业	Manufacture of Transport Equipment	154.63	195.55	228.22	258.58	282.51
电气机械及器材制造业	Manufacture of Electrical Machinery and Equipment	64.96	87.17	98.11	129.98	169.00
通信设备、计算机及其他电子设备制造业	Manufacture of Communication Equipment, Computers and Other Electronic Equipment	38.64	121.01	130.11	150.15	217.00
仪器仪表及文化、办公用机械制造业	Manufacture of Measuring Instruments and Machinery for Cultural Activity and Office Work	17.12	24.39	26.00	32.04	35.85
工艺品及其他制造业	Manufacture of Artwork and Other Manufacturing	104.55	209.00	219.22	228.50	232.00
废弃资源和废旧材料回收加工业	Recycling and Disposal of Waste					10.00
电力、煤气及水生产和供应业	**Electric Power, Gas and Water Production and Supply**	**1666.05**	**2227.49**	**2362.02**	**2653.73**	**3132.77**
电力、热力的生产和供应业	Production and Distribution of Electric Power and Heat Power	1539.76	2049.31	2178.46	2476.90	2959.16
燃气生产和供应业	Production and Distribution of Gas	10.83	33.08	37.06	36.95	29.19
水的生产和供应业	Production and Distribution of Water	115.46	145.10	146.50	139.88	144.43
建筑业	**Construction**	**159.62**	**154.77**	**144.91**	**164.14**	**189.78**
交通运输、仓储和邮政业	**Transport, Storage and Post**	**182.30**	**281.20**	**309.32**	**338.00**	**396.94**
批发、零售业和住宿、餐饮业	**Wholesale, Retail Trade and Hotel, Restaurants**	**199.47**	**393.68**	**444.89**	**500.00**	**622.97**
其他行业	**Others**	**234.20**	**643.20**	**688.06**	**758.50**	**911.04**
生活消费	**Residential Consumption**	**1005.58**	**1671.95**	**1839.23**	**2001.42**	**2238.04**

5－15　分地区能源消费总量
TOTAL ENERGY CONSUMPTION BY REGION

单位:万吨标准煤　　(10 000 tce)

地　区	Region	1990	1995	2000	2001	2002	2003
北　京	Beijing	2709	3518	4212	4313	4503	4708
天　津	Tianjin	2071	2569	2794	2918	3022	3215
河　北	Hebei	6124	8990	9893	10391	11588	13477
山　西	Shanxi	4710	8413	6735	7968	9339	10387
内蒙古	Inner Mongolia	2424	2632	3540	4073	4560	5218
辽　宁	Liaoning	7856	9671	10766	10656	10599	11449
吉　林	Jilin	3523	4109	3655	3863	4353	4991
黑龙江	Heilongjiang	5285	5935	6166	6037	6004	6714
上　海	Shanghai	3175	4466	5492	5818	6119	6698
江　苏	Jiangsu	5509	8047	8612	8881	9609	11060
浙　江	Zhejiang	2580	4580	5967	6530	7386	8525
安　徽	Anhui	2761	4194	4879	5118	5316	5842
福　建	Fujian	1451	2280	2943	3163	3490	3925
江　西	Jiangxi	1732	2392	2220	2329	2599	3035
山　东	Shandong	6830	8780	8203	9955	11048	13034
河　南	Henan	5206	6473	7876	8244	8603	9562
湖　北	Hubei	3997	5655	6269	6052	6713	7645
湖　南	Hunan	3821	5426	4071	4622	5045	5562
广　东	Guangdong	4065	7345	9448	10179	11355	13099
广　西	Guangxi	1309	2384	2669	2669	2982	3421
海　南	Hainan	121	303	480	520		796
重　庆	Chongqing			4023	3016	3204	2972
四　川	Sichuan	6353	9525		6810	7510	9204
贵　州	Guizhou	2133	3183	4325	4438	4470	5542
云　南	Yunnan	1954	2641	3207	3490	3939	4151
陕　西	Shaanxi	2239	3134	2731	3257	3713	3952
甘　肃	Gansu	2172	2738	3012	2905	3018	3525
青　海	Qinghai	507	688	879	930	1019	1123
宁　夏	Ningxia	707	759				2598
新　疆	Xinjiang	2063	2830	3316	3496	3622	4037

注:1. 1996 年以前重庆包括在四川省内。

2. 由于折算系的不同,故各地区相加数与全国数不等,以下同。

1. Prior to 1996, the consumption for Chongqing was included in Sichuan.

2. As the conversion factors, the sum of the data by region is not equal to the total . The same as in the following tables.

5-16 分地区煤炭消费量
COAL CONSUMPTION BY REGION

单位:万吨 (10 000 ton)

地区	Region	1990	1995	2000	2001	2002	2003
北京	Beijing	2413	2692	2720	2675	2531	2674
天津	Tianjin	1788	2428	2473	2635	2929	3205
河北	Hebei	7875	10983	12115	12641	13739	14851
山西	Shanxi	7659	15015	14262	14856	18055	20502
内蒙古	Inner Mongolia	3953	4420	5908	6265	6864	8330
辽宁	Liaoning	8252	9363	9582	9084	9355	10454
吉林	Jilin	4015	4816	4213	4484	4664	5202
黑龙江	Heilongjiang	6517	6188	5815	5537	5543	6490
上海	Shanghai	2742	3944	4496	4610	4685	4953
江苏	Jiangsu	6223	8936	8770	8963	9663	10849
浙江	Zhejiang	2486	4231	5051	5527	6018	6626
安徽	Anhui	3428	4965	5909	6366	6679	7489
福建	Fujian	1307	1677	2160	2205	2711	3272
江西	Jiangxi	2266	3039	2469	2584	2557	3089
山东	Shandong	7256	9759	8698	11098	12938	15166
河南	Henan	6099	7960	8725	9325	10333	11420
湖北	Hubei	3343	5404	6051	6096	6483	7238
湖南	Hunan	3956	5591	3335	4100	4287	4984
广东	Guangdong	2991	4941	5890	6088	6649	7910
广西	Guangxi	1562	2330	2228	2228	2133	2621
海南	Hainan	68	168	192			338
重庆	Chongqing			2942	2736	3053	2646
四川	Sichuan	6646	8909	4862	4650	5462	7254
贵州	Guizhou	2709	3946	5146	4946	5199	6794
云南	Yunnan	2194	2765	2828	3101	3352	4349
陕西	Shaanxi	2728	3779	2766	3133	3451	3961
甘肃	Gansu	1858	2547	2480	2551	2798	3219
青海	Qinghai	471	462	522	642	620	675
宁夏	Ningxia	885	1079	1042			2965
新疆	Xinjiang	1835	2448	2702	2734	2898	3184

5－17 分地区焦炭消费量

COKE CONSUMPTION BY REGION

单位:万吨 (10 000 ton)

地区	Region	1990	1995	2000	2001	2002	2003
北京	Beijing	231.43	500.71	449.08	429.62	378.00	438.25
天津	Tianjin	137.06	149.45	143.68	128.77	149.49	143.15
河北	Hebei	559.47	1135.79	1227.85	1359.97	1808.02	2591.01
山西	Shanxi	835.68	1287.03	1283.72	2170.47	2761.58	3085.29
内蒙古	Inner Mongolia	234.93	339.33	286.47	312.81	393.58	471.73
辽宁	Liaoning	889.23	987.59	878.12	898.14	1046.88	1131.02
吉林	Jilin	144.01	176.22	170.55	162.09	191.62	231.15
黑龙江	Heilongjiang	102.34	107.24	72.83	90.44	79.77	105.99
上海	Shanghai	452.82	716.47	719.99	709.82	626.58	627.81
江苏	Jiangsu	228.42	362.02	383.69	374.61	398.92	448.06
浙江	Zhejiang	85.46	127.76	117.46	108.64	125.56	126.93
安徽	Anhui	260.36	440.72	533.27	542.67	556.20	599.66
福建	Fujian	53.84	78.54	100.16	95.67	95.12	132.33
江西	Jiangxi	157.25	187.87	205.94	215.02	261.39	297.68
山东	Shandong	317.53	356.92	424.83	460.98	415.42	660.08
河南	Henan	231.86	393.19	426.75	486.66	505.47	520.66
湖北	Hubei	381.79	491.15	556.83	521.52	536.16	552.49
湖南	Hunan	248.75	293.03	299.74	320.16	351.13	395.83
广东	Guangdong	104.80	131.88	146.57	175.12	179.11	227.99
广西	Guangxi	111.38	184.16	158.61	158.61	177.15	194.20
海南	Hainan	3.21	1.61	3.47	0.04		5.92
重庆	Chongqing			180.74	191.05	189.72	187.73
四川	Sichuan	506.54	754.07	447.25	487.81	541.20	625.58
贵州	Guizhou	133.01	201.71	238.86	225.34	234.40	239.99
云南	Yunnan	253.19	370.85	360.00	380.36	590.14	759.23
陕西	Shaanxi	98.43	304.04	134.27	128.04	175.94	188.88
甘肃	Gansu	88.75	133.65	179.28	176.67	177.40	181.78
青海	Qinghai	2.57	22.73	15.59	17.44	17.88	30.27
宁夏	Ningxia	20.88	20.92	28.91			52.00
新疆	Xinjiang	58.90	73.81	74.06	73.02	83.06	86.61

5-18 分地区原油消费量
CRUDE OIL CONSUMPTION BY REGION

单位:万吨 (10 000 ton)

地 区	Region	1990	1995	2000	2001	2002	2003
北 京	Beijing	680.98	654.66	754.71	700.50	748.00	726.68
天 津	Tianjin	404.92	488.38	709.76	749.35	675.58	750.95
河 北	Hebei	312.97	498.50	747.37	670.55	697.59	835.19
山 西	Shanxi						
内蒙古	Inner Mongolia	0.61	87.30	126.26	133.07	126.05	128.83
辽 宁	Liaoning	2387.08	2516.42	3938.74	4046.30	4218.81	4560.41
吉 林	Jilin	470.15	493.30	702.63	709.33	731.42	885.24
黑龙江	Heilongjiang	997.15	1204.34	1601.27	1615.50	1586.16	1619.14
上 海	Shanghai	828.27	976.04	1309.70	1355.03	1424.91	1737.52
江 苏	Jiangsu	823.47	1010.80	1376.65	1317.61	1407.68	1714.54
浙 江	Zhejiang	243.68	575.02	1112.48	1123.85	1241.04	1425.16
安 徽	Anhui	257.34	277.04	345.06	288.27	307.99	334.92
福 建	Fujian		225.02	358.43	347.54	334.15	362.41
江 西	Jiangxi	155.1	230.56	331.18	299.57	297.27	314.07
山 东	Shandong	1170.34	1347.92	1771.22	1777.97	1628.23	2213.73
河 南	Henan	222.79	401.96	610.58	598.20	601.64	37.12
湖 北	Hubei	508.55	511.36	669.77	570.06	595.43	637.14
湖 南	Hunan	322.11	348.87	541.05	440.43	470.92	507.82
广 东	Guangdong	912.94	1226.95	1956.41	1943.03	1961.91	2095.15
广 西	Guangxi	5.88	42.44	61.41	61.41	70.24	73.19
海 南	Hainan		0.01	14.69	13.49		31.60
重 庆	Chongqing				0.19	0.25	0.27
四 川	Sichuan	16.68	30.60	38.89	55.80	57.78	75.67
贵 州	Guizhou						
云 南	Yunnan		32.16				
陕 西	Shaanxi	60.99	153.94	521.61	618.26	704.25	869.97
甘 肃	Gansu	473.83	673.37	880.88	887.10	935.32	1017.98
青 海	Qinghai	31.64	83.96	62.17	65.40	62.43	66.73
宁 夏	Ningxia	11.62	67.86	92.62			200.40
新 疆	Xinjiang	483.73	727.61	1071.29	1076.34	1128.01	1189.14

5-19 分地区燃料油消费量
FUEL OIL CONSUMPTION BY REGION

单位:万吨 (10 000 ton)

地区	Region	1990	1995	2000	2001	2002	2003
北京	Beijing	228.49	196.20	89.62	78.39	71.00	66.10
天津	Tianjin	227.88	155.73	79.51	87.46	88.98	113.48
河北	Hebei	46.18	54.66	49.39	55.37	61.08	62.68
山西	Shanxi	12.61	13.15	12.42	12.62	9.07	10.66
内蒙古	Inner Mongolia	25.54	15.91	30.99	33.48	39.06	39.37
辽宁	Liaoning	642.38	499.65	296.73	293.20	237.58	192.54
吉林	Jilin	101.07	75.76	50.96	41.53	32.03	28.95
黑龙江	Heilongjiang	235.48	187.51	135.38	88.74	76.77	63.32
上海	Shanghai	434.28	364.71	494.20	492.61	519.71	648.74
江苏	Jiangsu	189.98	161.95	202.44	170.64	181.52	216.31
浙江	Zhejiang	102.20	106.47	182.52	193.19	192.42	261.60
安徽	Anhui	42.37	47.02	46.91	47.26	47.52	53.81
福建	Fujian	15.53	31.80	53.23	49.87	74.77	94.59
江西	Jiangxi	23.38	26.70	34.20	27.28	46.15	39.73
山东	Shandong	248.43	309.90	344.25	271.37	270.54	241.19
河南	Henan	38.95	52.89	57.55	65.87	70.24	78.36
湖北	Hubei	132.31	125.26	106.69	58.45	57.00	90.77
湖南	Hunan	53.08	56.39	46.38	45.62	43.55	42.79
广东	Guangdong	365.54	647.19	941.95	1039.50	1154.19	1241.65
广西	Guangxi	8.08	13.57	7.67	7.67	13.13	20.85
海南	Hainan	0.51	4.19	9.39	9.99		5.24
重庆	Chongqing			2.68	4.10	3.24	2.99
四川	Sichuan	6.92	11.41	13.32	11.74	12.42	11.13
贵州	Guizhou	4.77	5.34	7.51	7.46	7.67	9.94
云南	Yunnan	1.80	2.80	11.17	8.68	8.53	5.69
陕西	Shaanxi	22.40	28.19	80.05	91.39	120.19	57.15
甘肃	Gansu	62.59	76.48	58.00	50.12	30.39	19.95
青海	Qinghai	10.72	14.96	6.93	4.86	4.20	3.90
宁夏	Ningxia	23.70	27.67	33.13			12.00
新疆	Xinjiang	89.95	117.03	56.59	52.04	34.21	46.52

5－20 分地区汽油消费量
GASOLINE OIL CONSUMPTION BY REGION

单位:万吨 (10 000 ton)

地　区	Region	1990	1995	2000	2001	2002	2003
北　京	Beijing	56.56	75.41	106.60	138.69	152.00	165.22
天　津	Tianjin	37.12	74.85	112.43	116.27	94.76	106.42
河　北	Hebei	96.55	132.24	136.44	141.85	147.41	157.00
山　西	Shanxi	70.95	97.51	88.84	88.77	89.23	89.27
内蒙古	Inner Mongolia	33.50	49.62	64.81	72.10	79.35	83.12
辽　宁	Liaoning	103.06	119.75	149.47	235.79	236.10	227.94
吉　林	Jilin	55.58	82.71	90.67	93.61	96.99	103.41
黑龙江	Heilongjiang	93.33	184.44	244.04	269.84	258.57	310.17
上　海	Shanghai	49.96	78.84	132.25	137.33	160.09	173.24
江　苏	Jiangsu	90.94	164.07	187.30	247.71	293.39	339.17
浙　江	Zhejiang	58.33	123.96	196.19	212.87	231.44	262.15
安　徽	Anhui	44.10	58.38	68.54	70.35	73.90	76.70
福　建	Fujian	39.50	69.47	105.11	106.35	132.76	138.66
江　西	Jiangxi	42.31	42.06	58.46	60.37	82.19	59.63
山　东	Shandong	123.82	192.85	188.52	188.92	176.83	209.51
河　南	Henan	86.93	142.55	120.86	124.03	119.50	121.99
湖　北	Hubei	110.45	152.36	169.17	185.55	232.78	292.86
湖　南	Hunan	55.24	104.37	115.40	113.70	134.63	135.93
广　东	Guangdong	141.59	281.73	301.16	324.82	344.58	375.04
广　西	Guangxi	33.19	41.32	65.87	65.87	84.37	116.70
海　南	Hainan	11.98	20.88	30.93	31.37		19.79
重　庆	Chongqing			65.66	64.14	65.41	65.87
四　川	Sichuan	78.24	124.38	143.65	157.96	171.47	181.66
贵　州	Guizhou	46.07	52.00	46.46	47.83	50.48	58.94
云　南	Yunnan	53.71	64.92	90.79	111.47	97.60	106.10
陕　西	Shaanxi	46.49	82.39	103.51	78.16	95.00	105.43
甘　肃	Gansu	36.98	55.57	98.41	103.96	97.37	97.82
青　海	Qinghai	12.49	17.98	16.31	17.61	16.10	17.16
宁　夏	Ningxia	9.88	10.71	10.50			22.60
新　疆	Xinjiang	69.32	101.89	101.93	86..35	86.70	91.35

5－21 分地区煤油消费量
KEROSENE OIL CONSUMPTION BY REGION

单位:万吨 (10 000 ton)

地　区	Region	1990	1995	2000	2001	2002	2003
北　京	Beijing	43.17	65.84	117.60	129.25	145.00	137.94
天　津	Tianjin	1.96	3.79	18.82	11.42	15.63	18.61
河　北	Hebei	3.69	3.50	3.23	3.00	2.83	2.71
山　西	Shanxi	2.33	2.65	6.36	6.34	6.66	5.20
内蒙古	Inner Mongolia	1.48	0.40	1.55	1.56	1.58	1.76
辽　宁	Liaoning	6.13	11.56	18.55	18.17	20.27	18.42
吉　林	Jilin	1.28	2.55	3.28	3.62	3.89	4.07
黑龙江	Heilongjiang	2.46	5.17	8.74	7.91	10.61	7.06
上　海	Shanghai	20.53	37.56	55.71	59.57	103.62	103.44
江　苏	Jiangsu	12.65	8.61	38.94	6.08	6.52	14.92
浙　江	Zhejiang	6.59	7.29	11.25	9.92	9.37	10.40
安　徽	Anhui	8.55	5.36	2.56	2.70	2.70	7.53
福　建	Fujian	3.23	4.63	7.60	7.96	5.30	25.54
江　西	Jiangxi	5.31	3.19	2.81	0.77	0.82	5.32
山　东	Shandong	11.38	23.51	48.25	49.53	41.97	14.23
河　南	Henan	7.77	16.42	14.34	13.16	13.28	12.74
湖　北	Hubei	12.15	14.93	18.29	14.51	17.47	12.93
湖　南	Hunan	7.54	9.77	8.08	4.93	8.74	8.91
广　东	Guangdong	31.62	56.04	89.51	95.98	103.15	119.64
广　西	Guangxi	6.14	5.60	3.79	3.79	11.17	10.43
海　南	Hainan	1.27	11.01	28.13	30.49		52.20
重　庆	Chongqing			8.34	8.33	8.53	8.58
四　川	Sichuan	20.55	24.17	36.04	43.62	56.13	72.14
贵　州	Guizhou	4.90	7.49	9.37	2.36	2.29	2.55
云　南	Yunnan	5.84	9.15	19.24	20.55	18.95	20.02
陕　西	Shaanxi	8.11	17.26	19.49	18.48	28.03	36.01
甘　肃	Gansu	3.10	3.17	3.73	5.28	5.30	5.34
青　海	Qinghai	1.00	0.07	0.06			
宁　夏	Ningxia	0.33	0.42	0.04			
新　疆	Xinjiang	4.62	16.10	21.31	23.73	16.61	15.61

5-22 分地区柴油消费量
DIESEL OIL CONSUMPTION BY REGION

单位:万吨 (10 000 ton)

地区	Region	1990	1995	2000	2001	2002	2003
北京	Beijing	47.99	51.29	81.17	103.52	109.00	110.41
天津	Tianjin	73.78	65.59	197.60	183.42	183.81	193.79
河北	Hebei	136.67	189.91	181.28	168.08	169.52	173.82
山西	Shanxi	50.31	63.22	80.67	110.77	127.33	141.05
内蒙古	Inner Mongolia	34.55	44.05	68.73	87.77	96.87	117.91
辽宁	Liaoning	138.48	143.49	197.22	279.75	273.24	267.70
吉林	Jilin	51.39	67.14	73.74	76.59	85.49	92.53
黑龙江	Heilongjiang	147.00	225.79	409.71	391.02	403.39	419.58
上海	Shanghai	99.59	122.67	171.94	231.80	236.78	251.32
江苏	Jiangsu	179.46	223.50	345.02	355.95	379.28	413.94
浙江	Zhejiang	130.78	283.72	434.22	471.67	502.15	569.98
安徽	Anhui	78.27	108.06	142.12	147.77	155.89	173.71
福建	Fujian	62.27	156.91	213.50	214.79	250.13	266.38
江西	Jiangxi	45.43	57.83	104.78	130.84	163.87	251.60
山东	Shandong	226.65	309.78	343.87	332.65	248.72	521.01
河南	Henan	137.34	134.81	155.02	157.87	156.27	168.68
湖北	Hubei	165.66	209.11	261.30	263.88	308.28	370.96
湖南	Hunan	88.57	104.92	140.18	124.10	182.36	184.89
广东	Guangdong	276.71	597.66	766.23	816.33	848.12	935.87
广西	Guangxi	55.45	72.43	147.44	147.44	214.48	217.73
海南	Hainan	9.92	38.99	46.20	48.24		50.73
重庆	Chongqing			61.44	64.31	68.91	73.15
四川	Sichuan	72.52	101.97	161.61	194.86	196.43	226.98
贵州	Guizhou	27.46	29.82	57.81	82.85	89.23	104.41
云南	Yunnan	34.61	46.89	55.46	114.45	179.35	207.45
陕西	Shaanxi	46.29	72.52	94.76	120.77	147.38	162.56
甘肃	Gansu	38.56	73.04	91.82	100.80	71.17	82.33
青海	Qinghai	9.40	12.83	19.29	18.59	18.64	22.63
宁夏	Ningxia	9.03	9.75	11.22			53.04
新疆	Xinjiang	88.75	119.35	155.28	166.63	169.55	181.55

5－23 分地区天然气消费量
NATURAL GAS CONSUMPTION BY REGION

单位:亿立方米　　　　(100 million cu. m)

地　区	Region	1990	1995	2000	2001	2002	2003
北　京	Beijing	0.83	1.16	10.90	16.74	21.00	21.19
天　津	Tianjin	2.45	3.93	5.40	7.89	6.48	7.26
河　北	Hebei	6.07	6.89	7.72	6.97	7.74	8.28
山　西	Shanxi	0.60	0.47	1.14	1.58	1.92	2.50
内蒙古	Inner Mongolia			0.01	0.14	0.22	2.04
辽　宁	Liaoning	20.42	21.12	20.15	18.93	18.81	18.82
吉　林	Jilin	0.98	1.83	2.98	3.02	3.02	3.08
黑龙江	Heilongjiang	22.47	25.91	23.04	22.03	20.22	20.96
上　海	Shanghai			2.54	3.30	4.33	4.97
江　苏	Jiangsu	0.38	0.19	0.24	0.23	1.01	0.62
浙　江	Zhejiang						
安　徽	Anhui						
福　建	Fujian						
江　西	Jiangxi						
山　东	Shandong	14.44	12.85	4.53	4.93	4.63	9.61
河　南	Henan	10.73	9.37	11.23	13.11	14.63	16.77
湖　北	Hubei	0.58	0.76	0.91	0.76	0.91	0.94
湖　南	Hunan						
广　东	Guangdong		1.02	1.43			1.26
广　西	Guangxi						
海　南	Hainan			5.28	6.56		24.08
重　庆	Chongqing			33.26	26.56	27.33	28.75
四　川	Sichuan	57.51	68.92	58.67	63.07	69.96	74.68
贵　州	Guizhou	4.74	5.08	5.72	6.00	5.48	5.45
云　南	Yunnan	4.53	4.71	5.17	5.29	5.14	5.60
陕　西	Shaanxi	0.07	0.38	6.67	10.84	14.01	18.26
甘　肃	Gansu	0.26	0.62	0.85	1.19	2.76	7.37
青　海	Qinghai	0.39	0.64	3.91	5.85	11.27	15.15
宁　夏	Ningxia	0.07	0.15	0.12			10.10
新　疆	Xinjiang	5.02	11.48	23.44	34.64	34.57	40.55

5-24 分地区电力消费量
ELECTRICITY CONSUMPTION BY REGION

单位:亿千瓦小时 (100 million kW·h)

地区	Region	1990	1995	2000	2001	2002	2003
北京	Beijing	174.13	261.74	384.48	398.30	436.00	461.24
天津	Tianjin	124.15	178.99	236.55	250.47	281.00	313.00
河北	Hebei	354.16	602.68	809.33	869.55	965.08	1098.99
山西	Shanxi	255.47	399.16	506.09	557.08	628.83	731.77
内蒙古	Inner Mongolia	121.82	186.83	256.07	279.68	320.44	406.62
辽宁	Liaoning	462.19	622.81	796.53	809.42	859.20	886.88
吉林	Jilin	190.77	267.60	300.57	323.36	344.54	359.40
黑龙江	Heilongjiang	296.38	409.38	397.24	468.13	463.02	503.63
上海	Shanghai	264.74	403.27	559.42	592.99	645.71	745.97
江苏	Jiangsu	411.81	684.80	971.82	1078.44	1244.60	1505.13
浙江	Zhejiang	230.29	439.59	742.89	855.29	1015.84	1240.35
安徽	Anhui	185.67	288.97	338.92	359.62	389.94	445.44
福建	Fujian	136.66	261.28	403.02	439.98	497.86	585.35
江西	Jiangxi	127.65	181.21	209.39	222.29	246.56	299.53
山东	Shandong	448.69	741.07	1000.49	1560.20	1230.02	1395.72
河南	Henan	338.17	571.48	717.62	808.41	927.56	1054.64
湖北	Hubei	281.33	414.99	503.02	526.03	567.43	629.20
湖南	Hunan	226.73	374.76	406.20	439.68	476.00	546.95
广东	Guangdong	359.00	787.66	1334.58	1458.43	1687.83	2031.29
广西	Guangxi	125.58	220.77	322.02	322.02	356.95	414.93
海南	Hainan	13.96	32.00	42.23	44.86	49.00	59.30
重庆	Chongqing			307.61	280.34	283.51	294.19
四川	Sichuan	350.23	582.85	462.26	586.48	670.76	758.79
贵州	Guizhou	103.21	203.70	334.76	449.05	491.67	551.07
云南	Yunnan	124.55	223.71	317.25	347.07	393.46	409.79
陕西	Shaanxi	170.29	239.68	314.39	344.69	373.86	421.92
甘肃	Gansu	177.84	241.06	295.34	306.09	342.33	398.33
青海	Qinghai	42.21	69.02	115.96	111.81	132.67	158.51
宁夏	Ningxia	55.02	92.38	115.32	151.81	178.76	212.00
新疆	Xinjiang	69.99	119.67	182.98	197.62	212.24	234.62

5－25 分地区农村非商品能源生活消费情况(沼气)
NON COMMERCIAL ENERGY CONSUMPTION FOR RURAL RESIDENTIAL BY REGION (BIOGAS)

地 区	Region	实物(万立方米)Physical Unit (10^4 cu. m)			标准煤(万吨)Coal Equivalent Unit (10^4 tce)		
		2000	2002	2003	2000	2002	2003
全国总计	**National**	**227417.2**	**374941.0**	**460590.3**	**162.29**	**267.69**	**330.21**
北 京	Beijing	1187.8	957.3	903.6	0.83	0.68	0.65
天 津	Tianjin	74.1	70.4	72.5	0.05	0.05	0.05
河 北	Hebei	6160.8	8051.7	17033.4	4.41	5.75	13.52
山 西	Shanxi	774.2	599.0	1080.0	0.55	0.43	0.77
内 蒙	Inner Mongolia	41.8	16.7	13.9	0.03	0.01	0.01
辽 宁	Liaoning	6033.2	6806.4	7547.3	4.30	4.86	5.39
吉 林	Jilin	303.2	732.5	642.1	0.22	0.52	0.46
黑 龙 江	Heilongjiang		14.6	410.1		0.01	0.30
上 海	Shanghai		436.3			0.31	
江 苏	Jiangsu	8122.0	8503.4	8290.7	5.81	6.07	5.91
浙 江	Zhejiang	2288.5	1945.4	2354.4	1.63	1.39	1.68
安 徽	Anhui	2040.8	3727.7	6163.6	1.45	2.66	4.41
福 建	Fujian	4345.6	9796.8	11312.1	3.11	6.99	8.08
江 西	Jiangxi	19591.8	27534.2	27871.2	13.99	19.66	19.91
山 东	Shandong	9687.0	10908.8	11746.9	6.90	7.79	8.38
河 南	Henan	2425.9	6616.1	11147.1	1.73	4.72	7.94
湖 北	Hubei	19592.4	23026.0	26588.7	13.97	16.44	19.00
湖 南	Hunan	30351.8	46156.9	58436.6	21.66	32.96	41.72
广 东	Guangdong	6971.0	12199.9	12440.2	4.98	8.71	8.87
广 西	Guangxi	42337.8	60479.9	83737.4	30.22	43.18	59.78
海 南	Hainan	1181.7	5235.5	7205.7	0.84	3.74	5.15
重 庆	Chongqing	8979.4	14026.8	14916.4	6.40	10.02	10.66
四 川	Sichuan	30648.6	69965.3	72257.0	21.88	49.96	51.56
贵 州	Guizhou	2525.1	11981.6	17215.2	1.80	8.55	12.30
云 南	Yunnan	17512.2	38701.0	51163.5	12.50	27.63	36.54
陕 西	Shaanxi	3253.7	4076.6	6762.7	2.32	2.91	4.83
甘 肃	Gansu	925.7	1489.5	1898.2	0.67	1.06	1.36
青 海	Qinghai		26.8	164.8		0.02	0.12
宁 夏	Ningxia	61.2	857.3	1187.6	0.04	0.61	0.84
新 疆	Xinjiang		0.8	27.4			0.02

资料来源:农业部

Source: Ministry of Agriculture, P. R. China.

5-26 分地区农村非商品能源生活消费情况(秸秆)
NON COMMERCIAL ENERGY CONSUMPTION FOR RURAL RESIDENTIAL BY REGION (STALKS)

地区	Region	实物(万吨) Physical Unit (10^4tn)			标准煤(万吨) Coal Equivalent Unit (10^4tce)		
		2000	2002	2003	2000	2002	2003
全国总计	**National**	**28812.1**	**32978.5**	**33296.1**	**12360.35**	**14147.77**	**14284.10**
北京	Beijing	182.8	181.2	137.9	78.41	77.74	59.14
天津	Tianjin	223.5	208.3	197.4	95.88	89.37	84.68
河北	Hebei	1731.6	1700.8	1793.2	742.85	729.66	769.32
山西	Shanxi	307.5	930.5	950.0	131.92	399.18	407.55
内蒙	Inner Mongolia	794.1	871.1	1410.0	340.66	373.70	604.88
辽宁	Liaoning	1303.8	1272.0	1292.2	559.32	545.69	554.35
吉林	Jilin	1379.7	1223.3	1246.4	591.89	524.80	534.70
黑龙江	Heilongjiang	1725.1	2122.9	2224.9	740.07	910.73	954.47
上海	Shanghai						
江苏	Jiangsu	3151.9	2611.4	2550.4	1352.16	1120.29	1094.12
浙江	Zhejiang	455.2	499.0	302.0	195.28	214.06	129.55
安徽	Anhui	2393.1	2772.9	2561.3	1026.62	1189.56	1098.82
福建	Fujian	39.1	201.9	208.2	16.75	86.63	89.31
江西	Jiangxi	456.2	525.0	492.2	195.70	225.20	211.17
山东	Shandong	3353.2	3124.4	2993.7	1438.52	1340.38	1284.29
河南	Henan	1830.3	2016.4	1789.0	785.17	865.03	767.47
湖北	Hubei	1754.4	1450.5	1494.0	752.64	622.26	640.94
湖南	Hunan	713.9	778.9	749.9	306.26	334.16	321.69
广东	Guangdong	723.7	1495.0	1504.6	310.46	641.34	645.48
广西	Guangxi	922.0	828.8	877.5	395.57	355.56	376.45
海南	Hainan	828.7	567.0	260.1	355.51	243.24	111.56
重庆	Chongqing	632.7	1079.3	864.1	271.43	463.01	370.68
四川	Sichuan	1435.0	3753.5	3770.3	615.60	1610.27	1617.46
贵州	Guizhou	334.5	422.7	743.5	143.48	181.32	318.99
云南	Yunnan	298.3	455.2	612.6	127.98	195.26	262.80
陕西	Shaanxi	614.2	744.1	944.9	263.50	319.21	405.37
甘肃	Gansu	632.7	689.8	707.4	271.43	295.93	303.49
青海	Qinghai	127.5	127.5	127.5	54.71	54.71	54.71
宁夏	Ningxia	80.8	240.6	240.6	34.67	103.23	103.24
新疆	Xinjiang	386.7	84.5	250.4	165.91	36.25	107.42

资料来源:农业部

Source: Ministry of Agriculture, P. R. China.

5-27 分地区农村非商品能源生活消费情况(薪柴)

NON COMMERCIAL ENERGY CONSUMPTION FOR RURAL RESIDENTIAL BY REGION (FIREWOOD)

地区	Region	实物(万吨)Physical Unit (10^4tn)			标准煤(万吨)Coal Equivalent Unit (10^4tce)		
		2000	2002	2003	2000	2002	2003
全国总计	**National**	**14100.90**	**19967.20**	**20375.60**	**8051.68**	**11401.27**	**11634.50**
北京	Beijing	40.53	41.87	43.76	23.15	23.91	24.99
天津	Tianjin	0.63	0.62	0.57	0.36	0.35	0.33
河北	Hebei	709.52	1059.12	1336.55	405.14	604.76	763.22
山西	Shanxi	75.24	217.00	220.00	42.96	123.91	125.62
内蒙	Inner Mongolia	129.93	157.09	177.46	74.19	89.70	101.33
辽宁	Liaoning	534.83	541.00	570.30	305.38	308.91	325.65
吉林	Jilin	324.82	282.73	283.11	185.47	161.44	161.65
黑龙江	Heilongjiang	371.84	294.91	304.39	212.33	168.39	173.82
上海	Shanghai						
江苏	Jiangsu	219.21	218.07	200.30	125.17	124.52	114.36
浙江	Zhejiang	585.11	620.28	415.48	334.10	354.18	237.23
安徽	Anhui	796.82	735.38	702.93	455.01	419.90	401.38
福建	Fujian	32.46	2051.30	2403.14	18.53	1171.29	1372.19
江西	Jiangxi	825.24	784.51	753.31	471.21	447.96	430.15
山东	Shandong	459.76	466.24	501.25	262.52	266.22	286.20
河南	Henan	440.20	410.08	437.35	251.36	234.16	249.72
湖北	Hubei	1122.77	1134.06	1172.59	641.10	647.55	669.54
湖南	Hunan	1372.36	1324.31	1092.72	783.62	756.18	623.93
广东	Guangdong	813.10	743.57	772.84	464.28	424.58	441.30
广西	Guangxi	1154.26	958.94	1050.86	659.08	547.55	600.03
海南	Hainan	243.80	138.00	254.12	139.21	78.80	145.11
重庆	Chongqing	438.75	738.92	736.62	250.57	421.92	420.61
四川	Sichuan	847.61	3056.54	3021.09	483.99	1745.28	1725.03
贵州	Guizhou	795.54	1698.65	1834.50	454.25	969.93	1047.51
云南	Yunnan	923.22	1153.74	1116.69	527.16	658.79	637.63
陕西	Shaanxi	506.33	756.12	544.97	289.10	431.74	311.18
甘肃	Gansu	186.53	224.70	214.71	106.50	128.30	122.60
青海	Qinghai	33.39	33.39	33.39	19.07	19.07	19.07
宁夏	Ningxia						
新疆	Xinjiang	117.10	126.06	180.60	66.87	71.98	103.12

资料来源:农业部

Source: Ministry of Agriculture, P. R. China.

六、地区能源平衡表
Chapter 6 Energy Balance Table by Region

6-1 北京能源平衡表(实物量)-2003

		煤合计 Coal Total 万吨 10^4 tn	原煤 Raw Coal 万吨 10^4 tn
一、可供本地区消费的能源量	**Total Primary Energy Supply**	**2626.62**	**2089.51**
1. 一次能源生产量	Indigenous Production	957.27	957.27
2. 回收能	Recovery of Energy		
3. 外省(区、市)调入量	Moving In from Other Provinces	2167.11	1630.00
4. 进口量	Import		
5. 我轮、机在外国加油量	Chinese Airplanes & Ships in Refueling Abroad		
6. 本省(区、市)调出量(-)	Sending Out to Other Provinces(-)	-315.68	-315.68
7. 出口量(-)	Export(-)	-182.08	-182.08
8. 外轮、机在我国加油量(-)	Foreign Airplanes & Ships in Refueling in China		
9. 库存增(-)、减(+)量	Stock Change	53.87	55.59
二、加工转换投入(-)产出(+)量	**Input(-) & Output(+) of Transformation**	**-1520.89**	**-1010.77**
1. 火力发电	Thermal Power	-721.04	-714.73
2. 供热	Heating Supply	-295.20	-293.35
3. 洗选煤	Coal Washing		
4. 炼焦	Coking	-504.68	
5. 炼油	Petroleum Refineries		
6. 制气	Gas Works		
#焦炭再投入量(-)	Coke Input(-)		
7. 煤制品加工	Briquettes	0.03	-2.69
三、损失量	**Loss**		
四、终端消费量	**Total Final Consumption**	**1153.13**	**1146.90**
1. 农、林、牧、渔、水利业	Farming, Forestry, Animal Husbandry, Fishery & Water Conservancy	44.71	44.71
2. 工业	Industry	589.75	585.25
#用作原料、材料	Non-Energy Use	9.21	9.21
3. 建筑业	Construction	8.20	8.20
4. 交通运输、仓储和邮政业	Transport, Storage and Post	20.14	20.14
5. 批发、零售业和住宿、餐饮业	Wholesale, Retail Trade and Hotel, Restaurants		
6. 生活消费	Residential Consumption	270.33	268.60
城镇	Urban	67.03	65.30
乡村	Rural	203.30	203.30
7. 其他	Other	220.00	220.00
五、平衡差额	**Statistical Difference**	**-47.40**	**-68.16**

ENERGY BALANCE OF BEIJING －2003 (PHYSICAL QUANTITY)

洗精煤 Cleaned Coal 万吨 10^4 tn	其他洗煤 Other Washed Coal 万吨 10^4 tn	型煤 Briquettes 万吨 10^4 tn	焦炭 Coke 万吨 10^4 tn	焦炉煤气 Coke Oven Gas 亿立方米 10^8 cu. m	其他煤气 Other Gas 亿立方米 10^8 cu. m	油品合计 Petroleum Products Total 万吨 10^4 tn	原油 Crude Oil 万吨 10^4 tn	汽油 Gasoline 万吨 10^4 tn
529.39	**7.72**		**65.82**		**123.86**	**814.48**	**720.47**	**12.37**
					123.86			
529.39	7.72		127.15			1073.60	685.00	90.99
						114.75	35.47	
						42.42		
			-36.75			-367.26		-78.62
			-24.58			-5.23		
						-43.80		
-2.27	0.55		7.99			17.12	6.21	3.49
-504.68	**-8.16**	**2.72**	**361.92**	**14.27**	**-33.62**	**-90.72**	**-724.08**	**151.43**
	-6.31			-0.24	-16.92	-14.24		
	-1.85			-1.40	-16.70	-56.40		
-504.68			361.92	15.66				
						-18.67	-724.08	151.43
				0.25		-1.41		
		2.72						
			6.20	**0.65**		**3.51**	**2.60**	**0.35**
2.81	**0.70**	**2.72**	**432.05**	**13.45**	**90.24**	**741.14**		**164.87**
						14.07		3.69
2.81	0.70	0.99	432.05	11.62	90.24	327.19		12.75
			0.27			259.83		0.45
						22.86		9.88
						215.63		37.94
				0.65		6.92		
		1.73		0.65		100.55		65.00
		1.73		0.65		100.55		65.00
				0.53		53.92		35.61
21.90	**-1.14**		**-10.51**	**0.17**		**-20.89**	**-6.21**	**-1.42**

续表

		煤油 Kerosene 万吨 10^4 tn	柴油 Diesel Oil 万吨 10^4 tn
一、可供本地区消费的能源量	**Total Primary Energy Supply**	**139.03**	**-61.39**
1. 一次能源生产量	Indigenous Production		
2. 回收能	Recovery of Energy		
3. 外省(区、市)调入量	Moving In from Other Provinces	100.81	128.50
4. 进口量	Import	74.42	
5. 我轮、机在外国加油量	Chinese Airplanes & Ships in Refueling Abroad	42.42	
6. 本省(区、市)调出量(-)	Sending Out to Other Provinces(-)	-51.68	-189.89
7. 出口量(-)	Export(-)		
8. 外轮、机在我国加油量(-)	Foreign Airplanes & Ships in Refueling in China	-26.94	
9. 库存增(-)、减(+)量	Stock Change	-0.07	-0.63
二、加工转换投入(-)产出(+)量	**Input(-) & Output(+) of Transformation**		**169.81**
1. 火力发电	Thermal Power		-0.29
2. 供热	Heating Supply		-0.07
3. 洗选煤	Coal Washing		
4. 炼焦	Coking		
5. 炼油	Petroleum Refineries		170.17
6. 制气	Gas Works		
#焦炭再投入量(-)	Coke Input(-)		
7. 煤制品加工	Briquettes		
三、损失量	**Loss**		**0.14**
四、终端消费量	**Total Final Consumption**	**137.94**	**109.91**
1. 农、林、牧、渔、水利业	Farming, Forestry, Animal Husbandry, Fishery & Water Conservancy		10.38
2. 工业	Industry	0.19	19.56
#用作原料、材料	Non-Energy Use	0.01	0.20
3. 建筑业	Construction	0.50	12.00
4. 交通运输、仓储和邮政业	Transport, Storage and Post	137.25	37.47
5. 批发、零售业和住宿、餐饮业	Wholesale, Retail Trade and Hotel, Restaurants		6.70
6. 生活消费	Residential Consumption		6.50
城镇	Urban		6.50
乡村	Rural		
7. 其他	Other		17.30
五、平衡差额	**Statistical Difference**	**1.09**	**-1.63**

Continued

燃料油 Fuel Oil 万吨 10^4 tn	液化石油气 PLG 万吨 10^4 tn	炼厂干气 Refinery Gas 万吨 10^4 tn	天然气 Natural Gas 亿立方米 10^8 cu. m	其他石油制品 Other Petroleum Products 万吨 10^4 tn	其他焦化产品 Other Coking Products 万吨 10^4 tn	热力 Heat 万百万千焦 10^{10} kJ	电力 Electricity 亿千瓦小时 10^8 kW · h	其他能源 Other Energy 万吨标煤 10^4 tce
0.97	**-4.10**		**23.85**	**7.13**	**-2.77**		**274.80**	**61.23**
							0.81	
								44.59
11.42	3.00		23.85	53.88	3.65		275.32	16.64
4.86								
-15.31	-7.10			-24.66	-6.42		-1.33	
				-5.23				
				-16.86				
-2.27	-0.31			10.70	8.66			0.27
12.58	**38.42**	**12.16**	**-1.98**	**248.96**	**17.81**	**9616.61**	**188.33**	**-24.18**
-13.95							188.33	-9.83
-36.55		-3.97	-1.98	-15.81		9616.61		-14.35
					17.81			
64.49	38.42	16.13		264.77				
-1.41								
	0.42		**0.08**			**288.00**	**33.99**	
14.19	**34.33**	**12.16**	**19.13**	**267.74**	**23.70**	**9320.62**	**427.25**	**37.29**
							14.92	
11.73	3.06	12.16	1.57	267.74	23.70	6012.74	170.17	37.29
				259.17	21.29			
0.18	0.30		0.30				16.78	
2.28	0.69		0.95				14.07	
	0.22		2.49				49.11	
	29.05		4.09			1400.48	70.29	
	29.05		4.09			1400.48	57.46	
							12.83	
	1.01		9.73			1907.40	91.91	
-0.64	**-0.43**		**2.66**	**-11.65**	**-8.66**	**7.99**	**1.89**	**-0.24**

6-2 天津能源平衡表(实物量)-2003

		煤合计 Coal Total 万吨 10^4 tn	原煤 Raw Coal 万吨 10^4 tn
一、可供本地区消费的能源量	**Total Primary Energy Supply**	**2929.20**	**2511.77**
1.一次能源生产量	Indigenous Production		
2.回收能	Recovery of Energy		
3.外省(区、市)调入量	Moving In from Other Provinces	2929.57	2515.43
4.进口量	Import		
5.我轮、机在外国加油量	Chinese Airplanes & Ships in Refueling Abroad		
6.本省(区、市)调出量(-)	Sending Out to Other Provinces(-)		
7.出口量(-)	Export(-)		
8.外轮、机在我国加油量(-)	Foreign Airplanes & Ships in Refueling in China		
9.库存增(-)、减(+)量	Stock Change	-0.37	-3.66
二、加工转换投入(-)产出(+)量	**Input(-) & Output(+) of Transformation**	**-1908.28**	**-1548.03**
1.火力发电	Thermal Power	-1052.74	-1052.74
2.供热	Heating Supply	-495.29	-495.29
3.洗选煤	Coal Washing		
4.炼焦	Coking	-259.50	
5.炼油	Petroleum Refineries		
6.制气	Gas Works	-100.75	
#焦炭再投入量(-)	Coke Input(-)		
7.煤制品加工	Briquettes		
三、损失量	**Loss**	**3.94**	**3.94**
四、终端消费量	**Total Final Consumption**	**1016.47**	**958.82**
1.农、林、牧、渔、水利业	Farming, Forestry, Animal Husbandry, Fishery & Water Conservancy	14.12	14.12
2.工业	Industry	808.90	751.25
#用作原料.材料	Non-Energy Use		
3.建筑业	Construction	17.05	17.05
4.交通运输、仓储和邮政业	Transport, Storage and Post	137.25	37.47
5.批发、零售业和住宿、餐饮业	Wholesale, Retail Trade and Hotel, Restaurants		6.70
6.生活消费	Residential Consumption	79.87	79.87
城镇	Urban	39.83	39.83
乡村	Rural	40.04	40.04
7.其他	Other	38.04	38.04
五、平衡差额	**Statistical Difference**	**0.51**	**0.98**

ENERGY BALANCE OF TIANJIN -2003 (PHYSICAL QUANTITY)

洗精煤 Cleaned Coal 万吨 10^4 tn	其他洗煤 Other Washed Coal 万吨 10^4 tn	型煤 Briquettes 万吨 10^4 tn	焦炭 Coke 万吨 10^4 tn	焦炉煤气 Coke Oven Gas 亿立方米 10^8 cu. m	其他煤气 Other Gas 亿立方米 10^8 cu. m	油品合计 Petroleum Products Total 万吨 10^4 tn	原油 Crude Oil 万吨 10^4 tn	汽油 Gasoline 万吨 10^4 tn
417.43			**-158.09**	**-0.30**		**698.40**	**758.45**	**-19.71**
						1316.30	1316.30	
414.14			1.68			1262.17	68.42	430.12
						276.30	240.57	
						37.78		
			-133.02	-0.30		-2047.57	-761.98	-422.71
			-22.54			-131.98	-104.86	-27.12
						-14.60		
3.29			-4.21			2.24	-3.36	4.64
-360.25			**306.00**	**6.36**		**-52.42**	**-710.20**	**121.60**
				-1.71		-1.37		
						-0.26		
-259.50			307.31					
						-50.79	-710.20	121.60
-100.75			-1.31	8.07				
						7.61	**7.53**	
57.65			**148.18**	**6.07**		**636.04**	**33.22**	**106.42**
						14.66		4.85
57.65			148.18	4.88		286.63	33.22	14.06
						1.56		0.99
2.28	0.69		0.95				14.07	
	0.22		2.49				49.11	
				0.97		25.56		12.18
				0.97		17.04		10.76
						8.52		1.42
				0.10		28.83		11.14
-0.47			**-0.27**	**-0.01**		**2.33**	**7.50**	**-4.53**

续表

		煤油 Kerosene 万吨 10^4 tn	柴油 Diesel Oil 万吨 10^4 tn
一、可供本地区消费的能源量	**Total Primary Energy Supply**	**-7.91**	**-88.66**
1. 一次能源生产量	Indigenous Production		
2. 回收能	Recovery of Energy		
3. 外省(区、市)调入量	Moving In from Other Provinces	41.28	681.80
4. 进口量	Import	1.46	3.27
5. 我轮、机在外国加油量	Chinese Airplanes & Ships in Refueling Abroad		1.23
6. 本省(区、市)调出量(-)	Sending Out to Other Provinces(-)	-50.09	-772.74
7. 出口量(-)	Export(-)		
8. 外轮、机在我国加油量(-)	Foreign Airplanes & Ships in Refueling in China	-0.56	-2.22
9. 库存增(-)、减(+)量	Stock Change	-0.77	5.38
二、加工转换投入(-)产出(+)量	**Input(-) & Output(+) of Transformation**	**27.07**	**275.05**
1. 火力发电	Thermal Power		-1.35
2. 供热	Heating Supply		-0.12
3. 洗选煤	Coal Washing		
4. 炼焦	Coking		
5. 炼油	Petroleum Refineries	27.07	276.52
6. 制气	Gas Works		
#焦炭再投入量(-)	Coke Input(-)		
7. 煤制品加工	Briquettes		
三、损失量	**Loss**		
四、终端消费量	**Total Final Consumption**	**18.61**	**192.32**
1. 农、林、牧、渔、水利业	Farming, Forestry, Animal Husbandry, Fishery & Water Conservancy	0.05	8.64
2. 工业	Industry	0.73	29.30
#用作原料、材料	Non-Energy Use		
3. 建筑业	Construction		0.57
4. 交通运输、仓储和邮政业	Transport, Storage and Post	137.25	37.47
5. 批发、零售业和住宿、餐饮业	Wholesale, Retail Trade and Hotel, Restaurants		6.70
6. 生活消费	Residential Consumption		2.68
城镇	Urban		2.41
乡村	Rural		0.27
7. 其他	Other	2.18	14.55
五、平衡差额	**Statistical Difference**	**0.55**	**-5.93**

Continued

燃料油 Fuel Oil 万吨 10^4 tn	液化石油气 PLG 万吨 10^4 tn	炼厂干气 Refinery Gas 万吨 10^4 tn	天然气 Natural Gas 亿立方米 10^8 cu. m	其他石油制品 Other Petroleum Products 万吨 10^4 tn	其他焦化产品 Other Coking Products 万吨 10^4 tn	热力 Heat 万百万千焦 10^{10} kJ	电力 Electricity 亿千瓦小时 10^8 kW · h	其他能源 Other Energy 万吨标煤 10^4 tce
64.29	**-17.57**		**7.16**	**9.51**	**-8.20**		**-12.60**	
			8.49					
36.37	4.18		3.54				4.10	
19.88	0.99			10.13				
36.55								
-16.69	-22.74		-4.87	-0.62	-8.20		-16.70	
-11.82								
-0.19	-2.99			-0.47	-0.06			
49.77	**39.42**	**10.88**	**-0.53**	**133.99**	**16.21**	**9019.34**	**325.60**	
-0.02			-0.50				325.60	
-0.14			-0.03			9019.34		
					16.21			
49.93	39.42	10.88		133.99				
		0.08	**0.88**			**65.41**	**19.15**	
113.32	**18.76**	**10.80**	**5.85**	**142.59**	**7.91**	**8933.89**	**293.85**	
0.60				0.52			9.49	
52.57	3.89	10.80	2.48	142.06	7.91	4272.18	211.01	
							1.74	
2.28	0.69		0.95				14.07	
	0.22		2.49				49.11	
	10.70		2.19			3983.72	31.73	
	3.87		2.19			3983.72	23.23	
	6.83						8.50	
0.92	0.03		0.06	0.01		123.10	18.92	
0.74	**3.09**		**-0.10**	**0.91**	**0.10**	**20.04**		

6-3 河北能源平衡表(实物量)-2003

		煤合计 Coal Total 万吨 10^4 tn	原煤 Raw Coal 万吨 10^4 tn
一、可供本地区消费的能源量	**Total Primary Energy Supply**	**14841.40**	**15054.54**
1.一次能源生产量	Indigenous Production	7253.50	7253.50
2.回收能	Recovery of Energy		
3.外省(区、市)调入量	Moving In from Other Provinces	8934.38	8535.20
4.进口量	Import	65.86	65.86
5.我轮、机在外国加油量	Chinese Airplanes & Ships in Refueling Abroad		
6.本省(区、市)调出量(-)	Sending Out to Other Provinces(-)	-1381.93	-788.04
7.出口量(-)	Export(-)	-41.30	
8.外轮、机在我国加油量(-)	Foreign Airplanes & Ships in Refueling in China		
9.库存增(-)、减(+)量	Stock Change	10.89	-11.98
二、加工转换投入(-)产出(+)量	**Input(-) & Output(+) of Transformation**	**-8575.92**	**-9812.17**
1.火力发电	Thermal Power	-5549.92	-5482.64
2.供热	Heating Supply	-703.40	-677.61
3.洗选煤	Coal Washing	-562.86	-3050.00
4.炼焦	Coking	-1766.16	-510.05
5.炼油	Petroleum Refineries		
6.制气	Gas Works	-3.92	-3.92
#焦炭再投入量(-)	Coke Input(-)		
7.煤制品加工	Briquettes	10.34	-87.95
三、损失量	**Loss**	**89.85**	**82.55**
四、终端消费量	**Total Final Consumption**	**6185.63**	**5359.82**
1.农、林、牧、渔、水利业	Farming, Forestry, Animal Husbandry, Fishery & Water Conservancy	20.92	20.92
2.工业	Industry	4302.03	4213.88
#用作原料、材料	Non-Energy Use		
3.建筑业	Construction	22.15	21.95
4.交通运输、仓储和邮政业	Transport, Storage and Post	47.43	47.26
5.批发、零售业和住宿、餐饮业	Wholesale, Retail Trade and Hotel, Restaurants	45.98	44.67
6.生活消费	Residential Consumption	1509.55	775.48
城镇	Urban	524.06	268.72
乡村	Rural	985.49	506.76
7.其他	Other	237.57	235.66
五、平衡差额	**Statistical Difference**	**-10.00**	**-200.00**

ENERGY BALANCE OF HEBEI －2003（PHYSICAL QUANTITY）

洗精煤 Cleaned Coal 万吨 10^4 tn	其他洗煤 Other Washed Coal 万吨 10^4 tn	型煤 Briquettes 万吨 10^4 tn	焦炭 Coke 万吨 10^4 tn	焦炉煤气 Coke Oven Gas 亿立方米 10^8 cu. m	其他煤气 Other Gas 亿立方米 10^8 cu. m	油品合计 Petroleum Products Total 万吨 10^4 tn	原油 Crude Oil 万吨 10^4 tn	汽油 Gasoline 万吨 10^4 tn
-203.66	**-9.48**		**1295.71**		**164.79**	**699.98**	**835.19**	**-16.76**
						510.02	510.02	
					164.79			
387.63	11.55		1445.42			319.38	156.94	68.69
						230.96	230.96	
-567.86	-26.03		-114.77			-358.26	-67.91	-86.96
-41.30			-1.98					
17.87	5.00		-32.96			-2.12	5.18	1.51
233.49	**904.47**	**98.29**	**1295.30**	**26.83**	**-10.15**	**-68.47**	**-790.67**	**173.76**
	-67.28				-10.63	-5.38		
	-25.79					-4.14		
1489.60	997.54							
-1256.11			1295.30	26.83				
						-58.95	-790.67	173.76
					0.48			
		98.29						
0.25	**7.05**		**18.50**	**0.32**		**15.66**	**14.05**	**0.51**
29.58	**697.94**	**98.29**	**2572.51**	**26.51**	**154.64**	**615.85**	**30.47**	**156.49**
			0.02			44.86		1.33
29.58	57.82	0.75	2571.76	20.26	145.03	292.90	30.47	58.40
		0.20	0.06			98.96		4.86
		0.17	0.10	0.01		100.47		62.50
		1.31	0.12	0.05		14.21		6.02
	640.12	93.95		6.14	9.61	35.73		
	211.24	44.10		6.14	9.61	28.69		
	428.88	49.85				7.04		
		1.91	0.45	0.05		28.72		23.38
	190.00							

续表

		煤油 Kerosene 万吨 10^4 tn	柴油 Diesel Oil 万吨 10^4 tn
一、可供本地区消费的能源量	**Total Primary Energy Supply**	**-8.72**	**-119.77**
1. 一次能源生产量	Indigenous Production		
2. 回收能	Recovery of Energy		
3. 外省(区、市)调入量	Moving In from Other Provinces	1.88	63.48
4. 进口量	Import		
5. 我轮、机在外国加油量	Chinese Airplanes & Ships in Refueling Abroad		
6. 本省(区.市)调出量(-)	Sending Out to Other Provinces(-)	-10.76	-181.02
7. 出口量(-)	Export(-)		
8. 外轮、机在我国加油量(-)	Foreign Airplanes & Ships in Refueling in China		
9. 库存增(-)、减(+)量	Stock Change	0.16	-2.23
二、加工转换投入(-)产出(+)量	**Input(-) & Output(+) of Transformation**	**11.43**	**289.13**
1. 火力发电	Thermal Power		-4.00
2. 供热	Heating Supply		-0.46
3. 洗选煤	Coal Washing		
4. 炼焦	Coking		
5. 炼油	Petroleum Refineries	11.43	293.59
6. 制气	Gas Works		
#焦炭再投入量(-)	Coke Input(-)		
7. 煤制品加工	Briquettes		
三、损失量	**Loss**	**0.03**	**0.18**
四、终端消费量	**Total Final Consumption**	**2.68**	**169.18**
1. 农、林、牧、渔、水利业	Farming, Forestry, Animal Husbandry, Fishery & Water Conservancy	0.08	43.15
2. 工业	Industry	0.83	73.25
#用作原料、材料	Non-Energy Use		
3. 建筑业	Construction	0.01	10.27
4. 交通运输、仓储和邮政业	Transport, Storage and Post	0.04	33.47
5. 批发、零售业和住宿、餐饮业	Wholesale, Retail Trade and Hotel, Restaurants	0.04	4.28
6. 生活消费	Residential Consumption	1.47	0.62
城镇	Urban	0.02	0.62
乡村	Rural	1.45	
7. 其他	Other	0.21	4.14
五、平衡差额	**Statistical Difference**		

Continued

燃料油 Fuel Oil 万吨 10^4tn	液化石油气 PLG 万吨 10^4tn	炼厂干气 Refinery Gas 万吨 10^4tn	天然气 Natural Gas 亿立方米 10^8 cu. m	其他石油制品 Other Petroleum Products 万吨 10^4tn	其他焦化产品 Other Coking Products 万吨 10^4 tn	热力 Heat 万百万千焦 10^{10} kJ	电力 Electricity 亿千瓦小时 10^8kW·h	其他能源 Other Energy 万吨标煤 10^4tce
21.22	**-11.33**		**8.28**	**0.15**			**13.30**	
			6.33				3.15	
28.39			5.53				20.32	
-5.02	-6.59		-3.58				-10.17	
-2.15	-4.74			0.15				
39.05	**51.12**	**17.63**		**140.08**	**32.82**	**10480.80**	**1085.69**	
-1.11		-0.27				-833.46	1085.69	
-1.30		-2.38				11314.26		
					32.82			
41.46	51.12	20.28		140.08				
0.08	**0.07**	**0.58**	**0.40**	**0.16**			**57.09**	
60.19	**39.72**	**17.05**	**7.88**	**140.07**	**32.82**	**10480.80**	**1041.90**	
0.30							86.17	
53.53	2.66	17.05	7.35	56.71	32.82	5900.33	736.72	
0.39	0.07			83.36		20.97	8.03	
4.42	0.04					34.09	27.22	
0.72	3.15		0.01			175.34	21.29	
	33.64		0.52			3935.32	115.53	
	28.05		0.52			3935.32	51.94	
	5.59						63.59	
0.83	0.16					414.75	46.94	

6－4　山西能源平衡表(实物量)－2003

		煤合计 Coal Total 万吨 10^4 tn	原煤 Raw Coal 万吨 10^4 tn
一、可供本地区消费的能源量	**Total Primary Energy Supply**	**14501.93**	**17134.19**
1. 一次能源生产量	Indigenous Production	45232.00	45232.00
2. 回收能	Recovery of Energy		
3. 外省(区、市)调入量	Moving In from Other Provinces		
4. 进口量	Import		
5. 我轮、机在外国加油量	Chinese Airplanes & Ships in Refueling Abroad		
6. 本省(区、市)调出量(－)	Sending Out to Other Provinces(－)	－25779.00	－23233.64
7. 出口量(－)	Export(－)	－4230.00	－4230.00
8. 外轮、机在我国加油量(－)	Foreign Airplanes & Ships in Refueling in China		
9. 库存增(－)、减(＋)量	Stock Change	－721.07	－634.17
二、加工转换投入(－)产出(＋)量	**Input(－) & Output(＋) of Transformation**	**－16528.90**	**－19546.00**
1. 火力发电	Thermal Power	－4736.72	－4528.51
2. 供热	Heating Supply	－292.52	－288.09
3. 洗选煤	Coal Washing	－1666.94	－9761.90
4. 炼焦	Coking	－9753.52	－4896.80
5. 炼油	Petroleum Refineries		
6. 制气	Gas Works	－79.21	－68.81
#焦炭再投入量(－)	Coke Input(－)		
7. 煤制品加工	Briquettes	0.01	－1.89
三、损失量	**Loss**	**6.00**	
四、终端消费量	**Total Final Consumption**	**3967.03**	**3588.19**
1. 农、林、牧、渔、水利业	Farming, Forestry, Animal Husbandry, Fishery & Water Conservancy	148.20	148.20
2. 工业	Industry	2784.44	2447.50
#用作原料、材料	Non-Energy Use	594.44	593.42
3. 建筑业	Construction	100.29	100.29
4. 交通运输、仓储和邮政业	Transport, Storage and Post	83.70	83.70
5. 批发、零售业和住宿、餐饮业	Wholesale, Retail Trade and Hotel, Restaurants	41.50	41.50
6. 生活消费	Residential Consumption	676.10	634.20
城镇	Urban	74.30	62.60
乡村	Rural	601.80	571.60
7. 其他	Other	132.80	132.80
五、平衡差额	**Statistical Difference**	**－6000.00**	**－6000.00**

ENERGY BALANCE OF SHANXI －2003 (PHYSICAL QUANTITY)

洗精煤 Cleaned Coal 万吨 10^4 tn	其他洗煤 Other Washed Coal 万吨 10^4 tn	型煤 Briquettes 万吨 10^4 tn	焦炭 Coke 万吨 10^4 tn	焦炉煤气 Coke Oven Gas 亿立方米 10^8 cu. m	其他煤气 Other Gas 亿立方米 10^8 cu. m	油品合计 Petroleum Products Total 万吨 10^4 tn	原油 Crude Oil 万吨 10^4 tn	汽油 Gasoline 万吨 10^4 tn
-2082.45	**-549.81**		**-3662.12**			**251.22**		**89.27**
						258.39		90.40
-1966.42	-578.94		-3000.86			-1.70		-0.38
			-656.75					
-116.03	29.13		-4.51			-5.47		-0.75
2082.45	**932.75**	**1.90**	**6747.41**	**23.28**	**18.31**			
	-208.21			-0.90				
	-4.43							
6939.17	1155.79							
-4856.72			6747.41	24.18				
	-10.40				18.31			
		1.90						
	6.00					**0.06**		**0.03**
	376.94	**1.90**	**3085.29**	**23.28**	**18.31**	**251.16**		**89.24**
			110.50			29.03		9.00
	336.94		2827.79	16.59	12.31	79.40		26.50
	1.02		76.46					
			7.60			9.19		3.68
			2.00			115.78		39.20
			34.60	0.65		2.75		1.68
	40.00	1.90	100.00	6.04	6.00	4.71		0.58
	10.00	1.70	52.00	6.04	5.30	3.74		0.33
	30.00	0.20	48.00		0.70	0.97		0.25
			2.80			10.30		8.60

续表

		煤油 Kerosene 万吨 10^4tn	柴油 Diesel Oil 万吨 10^4tn
一、可供本地区消费的能源量	**Total Primary Energy Supply**	**5.20**	**141.05**
1. 一次能源生产量	Indigenous Production		
2. 回收能	Recovery of Energy		
3. 外省(区、市)调入量	Moving In from Other Provinces	6.33	145.90
4. 进口量	Import		
5. 我轮、机在外国加油量	Chinese Airplanes & Ships in Refueling Abroad		
6. 本省(区、市)调出量(－)	Sending Out to Other Provinces(－)	－0.87	－0.45
7. 出口量(－)	Export(－)		
8. 外轮、机在我国加油量(－)	Foreign Airplanes & Ships in Refueling in China		
9. 库存增(－)、减(＋)量	Stock Change	－0.26	－4.40
二、加工转换投入(－)产出(＋)量	**Input(－) & Output(＋) of Transformation**		
1. 火力发电	Thermal Power		
2. 供热	Heating Supply		
3. 洗选煤	Coal Washing		
4. 炼焦	Coking		
5. 炼油	Petroleum Refineries		
6. 制气	Gas Works		
#焦炭再投入量(－)	Coke Input(－)		
7. 煤制品加工	Briquettes		
三、损失量	**Loss**		**0.03**
四、终端消费量	**Total Final Consumption**	**5.20**	**141.02**
1. 农、林、牧、渔、水利业	Farming, Forestry, Animal Husbandry, Fishery & Water Conservancy	0.03	20.00
2. 工业	Industry	1.58	39.58
#用作原料、材料	Non-Energy Use		
3. 建筑业	Construction	0.01	5.50
4. 交通运输、仓储和邮政业	Transport, Storage and Post	3.14	73.44
5. 批发、零售业和住宿、餐饮业	Wholesale, Retail Trade and Hotel, Restaurants	0.05	0.82
6. 生活消费	Residential Consumption	0.37	
城镇	Urban	0.25	
乡村	Rural	0.12	
7. 其他	Other	0.02	1.68
五、平衡差额	**Statistical Difference**		

Continued

燃料油 Fuel Oil 万吨 10^4tn	液化石油气 PLG 万吨 10^4tn	炼厂干气 Refinery Gas 万吨 10^4tn	天然气 Natural Gas 亿立方米 10^8 cu. m	其他石油制品 Other Petroleum Products 万吨 10^4tn	其他焦化产品 Other Coking Products 万吨 10^4 tn	热力 Heat 万百万千焦 10^{10} kJ	电力 Electricity 亿千瓦小时 10^8kW · h	其他能源 Other Energy 万吨标煤 10^4tce
10.66	**5.04**		**2.50**				**-213.94**	
			2.50				19.29	
10.72	5.04							
							-233.23	
-0.06								
					37.17	**4762.25**	**945.71**	
							945.71	
						4762.25		
					37.17			
							51.64	
10.66	**5.04**		**2.50**		**37.17**	**4762.25**	**680.13**	
							27.28	
10.66	1.08				37.17	3484.25	560.68	
							4.66	
							22.34	
	0.20						11.33	
	3.76		2.50			1278.00	35.75	
	3.16		2.50			1278.00	21.92	
	0.60						13.83	
							18.09	

6-5 内蒙古能源平衡表(实物量)-2003

		煤合计 Coal Total 万吨 10^4 tn	原煤 Raw Coal 万吨 10^4 tn
一、可供本地区消费的能源量	**Total Primary Energy Supply**	**8373.96**	**8287.82**
1. 一次能源生产量	Indigenous Production	14706.82	14706.82
2. 回收能	Recovery of Energy		
3. 外省(区、市)调入量	Moving In from Other Provinces	560.00	390.00
4. 进口量	Import		
5. 我轮、机在外国加油量	Chinese Airplanes & Ships in Refueling Abroad		
6. 本省(区、市)调出量(-)	Sending Out to Other Provinces(-)	-7090.00	-6740.00
7. 出口量(-)	Export(-)	-64.29	-38.00
8. 外轮、机在我国加油量(-)	Foreign Airplanes & Ships in Refueling in China		
9. 库存增(-)、减(+)量	Stock Change	261.43	-31.00
二、加工转换投入(-)产出(+)量	**Input(-) & Output(+) of Transformation**	**-5570.23**	**-5849.95**
1. 火力发电	Thermal Power	-3949.32	-3949.32
2. 供热	Heating Supply	-530.12	-523.08
3. 洗选煤	Coal Washing	-107.22	-1350.90
4. 炼焦	Coking	-975.04	-16.22
5. 炼油	Petroleum Refineries		
6. 制气	Gas Works	-10.43	-10.43
#焦炭再投入量(-)	Coke Input(-)		
7. 煤制品加工	Briquettes	1.90	
三、损失量	**Loss**	**20.00**	**20.00**
四、终端消费量	**Total Final Consumption**	**2739.68**	**2398.35**
1. 农、林、牧、渔、水利业	Farming, Forestry, Animal Husbandry, Fishery & Water Conservancy	113.10	89.90
2. 工业	Industry	2210.34	1984.73
#用作原料、材料	Non-Energy Use	1752.82	1752.82
3. 建筑业	Construction	42.82	38.20
4. 交通运输、仓储和邮政业	Transport, Storage and Post	106.73	98.22
5. 批发、零售业和住宿、餐饮业	Wholesale, Retail Trade and Hotel, Restaurants	45.72	31.30
6. 生活消费	Residential Consumption	129.91	126.00
城镇	Urban	57.71	54.00
乡村	Rural	72.20	72.00
7. 其他	Other	91.06	30.00
五、平衡差额	**Statistical Difference**	**44.05**	**19.52**

ENERGY BALANCE OF INNER MONGOLIA －2003 (PHYSICAL QUANTITY)

洗精煤 Cleaned Coal 万吨 10^4 tn	其他洗煤 Other Washed Coal 万吨 10^4 tn	型煤 Briquettes 万吨 10^4 tn	焦炭 Coke 万吨 10^4 tn	焦炉煤气 Coke Oven Gas 亿立方米 10^8 cu. m	其他煤气 Other Gas 亿立方米 10^8 cu. m	油品合计 Petroleum Products Total 万吨 10^4 tn	原油 Crude Oil 万吨 10^4 tn	汽油 Gasoline 万吨 10^4 tn
164.01	**－127.87**	**50.00**	**－333.52**		**91.24**	**266.13**	**128.83**	**43.92**
						92.34	92.34	
					91.24			
120.00		50.00				195.37	54.05	43.24
						5.50		2.18
－30.00	－320.00		－270.00			－16.27	－12.22	
－26.29			－0.06					
						－0.09		
100.30	192.13		－63.46			－10.72	－5.34	－1.50
－120.95	**398.77**	**1.90**	**802.45**	**10.05**	**－18.23**	**－35.25**	**－121.07**	**39.20**
			－2.80	－0.21	－10.32	－3.56		
	－7.04			－0.29	－9.38	－24.28		
827.43	416.25							
－948.38	－10.44		805.25	10.55				
						－7.41	－121.07	39.20
					1.47			
		1.90						
18.53	**270.90**	**51.90**	**468.93**	**10.05**	**73.01**	**230.88**	**7.76**	**83.12**
	23.20		3.90			51.36		14.76
12.01	167.30	46.30	460.75	0.25	73.01	63.34	7.76	17.91
			73.01			0.30		0.04
3.02	1.60					23.02		6.90
3.50	5.01		0.30			48.18		22.12
	11.12	3.30	3.98	2.56		20.66		8.76
	1.61	2.30		7.24		16.24		6.57
	1.61	2.10		7.24		10.46		3.56
		0.20				5.78		3.01
	61.06					8.08		6.10
24.53								

续表

		煤油 Kerosene 万吨 10^4 tn	柴油 Diesel Oil 万吨 10^4 tn
一、可供本地区消费的能源量	**Total Primary Energy Supply**	**1.76**	**72.28**
1. 一次能源生产量	Indigenous Production		
2. 回收能	Recovery of Energy		
3. 外省(区、市)调入量	Moving In from Other Provinces	0.05	73.48
4. 进口量	Import	1.83	1.49
5. 我轮、机在外国加油量	Chinese Airplanes & Ships in Refueling Abroad		
6. 本省(区、市)调出量(-)	Sending Out to Other Provinces(-)		
7. 出口量(-)	Export(-)		
8. 外轮、机在我国加油量(-)	Foreign Airplanes & Ships in Refueling in China	-0.09	
9. 库存增(-)、减(+)量	Stock Change	-0.03	-2.69
二、加工转换投入(-)产出(+)量	**Input(-) & Output(+) of Transformation**		**42.66**
1. 火力发电	Thermal Power		-2.91
2. 供热	Heating Supply		-0.06
3. 洗选煤	Coal Washing		
4. 炼焦	Coking		
5. 炼油	Petroleum Refineries		45.63
6. 制气	Gas Works		
#焦炭再投入量(-)	Coke Input(-)		
7. 煤制品加工	Briquettes		
三、损失量	**Loss**		
四、终端消费量	**Total Final Consumption**	**1.76**	**114.94**
1. 农、林、牧、渔、水利业	Farming, Forestry, Animal Husbandry, Fishery & Water Conservancy		36.60
2. 工业	Industry	0.26	23.09
#用作原料、材料	Non-Energy Use		0.21
3. 建筑业	Construction		13.88
4. 交通运输、仓储和邮政业	Transport, Storage and Post	1.50	24.56
5. 批发、零售业和住宿、餐饮业	Wholesale, Retail Trade and Hotel, Restaurants		10.05
6. 生活消费	Residential Consumption		4.78
城镇	Urban		2.01
乡村	Rural		2.77
7. 其他	Other		1.98
五、平衡差额	**Statistical Difference**		

Continued

燃料油 Fuel Oil 万吨 10^4tn	液化石油气 PLG 万吨 10^4tn	炼厂干气 Refinery Gas 万吨 10^4tn	天然气 Natural Gas 亿立方米 10^8 cu. m	其他石油制品 Other Petroleum Products 万吨 10^4tn	其他焦化产品 Other Coking Products 万吨 10^4 tn	热力 Heat 万百万千焦 10^{10} kJ	电力 Electricity 亿千瓦小时 10^8kW·h	其他能源 Other Energy 万吨标煤 10^4tce
23.05	**-1.23**		**2.04**	**-2.48**	**-6.45**		**-232.91**	**5.82**
			11.57				8.20	
24.20	0.35						15.82	5.86
	-1.58		-9.53	-2.47	-6.14		-256.93	
-1.15				-0.01	-0.31			-0.04
-8.42	**6.30**	**3.46**		**2.62**	**7.92**	**8103.00**	**639.53**	
-0.65							639.53	
-24.09	-0.02			-0.11		8103.00		
					7.92			
16.32	6.32	3.46		2.73				
14.63	**5.07**	**3.46**	**2.04**	**0.14**	**1.47**	**8103.00**	**406.62**	**5.82**
						85.01	21.92	
10.60	0.18	3.46	0.03	0.08	1.47	4315.64	332.17	5.82
				0.05				
2.18				0.06		93.56	2.20	
						760.10	4.56	
1.85						650.78	5.56	
	4.89		2.01			1997.91	28.59	
	4.89		2.01			1997.91	19.39	
							9.20	
						200.00	11.62	

6－6 辽宁能源平衡表(实物量)－2003

		煤合计 Coal Total 万吨 10^4 tn	原煤 Raw Coal 万吨 10^4 tn
一、可供本地区消费的能源量	**Total Primary Energy Supply**	**10431.53**	**9492.37**
1. 一次能源生产量	Indigenous Production	5870.69	5870.69
2. 回收能	Recovery of Energy		
3. 外省(区、市)调入量	Moving In from Other Provinces	4904.21	3777.65
4. 进口量	Import	42.68	42.68
5. 我轮、机在外国加油量	Chinese Airplanes & Ships in Refueling Abroad		
6. 本省(区、市)调出量(－)	Sending Out to Other Provinces(－)	－292.37	－143.25
7. 出口量(－)	Export(－)	－1.71	－1.71
8. 外轮、机在我国加油量(－)	Foreign Airplanes & Ships in Refueling in China		
9. 库存增(－)、减(＋)量	Stock Change	－91.97	－53.69
二、加工转换投入(－)产出(＋)量	**Input(－) & Output(＋) of Transformation**	**－7184.53**	**－7015.36**
1. 火力发电	Thermal Power	－4244.38	－3556.51
2. 供热	Heating Supply	－1256.01	－1235.56
3. 洗选煤	Coal Washing	－404.95	－2222.50
4. 炼焦	Coking	－1265.50	
5. 炼油	Petroleum Refineries		
6. 制气	Gas Works	－13.69	－0.79
#焦炭再投入量(－)	Coke Input(－)		
7. 煤制品加工	Briquettes		
三、损失量	**Loss**		
四、终端消费量	**Total Final Consumption**	**3269.31**	**2477.01**
1. 农、林、牧、渔、水利业	Farming, Forestry, Animal Husbandry, Fishery & Water Conservancy	33.11	33.11
2. 工业	Industry	2446.93	1835.75
#用作原料、材料	Non-Energy Use		24.10
3. 建筑业	Construction	69.97	67.96
4. 交通运输、仓储和邮政业	Transport, Storage and Post	89.15	77.59
5. 批发、零售业和住宿、餐饮业	Wholesale, Retail Trade and Hotel, Restaurants	28.17	28.17
6. 生活消费	Residential Consumption	527.67	360.12
城镇	Urban	401.11	265.17
乡村	Rural	126.56	94.95
7. 其他	Other	74.31	74.31
五、平衡差额	**Statistical Difference**		

ENERGY BALANCE OF LIAONING -2003 (PHYSICAL QUANTITY)

洗精煤 Cleaned Coal 万吨 10^4 tn	其他洗煤 Other Washed Coal 万吨 10^4 tn	型煤 Briquettes 万吨 10^4 tn	焦炭 Coke 万吨 10^4 tn	焦炉煤气 Coke Oven Gas 亿立方米 10^8 cu. m	其他煤气 Other Gas 亿立方米 10^8 cu. m	油品合计 Petroleum Products Total 万吨 10^4 tn	原油 Crude Oil 万吨 10^4 tn	汽油 Gasoline 万吨 10^4 tn
1040.14	**-100.98**		**241.66**		**250.02**	**1390.23**	**4560.41**	**-602.85**
						1332.22	1332.22	
					250.02			
1126.56			267.66			3198.21	3134.35	0.29
						590.80	573.04	8.24
						7.53		
-69.67	-79.45		-0.64			-3023.23	-30.00	-396.27
			-6.30			-616.99	-326.72	-236.34
						-8.73		
-16.75	-21.53		-19.06			-89.58	-122.48	21.23
-979.14	**809.97**		**889.36**	**29.00**	**-18.31**	**-272.21**	**-4391.47**	**830.78**
-70.83	-617.04			-1.66	-5.31	-24.16	-3.39	
-0.57	-19.88			-1.57	-15.45	-105.59	-5.13	-0.01
367.37	1450.18							
-1265.50			894.50	32.23				
						-136.10	-4382.95	830.79
-9.61	-3.29		-5.14		2.45	-6.36		
						28.54	**27.86**	**0.40**
83.31	**708.99**		**1131.02**	**29.00**	**231.71**	**1089.48**	**141.08**	**227.53**
						69.99		24.99
71.75	539.43		1129.51	29.00	230.43	556.43	129.77	15.03
			1.25			152.51	135.15	
	2.01					12.58		4.23
11.56			0.05			348.33		154.42
						10.56		0.13
	167.55					45.01		
	135.94					39.99		
	31.61					5.02		
			1.46		1.28	46.58	11.31	28.73

续表

		煤油 Kerosene 万吨 10^4 tn	柴油 Diesel Oil 万吨 10^4 tn
一、可供本地区消费的能源量	**Total Primary Energy Supply**	**-194.90**	**-1283.41**
1. 一次能源生产量	Indigenous Production		
2. 回收能	Recovery of Energy		
3. 外省(区、市)调入量	Moving In from Other Provinces	0.34	0.46
4. 进口量	Import	6.37	3.15
5. 我轮、机在外国加油量	Chinese Airplanes & Ships in Refueling Abroad		1.16
6. 本省(区、市)调出量(-)	Sending Out to Other Provinces(-)	-187.50	-1266.13
7. 出口量(-)	Export(-)	-14.03	-28.68
8. 外轮、机在我国加油量(-)	Foreign Airplanes & Ships in Refueling in China		-3.78
9. 库存增(-)、减(+)量	Stock Change	-0.08	10.41
二、加工转换投入(-)产出(+)量	**Input(-) & Output(+) of Transformation**	**213.32**	**1550.70**
1. 火力发电	Thermal Power		-0.32
2. 供热	Heating Supply		-0.09
3. 洗选煤	Coal Washing		
4. 炼焦	Coking		
5. 炼油	Petroleum Refineries	213.32	1551.11
6. 制气	Gas Works		
#焦炭再投入量(-)	Coke Input(-)		
7. 煤制品加工	Briquettes		
三、损失量	**Loss**	**0.28**	
四、终端消费量	**Total Final Consumption**	**18.14**	**267.29**
1. 农、林、牧、渔、水利业	Farming, Forestry, Animal Husbandry, Fishery & Water Conservancy		45.00
2. 工业	Industry	2.36	48.05
#用作原料、材料	Non-Energy Use		
3. 建筑业	Construction		6.01
4. 交通运输、仓储和邮政业	Transport, Storage and Post	15.78	164.13
5. 批发、零售业和住宿、餐饮业	Wholesale, Retail Trade and Hotel, Restaurants		4.02
6. 生活消费	Residential Consumption		
城镇	Urban		
乡村	Rural		
7. 其他	Other		0.08
五、平衡差额	**Statistical Difference**		

Continued

燃料油 Fuel Oil 万吨 10^4 tn	液化石油气 PLG 万吨 10^4 tn	炼厂干气 Refinery Gas 万吨 10^4 tn	天然气 Natural Gas 亿立方米 10^8 cu. m	其他石油制品 Other Petroleum Products 万吨 10^4 tn	其他焦化产品 Other Coking Products 万吨 10^4 tn	热力 Heat 万百万千焦 10^{10} kJ	电力 Electricity 亿千瓦小时 10^8 kW·h	其他能源 Other Energy 万吨标煤 10^4 tce
-106.44	**-88.19**		**18.82**	**-894.39**	**-56.98**		**107.88**	**124.94**
			13.28				20.35	
								71.81
11.17	0.37		5.54	51.23	1.44		130.28	53.80
							0.65	
6.37								
-127.37	-88.41			-927.55	-54.92		-43.40	-0.23
	-0.01			-11.21	-4.01			
-4.95								
8.34	-0.14			-6.86	0.51			-0.44
229.82	**189.76**	**111.96**		**992.92**	**58.98**	**19590.41**	**779.00**	**-24.36**
-14.87	-1.55	-4.03					779.00	-29.38
-54.29	-5.16	-40.91				19590.41		-11.74
					58.98			
298.98	199.13	160.60		992.92				16.76
	-2.66	-3.70						
						45.78	**53.14**	
123.38	**101.57**	**111.96**	**18.82**	**98.53**	**2.00**	**19544.63**	**833.74**	**100.58**
							16.01	
105.37	45.36	111.96	18.82	98.53	2.00	12518.58	633.70	100.43
				17.36				
	2.34					6.42	6.40	0.07
14.00						7.99	18.02	
	6.41					42.31	27.36	
	45.01					6818.77	108.25	
	39.99					6818.77	64.79	
	5.02						43.46	
4.01	2.45					150.56	24.00	0.08

6-7 吉林能源平衡表(实物量)-2003

		煤合计 Coal Total 万吨 10^4 tn	原煤 Raw Coal 万吨 10^4 tn
一、可供本地区消费的能源量	**Total Primary Energy Supply**	**5202.05**	**4912.93**
1.一次能源生产量	Indigenous Production	2255.36	2255.36
2.回收能	Recovery of Energy		
3.外省(区、市)调入量	Moving In from Other Provinces	3257.04	2966.87
4.进口量	Import	1.43	1.43
5.我轮、机在外国加油量	Chinese Airplanes & Ships in Refueling Abroad		
6.本省(区、市)调出量(-)	Sending Out to Other Provinces(-)	-341.66	-341.66
7.出口量(-)	Export(-)	-24.84	-24.84
8.外轮、机在我国加油量(-)	Foreign Airplanes & Ships in Refueling in China		
9.库存增(-)、减(+)量	Stock Change	54.72	55.77
二、加工转换投入(-)产出(+)量	**Input(-) & Output(+) of Transformation**	**-3096.27**	**-2848.66**
1.火力发电	Thermal Power	-2022.56	-2006.66
2.供热	Heating Supply	-748.36	-710.42
3.洗选煤	Coal Washing	-54.46	-131.58
4.炼焦	Coking	-195.11	
5.炼油	Petroleum Refineries		
6.制气	Gas Works	-75.78	
#焦炭再投入量(-)	Coke Input(-)		
7.煤制品加工	Briquettes		
三、损失量	**Loss**		
四、终端消费量	**Total Final Consumption**	**2105.79**	**2064.32**
1.农、林、牧、渔、水利业	Farming,Forestry,Animal Husbandry,Fishery & Water Conservancy	47.80	47.80
2.工业	Industry	1366.70	1325.23
#用作原料、材料	Non-Energy Use	89.46	82.44
3.建筑业	Construction	49.63	49.63
4.交通运输、仓储和邮政业	Transport,Storage and Post	89.02	89.02
5.批发、零售业和住宿、餐饮业	Wholesale,Retail Trade and Hotel,Restaurants	151.48	151.48
6.生活消费	Residential Consumption	222.28	222.28
城镇	Urban	164.24	164.24
乡村	Rural	58.04	58.04
7.其他	Other	178.88	178.88
五、平衡差额	**Statistical Difference**	**-0.01**	**-0.05**

ENERGY BALANCE OF JILIN －2003 (PHYSICAL QUANTITY)

洗精煤 Cleaned Coal 万吨 10^4 tn	其他洗煤 Other Washed Coal 万吨 10^4 tn	型煤 Briquettes 万吨 10^4 tn	焦炭 Coke 万吨 10^4 tn	焦炉煤气 Coke Oven Gas 亿立方米 10^8 cu. m	其他煤气 Other Gas 亿立方米 10^8 cu. m	油品合计 Petroleum Products Total 万吨 10^4 tn	原油 Crude Oil 万吨 10^4 tn	汽油 Gasoline 万吨 10^4 tn
205.14	**81.48**	**2.50**	**53.39**			**608.85**	**885.15**	**－69.52**
						476.40	476.40	
						2.20		
206.56	80.72	2.89	58.90			414.74	410.65	
						－289.17		－69.61
			－4.66					
－1.42	0.76	－0.39	－0.85			4.68	－1.90	0.09
－198.39	**－48.92**	**－0.30**	**177.76**	**7.55**		**－47.73**	**－767.15**	**172.93**
	－15.90					－1.04		
－0.53	－37.11	－0.30				－33.11	－0.29	
73.03	4.09							
－195.11			137.60	5.20				
						－13.58	－766.86	172.93
－75.78			40.16	2.35				
				0.09		**0.33**	**0.33**	
6.71	**32.56**	**2.20**	**231.15**	**7.46**		**560.88**	**117.76**	**103.41**
						52.97		5.81
6.71	32.56	2.20	231.15	6.24		351.93	117.76	9.63
6.71	0.31		33.40			292.60	117.76	
						12.46		7.20
						52.34		26.30
						10.47		7.56
				1.22		33.01		3.30
				1.22		30.12		2.63
						2.89		0.67
						47.70		43.61
0.04						**－0.09**	**－0.09**	

续表

		煤油 Kerosene 万吨 10^4 tn	柴油 Diesel Oil 万吨 10^4 tn
一、可供本地区消费的能源量	**Total Primary Energy Supply**	**3.76**	**-197.99**
1.一次能源生产量	Indigenous Production		
2.回收能	Recovery of Energy		
3.外省(区、市)调入量	Moving In from Other Provinces	3.76	
4.进口量	Import		
5.我轮、机在外国加油量	Chinese Airplanes & Ships in Refueling Abroad		
6.本省(区、市)调出量(-)	Sending Out to Other Provinces(-)		-197.22
7.出口量(-)	Export(-)		
8.外轮、机在我国加油量(-)	Foreign Airplanes & Ships in Refueling in China		
9.库存增(-)、减(+)量	Stock Change		-0.77
二、加工转换投入(-)产出(+)量	**Input(-) & Output(+) of Transformation**	**0.31**	**289.88**
1.火力发电	Thermal Power		-0.34
2.供热	Heating Supply		-0.30
3.洗选煤	Coal Washing		
4.炼焦	Coking		
5.炼油	Petroleum Refineries	0.31	290.52
6.制气	Gas Works		
#焦炭再投入量(-)	Coke Input(-)		
7.煤制品加工	Briquettes		
三、损失量	**Loss**		
四、终端消费量	**Total Final Consumption**	**4.07**	**91.89**
1.农、林、牧、渔、水利业	Farming, Forestry, Animal Husbandry, Fishery & Water Conservancy		47.16
2.工业	Industry	0.58	9.92
#用作原料、材料	Non-Energy Use		
3.建筑业	Construction		5.26
4.交通运输、仓储和邮政业	Transport, Storage and Post	3.49	22.55
5.批发、零售业和住宿、餐饮业	Wholesale, Retail Trade and Hotel, Restaurants		2.91
6.生活消费	Residential Consumption		
城镇	Urban		
乡村	Rural		
7.其他	Other		4.09
五、平衡差额	**Statistical Difference**		

Continued

燃料油 Fuel Oil 万吨 10^4 tn	液化石油气 PLG 万吨 10^4 tn	炼厂干气 Refinery Gas 万吨 10^4 tn	天然气 Natural Gas 亿立方米 10^8 cu. m	其他石油制品 Other Petroleum Products 万吨 10^4 tn	其他焦化产品 Other Coking Products 万吨 10^4 tn	热力 Heat 万百万千焦 10^{10} kJ	电力 Electricity 亿千瓦小时 10^8 kW · h	其他能源 Other Energy 万吨标煤 10^4 tce
-18.60	**0.46**	**2.20**	**3.08**	**3.39**	**-4.33**		**63.39**	**0.33**
			2.32				37.51	
		2.20						
	0.33		0.76				99.70	0.34
-22.34					-4.46		-73.82	
3.74	0.13			3.39	0.13			-0.01
41.05	**31.78**	**3.02**	**-0.17**	**180.45**	**4.47**	**11335.15**	**296.01**	
-0.70			-0.04				296.01	
-5.80		-17.72	-0.05	-9.00		11335.15		
					4.47			
47.55	31.78	20.74		189.45				
			-0.08					
						280.64	**23.88**	
22.45	**32.24**	**5.22**	**2.91**	**183.84**	**0.14**	**11054.51**	**335.52**	**0.33**
							10.29	
22.45	2.53	5.22	2.91	183.84	0.14	7847.44	210.30	0.33
			0.13	174.84				
						23.58	7.39	
						102.79	8.03	
						48.23	12.59	
	29.71					2732.60	59.04	
	27.49					2732.60	38.37	
	2.22						20.67	
						299.87	27.88	

6-8 黑龙江能源平衡表(实物量)-2003

		煤合计 Coal Total 万吨 10^4 tn	原煤 Raw Coal 万吨 10^4 tn
一、可供本地区消费的能源量	**Total Primary Energy Supply**	**6030.73**	**7232.96**
1.一次能源生产量	Indigenous Production	8105.00	8105.00
2.回收能	Recovery of Energy		
3.外省(区、市)调入量	Moving In from Other Provinces	797.00	797.00
4.进口量	Import		
5.我轮、机在外国加油量	Chinese Airplanes & Ships in Refueling Abroad		
6.本省(区、市)调出量(-)	Sending Out to Other Provinces(-)	-2878.41	-1759.00
7.出口量(-)	Export(-)	-105.89	-70.00
8.外轮、机在我国加油量(-)	Foreign Airplanes & Ships in Refueling in China		
9.库存增(-)、减(+)量	Stock Change	113.03	159.96
二、加工转换投入(-)产出(+)量	**Input(-) & Output(+) of Transformation**	**-4856.60**	**-6653.05**
1.火力发电	Thermal Power	-2820.03	-2763.62
2.供热	Heating Supply	-750.89	-731.58
3.洗选煤	Coal Washing	-622.43	-2787.70
4.炼焦	Coking	-533.81	-280.28
5.炼油	Petroleum Refineries		
6.制气	Gas Works	-129.44	-81.55
#焦炭再投入量(-)	Coke Input(-)		
7.煤制品加工	Briquettes		-8.32
三、损失量	**Loss**		
四、终端消费量	**Total Final Consumption**	**1633.86**	**1039.64**
1.农、林、牧、渔、水利业	Farming, Forestry, Animal Husbandry, Fishery & Water Conservancy	9.87	9.87
2.工业	Industry	1500.15	905.93
#用作原料、材料	Non-Energy Use		601.51
3.建筑业	Construction	2.56	2.56
4.交通运输、仓储和邮政业	Transport, Storage and Post	9.39	9.39
5.批发、零售业和住宿、餐饮业	Wholesale, Retail Trade and Hotel, Restaurants		
6.生活消费	Residential Consumption	111.89	111.89
城镇	Urban	95.06	95.06
乡村	Rural	16.83	16.83
7.其他	Other		
五、平衡差额	**Statistical Difference**	**-459.73**	**-459.73**

ENERGY BALANCE OF HEILONGJIANG －2003（PHYSICAL QUANTITY）

洗精煤 Cleaned Coal 万吨 10^4 tn	其他洗煤 Other Washed Coal 万吨 10^4 tn	型煤 Briquettes 万吨 10^4 tn	焦炭 Coke 万吨 10^4 tn	焦炉煤气 Coke Oven Gas 亿立方米 10^8 cu. m	其他煤气 Other Gas 亿立方米 10^8 cu. m	油品合计 Petroleum Products Total 万吨 10^4 tn	原油 Crude Oil 万吨 10^4 tn	汽油 Gasoline 万吨 10^4 tn
－663.92	**－538.15**	**－0.16**	**－178.27**			**1351.43**	**1619.14**	**－84.84**
						4861.08	4840.12	
			111.91			124.00	124.00	
						213.68	213.68	
－593.88	－525.53		－311.09			－3678.57	－3368.70	－114.30
－35.89			－9.25			－188.14	－188.14	
－34.15	－12.62	－0.16	30.16			19.38	－1.82	29.46
922.77	**865.36**	**8.32**	**267.31**	**5.35**	**14.65**	**－346.64**	**－1481.07**	**395.01**
－3.00	－53.41					－8.79		
－3.40	－15.91					－47.54		
1230.59	934.68							
－253.53			284.26					
						－290.31	－1481.07	395.01
－47.89			－16.95	5.35	14.65			
		8.32						
						58.82	**58.08**	
258.85	**327.21**	**8.16**	**89.04**	**5.35**	**14.65**	**1004.05**	**138.07**	**310.17**
						176.74		9.83
258.85	327.21	8.16	89.04	5.35	14.65	304.20	138.07	40.63
			10.46	2.75		140.13	130.69	
						1.69		1.00
						204.47		99.82
						135.16		86.00
						138.01		34.69
						138.01		34.69
						43.78		38.2

续表

		煤油 Kerosene 万吨 10^4 tn	柴油 Diesel Oil 万吨 10^4 tn
一、可供本地区消费的能源量	**Total Primary Energy Supply**	**-15.01**	**-177.18**
1. 一次能源生产量	Indigenous Production		
2. 回收能	Recovery of Energy		
3. 外省(区、市)调入量	Moving In from Other Provinces		
4. 进口量	Import		
5. 我轮、机在外国加油量	Chinese Airplanes & Ships in Refueling Abroad		
6. 本省(区、市)调出量(-)	Sending Out to Other Provinces(-)	-14.60	-167.80
7. 出口量(-)	Export(-)		
8. 外轮、机在我国加油量(-)	Foreign Airplanes & Ships in Refueling in China		
9. 库存增(-)、减(+)量	Stock Change	-0.41	-9.38
二、加工转换投入(-)产出(+)量	**Input(-) & Output(+) of Transformation**	**22.07**	**596.76**
1. 火力发电	Thermal Power		
2. 供热	Heating Supply		
3. 洗选煤	Coal Washing		
4. 炼焦	Coking		
5. 炼油	Petroleum Refineries	22.07	596.76
6. 制气	Gas Works		
#焦炭再投入量(-)	Coke Input(-)		
7. 煤制品加工	Briquettes		
三、损失量	**Loss**		
四、终端消费量	**Total Final Consumption**	**7.06**	**419.58**
1. 农、林、牧、渔、水利业	Farming, Forestry, Animal Husbandry, Fishery & Water Conservancy		166.91
2. 工业	Industry	0.46	60.45
#用作原料、材料	Non-Energy Use		0.52
3. 建筑业	Construction		0.69
4. 交通运输、仓储和邮政业	Transport, Storage and Post	6.60	98.05
5. 批发、零售业和住宿、餐饮业	Wholesale, Retail Trade and Hotel, Restaurants		49.16
6. 生活消费	Residential Consumption		44.32
城镇	Urban		44.32
乡村	Rural		
7. 其他	Other		
五、平衡差额	**Statistical Difference**		

Continued

燃料油 Fuel Oil 万吨 10^4tn	液化石油气 PLG 万吨 10^4tn	炼厂干气 Refinery Gas 万吨 10^4tn	天然气 Natural Gas 亿立方米 10^8 cu. m	其他石油制品 Other Petroleum Products 万吨 10^4tn	其他焦化产品 Other Coking Products 万吨 10^4 tn	热力 Heat 万百万千焦 10^{10} kJ	电力 Electricity 亿千瓦小时 10^8kW · h	其他能源 Other Energy 万吨标煤 10^4tce
1.37	**-13.01**		**20.96**	**-8.45**	**0.18**		**8.27**	**0.35**
			20.96				11.25	
							50.14	
							1.36	
	-13.17			-20.70			-54.48	
1.37	0.16			12.25	0.18			0.35
12.52	**114.97**	**21.22**	**-6.90**	**193.52**	**6.31**	**9059.61**	**495.36**	**59.47**
-4.32		-0.46	-4.47				495.36	
-45.11		-25.49	-2.43			9059.61		-1.87
					6.31			
61.95	114.97	47.17		193.52				61.34
			0.74				**17.52**	
13.89	**101.96**	**21.22**	**13.32**	**185.07**	**6.49**	**9059.61**	**486.11**	**59.82**
							12.16	
8.31	44.51	21.22	11.77	185.07	6.49	5608.38	356.63	59.82
1.25	3.64		4.03	3.46				
							3.24	
							7.57	
							11.49	
	57.45		1.55			3451.23	77.87	
	57.45		1.55			3451.23	39.84	
							38.03	
5.58							17.15	

6-9 上海能源平衡表(实物量)-2003

		煤合计 Coal Total 万吨 10^4 tn	原煤 Raw Coal 万吨 10^4 tn
一、可供本地区消费的能源量	**Total Primary Energy Supply**	**4954.84**	**3745.37**
1. 一次能源生产量	Indigenous Production		
2. 回收能	Recovery of Energy		
3. 外省(区、市)调入量	Moving In from Other Provinces	5279.96	4094.73
4. 进口量	Import	42.08	23.69
5. 我轮、机在外国加油量	Chinese Airplanes & Ships in Refueling Abroad		
6. 本省(区、市)调出量(-)	Sending Out to Other Provinces(-)	-272.26	-272.26
7. 出口量(-)	Export(-)	-140.60	-140.60
8. 外轮、机在我国加油量(-)	Foreign Airplanes & Ships in Refueling in China		
9. 库存增(-)、减(+)量	Stock Change	45.66	39.81
二、加工转换投入(-)产出(+)量	**Input(-) & Output(+) of Transformation**	**-3991.71**	**-2893.09**
1. 火力发电	Thermal Power	-2618.00	-2618.00
2. 供热	Heating Supply	-247.34	-247.34
3. 洗选煤	Coal Washing		
4. 炼焦	Coking	-1098.62	
5. 炼油	Petroleum Refineries		
6. 制气	Gas Works	-27.75	-27.75
#焦炭再投入量(-)	Coke Input(-)		
7. 煤制品加工	Briquettes		
三、损失量	**Loss**	**51.65**	**39.65**
四、终端消费量	**Total Final Consumption**	**909.14**	**807.86**
1. 农、林、牧、渔、水利业	Farming, Forestry, Animal Husbandry, Fishery & Water Conservancy	14.95	14.95
2. 工业	Industry	776.86	675.58
#用作原料、材料	Non-Energy Use		
3. 建筑业	Construction	13.09	13.09
4. 交通运输、仓储和邮政业	Transport, Storage and Post	14.33	14.33
5. 批发、零售业和住宿、餐饮业	Wholesale, Retail Trade and Hotel, Restaurants	6.23	6.23
6. 生活消费	Residential Consumption	79.71	79.71
城镇	Urban	49.05	49.05
乡村	Rural	30.66	30.66
7. 其他	Other	3.97	3.97
五、平衡差额	**Statistical Difference**	**2.34**	**4.77**

ENERGY BALANCE OF SHANGHAI -2003 (PHYSICAL QUANTITY)

洗精煤 Cleaned Coal 万吨 10^4 tn	其他洗煤 Other Washed Coal 万吨 10^4 tn	型煤 Briquettes 万吨 10^4 tn	焦炭 Coke 万吨 10^4 tn	焦炉煤气 Coke Oven Gas 亿立方米 10^8 cu. m	其他煤气 Other Gas 亿立方米 10^8 cu. m	油品合计 Petroleum Products Total 万吨 10^4 tn	原油 Crude Oil 万吨 10^4 tn	汽油 Gasoline 万吨 10^4 tn
1205.53	**3.09**	**0.85**	**-119.18**		**75.35**	**1755.82**	**1737.51**	**-124.80**
						43.55	38.02	
					-75.35			
1181.32	3.07	0.84	29.36			3666.39	414.54	887.34
18.39						1583.21	1295.89	
						358.77		
			-82.18			-3669.01	-13.12	-937.35
			-41.37			-151.99		-80.64
						-71.43		
5.82	0.02	0.01	-24.99			-3.67	2.18	5.85
-1098.62			**693.10**	**20.12**	**-49.49**	**-217.57**	**-1727.43**	**297.94**
				-1.99	-66.34	-116.15		
						-23.49		
-1098.62			746.97	27.76	-6.19			
						-44.53	-1727.43	297.94
			-53.87	-5.65	23.04	-33.40		
12.00					**3.15**	**21.83**	**10.09**	**5.99**
97.34	**3.09**	**0.85**	**573.94**	**20.11**	**22.75**	**1516.57**		**167.25**
						54.01		24.97
97.34	3.09	0.85	573.94	19.73	3.54	583.37		16.60
						87.30		26.15
					0.31	602.48		37.28
					1.92	47.12		6.04
				0.38	13.54	73.04		34.14
				0.38	13.25	32.19		18.93
					0.29	40.85		15.21
					3.44	69.25		22.07
-2.43			**-0.02**	**0.01**	**-0.04**	**-0.15**	**-0.01**	**-0.10**

续表

		煤油 Kerosene 万吨 10^4 tn	柴油 Diesel Oil 万吨 10^4 tn
一、可供本地区消费的能源量	**Total Primary Energy Supply**	**-1.42**	**-320.03**
1. 一次能源生产量	Indigenous Production		
2. 回收能	Recovery of Energy		
3. 外省(区、市)调入量	Moving In from Other Provinces	151.58	1950.38
4. 进口量	Import	79.29	5.13
5. 我轮、机在外国加油量	Chinese Airplanes & Ships in Refueling Abroad	40.79	9.32
6. 本省(区、市)调出量(-)	Sending Out to Other Provinces(-)	-226.27	-2239.72
7. 出口量(-)	Export(-)	-13.42	-43.23
8. 外轮、机在我国加油量(-)	Foreign Airplanes & Ships in Refueling in China	-37.76	-4.55
9. 库存增(-)、减(+)量	Stock Change	4.37	2.64
二、加工转换投入(-)产出(+)量	**Input(-) & Output(+) of Transformation**	**105.06**	**569.58**
1. 火力发电	Thermal Power		-1.26
2. 供热	Heating Supply		-0.48
3. 洗选煤	Coal Washing		
4. 炼焦	Coking		
5. 炼油	Petroleum Refineries	105.06	571.35
6. 制气	Gas Works		-0.03
#焦炭再投入量(-)	Coke Input(-)		
7. 煤制品加工	Briquettes		
三、损失量	**Loss**	**1.15**	**0.57**
四、终端消费量	**Total Final Consumption**	**102.29**	**248.98**
1. 农、林、牧、渔、水利业	Farming, Forestry, Animal Husbandry, Fishery & Water Conservancy		27.94
2. 工业	Industry	1.33	38.30
#用作原料、材料	Non-Energy Use		
3. 建筑业	Construction		44.29
4. 交通运输、仓储和邮政业	Transport, Storage and Post	100.53	87.78
5. 批发、零售业和住宿、餐饮业	Wholesale, Retail Trade and Hotel, Restaurants	0.36	24.70
6. 生活消费	Residential Consumption	0.02	12.30
城镇	Urban	0.02	4.17
乡村	Rural		8.13
7. 其他	Other	0.05	13.67
五、平衡差额	**Statistical Difference**	**0.20**	

Continued

燃料油 Fuel Oil 万吨 10^4tn	液化石油气 PLG 万吨 10^4tn	炼厂干气 Refinery Gas 万吨 10^4tn	天然气 Natural Gas 亿立方米 10^8 cu. m	其他石油制品 Other Petroleum Products 万吨 10^4tn	其他焦化产品 Other Coking Products 万吨 10^4 tn	热力 Heat 万百万千焦 10^{10} kJ	电力 Electricity 亿千瓦小时 10^8kW·h	其他能源 Other Energy 万吨标煤 10^4tce
526.61	**26.47**	**0.02**	**4.97**	**-88.54**	**19.12**	**324.00**	**51.97**	**-3.29**
	5.53		4.97					
232.91				29.64	20.74	324.00	126.05	-3.29
156.12	46.70			0.08				
308.66								
-129.48	-23.20			-99.87			-74.08	
				-14.70				
-29.12								
-12.48	-2.56	0.02		-3.69	-1.62			
-1.25	**64.69**	**110.14**	**-0.65**	**363.70**	**49.79**	**5032.58**	**693.93**	**3.66**
-95.49		-0.49		-18.91		-10.57	693.93	-5.68
-12.12		-0.62		-10.27		5181.29		
					48.90			4.51
121.64	64.90	118.34		403.67				
-15.28	-0.21	-7.09	-0.65	-10.79	0.89	-138.14		4.83
2.63	**0.46**	**0.94**	**0.69**			**297.93**	**42.26**	
523.22	**90.70**	**109.22**	**3.63**	**274.91**	**69.20**	**5058.02**	**703.71**	**0.37**
				1.10			6.75	
149.78	43.88	109.22	1.17	224.26	69.20	4803.79	464.74	0.37
4.00				12.86		6.80	7.73	
364.44	2.30		0.14	10.15		5.39	11.59	
5.00	4.73		0.18	6.29		84.86	38.01	
	19.33		1.31	7.25		115.46	82.87	
	2.95		1.30	6.12		115.46	75.13	
	16.38		0.01	1.13			7.74	
	20.46		0.83	13.00		41.72	92.02	
-0.49				**0.25**	**-0.29**	**0.63**	**-0.07**	

6-10 江苏能源平衡表(实物量)-2003

		煤合计 Coal Total 万吨 10^4 tn	原煤 Raw Coal 万吨 10^4 tn
一、可供本地区消费的能源量	**Total Primary Energy Supply**	**10848.82**	**10672.06**
1. 一次能源生产量	Indigenous Production	2760.40	2760.40
2. 回收能	Recovery of Energy		
3. 外省(区、市)调入量	Moving In from Other Provinces	8525.09	8127.85
4. 进口量	Import	16.00	16.00
5. 我轮、机在外国加油量	Chinese Airplanes & Ships in Refueling Abroad		
6. 本省(区、市)调出量(-)	Sending Out to Other Provinces(-)	-548.32	-365.96
7. 出口量(-)	Export(-)	-36.48	
8. 外轮、机在我国加油量(-)	Foreign Airplanes & Ships in Refueling in China		
9. 库存增(-)、减(+)量	Stock Change	132.13	133.77
二、加工转换投入(-)产出(+)量	**Input(-) & Output(+) of Transformation**	**-7961.29**	**-7902.44**
1. 火力发电	Thermal Power	-6417.74	-6417.74
2. 供热	Heating Supply	-815.36	-815.36
3. 洗选煤	Coal Washing	-145.24	-660.14
4. 炼焦	Coking	-568.96	-0.33
5. 炼油	Petroleum Refineries		
6. 制气	Gas Works	-14.24	-7.09
#焦炭再投入量(-)	Coke Input(-)		
7. 煤制品加工	Briquettes	0.25	-1.78
三、损失量	**Loss**		
四、终端消费量	**Total Final Consumption**	**2887.53**	**2769.62**
1. 农、林、牧、渔、水利业	Farming, Forestry, Animal Husbandry, Fishery & Water Conservancy	65.55	65.55
2. 工业	Industry	2644.48	2526.60
#用作原料、材料	Non-Energy Use	131.00	131.00
3. 建筑业	Construction	3.11	3.11
4. 交通运输、仓储和邮政业	Transport, Storage and Post	33.56	33.56
5. 批发、零售业和住宿、餐饮业	Wholesale, Retail Trade and Hotel, Restaurants	21.00	21.00
6. 生活消费	Residential Consumption	119.83	119.80
城镇	Urban	54.83	54.80
乡村	Rural	65.00	65.00
7. 其他	Other		
五、平衡差额	**Statistical Difference**		

ENERGY BALANCE OF JIANGSU －2003（PHYSICAL QUANTITY）

洗精煤 Cleaned Coal 万吨 10^4 tn	其他洗煤 Other Washed Coal 万吨 10^4 tn	型煤 Briquettes 万吨 10^4 tn	焦炭 Coke 万吨 10^4 tn	焦炉煤气 Coke Oven Gas 亿立方米 10^8 cu. m	其他煤气 Other Gas 亿立方米 10^8 cu. m	油品合计 Petroleum Products Total 万吨 10^4 tn	原油 Crude Oil 万吨 10^4 tn	汽油 Gasoline 万吨 10^4 tn
252.36	**－75.60**		**46.53**	**3.57**	**67.62**	**1733.61**	**1714.54**	**123.95**
						166.39	166.35	
						67.62		
397.24			61.93	3.57		1425.04	792.95	223.99
						781.58	781.58	
						2.61		
－106.25	－76.11					－571.14	－8.36	－84.93
－36.48			－15.00			－41.60		－15.22
						－0.52		
－2.15	0.51		－0.40			－29.04	－17.98	0.11
－202.73	**141.85**	**2.03**	**399.34**	**16.41**	**2.86**	**－160.28**	**－1677.83**	**215.22**
				－0.06		－21.73		
				－0.06		－2.21		
373.05	141.85							
－568.63			401.53	15.44		－25.76		
						－106.81	－1677.83	215.22
－7.15			－2.19	1.09	2.86	－3.77		
						－0.01		
		2.03				－0.61		
						10.75	**9.52**	**1.22**
49.63	**66.25**	**2.03**	**445.87**	**19.98**	**70.48**	**1562.13**	**27.19**	**337.95**
						100.92		15.27
49.63	66.25	2.00	445.87	9.85	70.48	884.13	27.19	62.26
						355.00		
						11.30		2.16
						439.25		242.54
						8.33		
		0.03		10.13		79.50		0.51
		0.03		10.13		79.42		0.51
						0.08		
						38.83		15.21

续表

		煤油 Kerosene 万吨 10^4 tn	柴油 Diesel Oil 万吨 10^4 tn
一、可供本地区消费的能源量	**Total Primary Energy Supply**	**-42.53**	**-20.05**
1. 一次能源生产量	Indigenous Production		
2. 回收能	Recovery of Energy		
3. 外省(区、市)调入量	Moving In from Other Provinces	0.12	211.63
4. 进口量	Import		
5. 我轮、机在外国加油量	Chinese Airplanes & Ships in Refueling Abroad		
6. 本省(区、市)调出量(-)	Sending Out to Other Provinces(-)	-40.86	-233.08
7. 出口量(-)	Export(-)	-2.52	-4.98
8. 外轮、机在我国加油量(-)	Foreign Airplanes & Ships in Refueling in China		-0.52
9. 库存增(-)、减(+)量	Stock Change	0.73	6.90
二、加工转换投入(-)产出(+)量	**Input(-) & Output(+) of Transformation**	**57.45**	**418.68**
1. 火力发电	Thermal Power		-14.71
2. 供热	Heating Supply		-0.60
3. 洗选煤	Coal Washing		
4. 炼焦	Coking		
5. 炼油	Petroleum Refineries	57.45	433.99
6. 制气	Gas Works		
#焦炭再投入量(-)	Coke Input(-)		
7. 煤制品加工	Briquettes		
三、损失量	**Loss**		
四、终端消费量	**Total Final Consumption**	**14.92**	**398.63**
1. 农、林、牧、渔、水利业	Farming, Forestry, Animal Husbandry, Fishery & Water Conservancy	0.07	85.58
2. 工业	Industry	5.80	100.60
#用作原料、材料	Non-Energy Use		
3. 建筑业	Construction	0.01	9.13
4. 交通运输、仓储和邮政业	Transport, Storage and Post	8.67	172.36
5. 批发、零售业和住宿、餐饮业	Wholesale, Retail Trade and Hotel, Restaurants	0.16	8.31
6. 生活消费	Residential Consumption	0.11	
城镇	Urban	0.03	
乡村	Rural	0.08	
7. 其他	Other	0.10	22.65
五、平衡差额	**Statistical Difference**		

Continued

燃料油 Fuel Oil 万吨 10^4 tn	液化石油气 PLG 万吨 10^4 tn	炼厂干气 Refinery Gas 万吨 10^4 tn	天然气 Natural Gas 亿立方米 10^8 cu. m	其他石油制品 Other Petroleum Products 万吨 10^4 tn	其他焦化产品 Other Coking Products 万吨 10^4 tn	热力 Heat 万百万千焦 10^{10} kJ	电力 Electricity 亿千瓦小时 10^8 kW·h	其他能源 Other Energy 万吨标煤 10^4 tce
61.15	**38.26**		**0.62**	**-142.33**	**-0.57**		**171.11**	**7.42**
			0.33				2.90	
								7.42
78.79	38.21		0.29	79.06			299.13	
2.61								
-7.78				-196.13			-130.92	
				-18.88				
-12.47	0.05			-6.38	-0.57			
153.94	**89.44**	**47.21**		**535.61**	**24.61**	**14128.63**	**1334.02**	
-0.76		-0.96		-5.30		-65.36	1334.02	
-0.46		-0.22		-0.93		14193.99		
				-25.76	24.61			
155.16	89.59	48.39		571.22				
	-0.15			-3.62				
			0.01			**747.05**	**125.14**	
215.09	**127.70**	**47.21**	**0.61**	**393.28**	**24.04**	**13381.58**	**1379.99**	**7.42**
							48.94	
198.52	48.82	47.21	0.45	393.28	24.04	13381.58	1059.92	7.42
				355.00				
							16.86	
15.83	0.01						14.86	
	0.02						37.71	
	78.72		0.16				149.49	
	78.72		0.16				72.86	
							76.63	
0.74	0.13						52.21	

6－11 浙江能源平衡表(实物量)－2003

		煤合计 Coal Total 万吨 10^4 tn	原煤 Raw Coal 万吨 10^4 tn
一、可供本地区消费的能源量	**Total Primary Energy Supply**	**6625.68**	**6544.97**
1. 一次能源生产量	Indigenous Production	69.37	69.37
2. 回收能	Recovery of Energy		
3. 外省(区、市)调入量	Moving In from Other Provinces	6518.80	6440.70
4. 进口量	Import	28.96	25.96
5. 我轮、机在外国加油量	Chinese Airplanes & Ships in Refueling Abroad		
6. 本省(区、市)调出量(－)	Sending Out to Other Provinces(－)	－35.67	－35.67
7. 出口量(－)	Export(－)		
8. 外轮、机在我国加油量(－)	Foreign Airplanes & Ships in Refueling in China		
9. 库存增(－)、减(＋)量	Stock Change	44.22	44.61
二、加工转换投入(－)产出(＋)量	**Input(－) & Output(＋) of Transformation**	**－4272.94**	**－4249.29**
1. 火力发电	Thermal Power	－3442.40	－3442.40
2. 供热	Heating Supply	－755.68	－755.68
3. 洗选煤	Coal Washing		
4. 炼焦	Coking	－74.61	
5. 炼油	Petroleum Refineries		
6. 制气	Gas Works	－7.63	－7.63
#焦炭再投入量(－)	Coke Input(－)		
7. 煤制品加工	Briquettes	7.38	－43.58
三、损失量	**Loss**		**16.25**
四、终端消费量	**Total Final Consumption**	**2336.49**	**2279.43**
1. 农、林、牧、渔、水利业	Farming, Forestry, Animal Husbandry, Fishery & Water Conservancy	17.60	17.60
2. 工业	Industry	2221.51	2215.41
#用作原料、材料	Non-Energy Use		
3. 建筑业	Construction	1.51	1.51
4. 交通运输、仓储和邮政业	Transport, Storage and Post	6.58	6.58
5. 批发、零售业和住宿、餐饮业	Wholesale, Retail Trade and Hotel ,Restaurants	33.21	30.65
6. 生活消费	Residential Consumption	52.58	4.18
城镇	Urban	23.17	1.60
乡村	Rural	29.41	2.58
7. 其他	Other	3.50	3.50
五、平衡差额	**Statistical Difference**		

ENERGY BALANCE OF ZHEJIANG －2003 (PHYSICAL QUANTITY)

洗精煤 Cleaned Coal 万吨 10^4 tn	其他洗煤 Other Washed Coal 万吨 10^4 tn	型煤 Briquettes 万吨 10^4 tn	焦炭 Coke 万吨 10^4 tn	焦炉煤气 Coke Oven Gas 亿立方米 10^8 cu. m	其他煤气 Other Gas 亿立方米 10^8 cu. m	油品合计 Petroleum Products Total 万吨 10^4 tn	原油 Crude Oil 万吨 10^4 tn	汽油 Gasoline 万吨 10^4 tn
80.71			**68.13**			**1484.96**	**1425.16**	**17.10**
78.10			63.31			1237.46	327.55	209.39
3.00						1202.61	1110.72	
						4.10		
						-776.62		-130.50
						-202.63		-86.71
						-3.50		
-0.39			4.82			23.54	-13.11	24.92
-74.61		**50.96**	**54.29**	**2.41**	**0.96**	**-319.62**	**-1421.37**	**245.05**
						-203.51		
						-28.78		
-74.61			53.08	2.41				
						-86.10	-1421.37	245.05
			5.72		0.96	-1.23		
			-4.51					
		50.96						
						3.79	**3.79**	
6.10		**50.96**	**122.42**	**2.41**	**0.96**	**1161.55**		**262.15**
						184.52		8.66
6.10			122.42	2.41	0.23	321.14		27.03
						14.01		1.56
						369.68		151.64
		2.56			0.18	41.97		11.24
		48.40			0.55	134.17		11.80
		21.57			0.55	88.88		8.30
		26.83				45.29		3.50
						96.06		50.22

续表

		煤油 Kerosene 万吨 10^4 tn	柴油 Diesel Oil 万吨 10^4 tn
一、可供本地区消费的能源量	**Total Primary Energy Supply**	**-99.91**	**20.30**
1. 一次能源生产量	Indigenous Production		
2. 回收能	Recovery of Energy		
3. 外省(区、市)调入量	Moving In from Other Provinces	11.56	464.96
4. 进口量	Import	2.04	
5. 我轮、机在外国加油量	Chinese Airplanes & Ships in Refueling Abroad		3.10
6. 本省(区、市)调出量(-)	Sending Out to Other Provinces(-)	-80.72	-395.58
7. 出口量(-)	Export(-)	-37.03	-58.78
8. 外轮、机在我国加油量(-)	Foreign Airplanes & Ships in Refueling in China		-3.50
9. 库存增(-)、减(+)量	Stock Change	4.24	10.10
二、加工转换投入(-)产出(+)量	**Input(-) & Output(+) of Transformation**	**110.31**	**535.69**
1. 火力发电	Thermal Power		-13.99
2. 供热	Heating Supply		
3. 洗选煤	Coal Washing		
4. 炼焦	Coking		
5. 炼油	Petroleum Refineries	110.31	549.68
6. 制气	Gas Works		
#焦炭再投入量(-)	Coke Input(-)		
7. 煤制品加工	Briquettes		
三、损失量	**Loss**		
四、终端消费量	**Total Final Consumption**	**10.40**	**555.99**
1. 农、林、牧、渔、水利业	Farming, Forestry, Animal Husbandry, Fishery & Water Conservancy		175.86
2. 工业	Industry	1.97	106.49
#用作原料、材料	Non-Energy Use		
3. 建筑业	Construction		12.45
4. 交通运输、仓储和邮政业	Transport, Storage and Post	2.81	205.20
5. 批发、零售业和住宿、餐饮业	Wholesale, Retail Trade and Hotel ,Restaurants	3.41	15.87
6. 生活消费	Residential Consumption	1.09	
城镇	Urban	0.45	
乡村	Rural	0.64	
7. 其他	Other	1.12	40.12
五、平衡差额	**Statistical Difference**		

Continued

燃料油 Fuel Oil 万吨 10^4tn	液化石油气 PLG 万吨 10^4tn	炼厂干气 Refinery Gas 万吨 10^4tn	天然气 Natural Gas 亿立方米 10^8 cu. m	其他石油制品 Other Petroleum Products 万吨 10^4tn	其他焦化产品 Other Coking Products 万吨 10^4 tn	热力 Heat 万百万千焦 10^{10} kJ	电力 Electricity 亿千瓦小时 10^8kW · h	其他能源 Other Energy 万吨标煤 10^4tce
190.62	**72.16**			**-140.47**	**-15.41**		**409.96**	**22.92**
							260.47	
								22.92
120.42	77.15			26.43			189.77	
86.06	3.79							
1.00								
	-8.67			-161.15	-5.74		-40.28	
-14.03				-6.08	-3.40			
-2.83	-0.11			0.33	-6.27			
-118.50	**72.06**	**41.04**		**216.10**	**46.28**	**15245.30**	**830.39**	**-10.91**
-174.48				-15.04			830.39	-7.83
-15.00				-13.78		15245.30		-3.08
					4.39			
70.98	73.29	41.04		244.92	42.22			
	-1.23				-0.33			
						645.00	**77.03**	
72.12	**144.22**	**41.04**		**75.63**	**30.87**	**14600.30**	**1163.32**	**12.01**
							18.50	
62.09	6.89	41.04		75.63	30.87	13048.00	869.55	12.01
							15.87	
10.03							12.13	
	11.45					1300.00	39.03	
	121.28						153.03	
	80.13						71.01	
	41.15						82.02	
	4.60					252.30	55.21	

6-12 安徽能源平衡表(实物量)-2003

		煤合计 Coal Total 万吨 10^4 tn	原煤 Raw Coal 万吨 10^4 tn
一、可供本地区消费的能源量	**Total Primary Energy Supply**	**7331.58**	**7329.94**
1. 一次能源生产量	Indigenous Production	6726.41	6726.41
2. 回收能	Recovery of Energy		
3. 外省(区、市)调入量	Moving In from Other Provinces	3080.00	3080.00
4. 进口量	Import		
5. 我轮、机在外国加油量	Chinese Airplanes & Ships in Refueling Abroad		
6. 本省(区、市)调出量(-)	Sending Out to Other Provinces(-)	-2518.00	-2518.00
7. 出口量(-)	Export(-)		
8. 外轮、机在我国加油量(-)	Foreign Airplanes & Ships in Refueling in China		
9. 库存增(-)、减(+)量	Stock Change	43.17	41.53
二、加工转换投入(-)产出(+)量	**Input(-) & Output(+) of Transformation**	**-3411.13**	**-4318.89**
1. 火力发电	Thermal Power	-2669.67	-2669.67
2. 供热	Heating Supply	-202.00	-202.00
3. 洗选煤	Coal Washing	-32.24	-891.36
4. 炼焦	Coking	-557.63	-18.46
5. 炼油	Petroleum Refineries		
6. 制气	Gas Works	-30.19	
#焦炭再投入量(-)	Coke Input(-)		
7. 煤制品加工	Briquettes	80.60	-537.40
三、损失量	**Loss**		
四、终端消费量	**Total Final Consumption**	**4077.48**	**3088.60**
1. 农、林、牧、渔、水利业	Farming, Forestry, Animal Husbandry, Fishery & Water Conservancy	44.75	44.75
2. 工业	Industry	3291.77	2920.89
#用作原料、材料	Non-Energy Use		162.00
3. 建筑业	Construction	38.50	38.50
4. 交通运输、仓储和邮政业	Transport, Storage and Post	13.74	13.74
5. 批发、零售业和住宿、餐饮业	Wholesale, Retail Trade and Hotel ,Restaurants	51.72	51.72
6. 生活消费	Residential Consumption	618.00	
城镇	Urban	369.90	
乡村	Rural	248.10	
7. 其他	Other	19.00	19.00
五、平衡差额	**Statistical Difference**	**-157.03**	**-77.55**

ENERGY BALANCE OF ANHUI －2003 (PHYSICAL QUANTITY)

洗精煤 Cleaned Coal 万吨 10^4 tn	其他洗煤 Other Washed Coal 万吨 10^4 tn	型煤 Briquettes 万吨 10^4 tn	焦炭 Coke 万吨 10^4 tn	焦炉煤气 Coke Oven Gas 亿立方米 10^8 cu. m	其他煤气 Other Gas 亿立方米 10^8 cu. m	油品合计 Petroleum Products Total 万吨 10^4 tn	原油 Crude Oil 万吨 10^4 tn	汽油 Gasoline 万吨 10^4 tn
1.45	**0.19**		**222.88**			**426.52**	**334.69**	**4.77**
			220.00			448.69	216.19	43.00
						119.80	119.80	
						－150.71		－39.74
1.45	0.19		2.88			8.74	－1.30	1.51
－61.20	**350.96**	**618.00**	**375.08**	**12.74**	**0.13**	**－31.25**	**－331.89**	**71.90**
508.16	350.96							
－539.17			366.74	11.89	0.13			
						－31.25	－331.89	71.90
－30.19			11.17	0.85				
			－2.83					
		618.00						
19.38	**350.54**	**618.96**	**596.83**	**12.74**	**0.11**	**395.77**	**3.03**	**76.70**
						51.78		6.34
19.38	350.54	0.96	596.83	11.68	0.11	167.53	3.03	14.06
						14.05		0.10
						10.51		5.65
						137.47		42.38
						9.48		8.27
		618.00		1.06		19.00		
		369.90		1.06		19.00		
		248.10						
－79.13	**0.61**	**－0.96**	**1.13**		**0.02**	**－0.50**	**－0.23**	**－0.03**

续表

		煤油 Kerosene 万吨 10^4 tn	柴油 Diesel Oil 万吨 10^4 tn
一、可供本地区消费的能源量	**Total Primary Energy Supply**	**7.50**	**26.87**
1. 一次能源生产量	Indigenous Production		
2. 回收能	Recovery of Energy		
3. 外省(区、市)调入量	Moving In from Other Provinces	7.50	132.00
4. 进口量	Import		
5. 我轮、机在外国加油量	Chinese Airplanes & Ships in Refueling Abroad		
6. 本省(区、市)调出量(－)	Sending Out to Other Provinces(－)		－110.97
7. 出口量(－)	Export(－)		
8. 外轮、机在我国加油量(－)	Foreign Airplanes & Ships in Refueling in China		
9. 库存增(－)、减(＋)量	Stock Change		5.84
二、加工转换投入(－)产出(＋)量	**Input(－) & Output(＋) of Transformation**		**146.31**
1. 火力发电	Thermal Power		
2. 供热	Heating Supply		
3. 洗选煤	Coal Washing		
4. 炼焦	Coking		
5. 炼油	Petroleum Refineries		146.31
6. 制气	Gas Works		
#焦炭再投入量(－)	Coke Input(－)		
7. 煤制品加工	Briquettes		
三、损失量	**Loss**		
四、终端消费量	**Total Final Consumption**	**7.53**	**173.71**
1. 农、林、牧、渔、水利业	Farming, Forestry, Animal Husbandry, Fishery & Water Conservancy		45.44
2. 工业	Industry	0.53	34.11
#用作原料、材料	Non-Energy Use		0.30
3. 建筑业	Construction		4.86
4. 交通运输、仓储和邮政业	Transport, Storage and Post	7.00	88.09
5. 批发、零售业和住宿、餐饮业	Wholesale, Retail Trade and Hotel ,Restaurants		1.21
6. 生活消费	Residential Consumption		
城镇	Urban		
乡村	Rural		
7. 其他	Other		
五、平衡差额	**Statistical Difference**	**－0.03**	**－0.53**

Continued

燃料油 Fuel Oil 万吨 10^4tn	液化石油气 PLG 万吨 10^4tn	炼厂干气 Refinery Gas 万吨 10^4tn	天然气 Natural Gas 亿立方米 10^8 cu. m	其他石油制品 Other Petroleum Products 万吨 10^4tn	其他焦化产品 Other Coking Products 万吨 10^4 tn	热力 Heat 万百万千焦 10^{10} kJ	电力 Electricity 亿千瓦小时 10^8kW·h	其他能源 Other Energy 万吨标煤 10^4tce
51.45				**1.24**			**-100.23**	
							11.51	
50.00							0.03	
							-111.77	
1.45				1.24				
2.19	**22.57**	**14.24**		**43.43**	**2.12**	**3152.13**	**545.67**	
							545.67	
						3152.13		
					2.12			
2.19	22.57	14.24		43.43				
53.81	**22.57**	**13.95**		**44.47**	**2.12**	**3152.13**	**445.44**	
							18.25	
53.81	3.57	13.95		44.47	2.12	3152.13	327.43	
	0.25			13.40				
							4.66	
							5.06	
							9.71	
	19.00						62.99	
	19.00						27.90	
							35.09	
							17.34	
-0.17		**0.29**		**0.20**				

6-13 福建能源平衡表(实物量)-2003

		煤合计 Coal Total 万吨 10^4 tn	原煤 Raw Coal 万吨 10^4 tn
一、可供本地区消费的能源量	**Total Primary Energy Supply**	**3272.80**	**3206.50**
1.一次能源生产量	Indigenous Production	1740.00	1740.00
2.回收能	Recovery of Energy		
3.外省(区、市)调入量	Moving In from Other Provinces	1866.20	1800.00
4.进口量	Import		
5.我轮、机在外国加油量	Chinese Airplanes & Ships in Refueling Abroad		
6.本省(区、市)调出量(-)	Sending Out to Other Provinces(-)	-345.00	-345.00
7.出口量(-)	Export(-)		
8.外轮、机在我国加油量(-)	Foreign Airplanes & Ships in Refueling in China		
9.库存增(-)、减(+)量	Stock Change	11.60	11.50
二、加工转换投入(-)产出(+)量	**Input(-) & Output(+) of Transformation**	**-1924.83**	**-1863.09**
1.火力发电	Thermal Power	-1754.00	-1754.00
2.供热	Heating Supply	-105.20	-105.20
3.洗选煤	Coal Washing		
4.炼焦	Coking	-65.63	-3.89
5.炼油	Petroleum Refineries		
6.制气	Gas Works		
#焦炭再投入量(-)	Coke Input(-)		
7.煤制品加工	Briquettes		
三、损失量	**Loss**		
四、终端消费量	**Total Final Consumption**	**1347.13**	**1342.57**
1.农、林、牧、渔、水利业	Farming, Forestry, Animal Husbandry, Fishery & Water Conservancy	1.83	1.83
2.工业	Industry	1182.76	1178.20
#用作原料、材料	Non-Energy Use	97.71	97.71
3.建筑业	Construction	9.30	9.30
4.交通运输、仓储和邮政业	Transport, Storage and Post	5.73	5.73
5.批发、零售业和住宿、餐饮业	Wholesale, Retail Trade and Hotel ,Restaurants	8.81	8.81
6.生活消费	Residential Consumption	138.70	138.70
城镇	Urban	91.40	91.40
乡村	Rural	47.30	47.30
7.其他	Other		
五、平衡差额	**Statistical Difference**	**0.84**	**0.84**

ENERGY BALANCE OF FUJIAN －2003 (PHYSICAL QUANTITY)

洗精煤 Cleaned Coal 万吨 10^4 tn	其他洗煤 Other Washed Coal 万吨 10^4 tn	型煤 Briquettes 万吨 10^4 tn	焦炭 Coke 万吨 10^4 tn	焦炉煤气 Coke Oven Gas 亿立方米 10^8 cu. m	其他煤气 Other Gas 亿立方米 10^8 cu. m	油品合计 Petroleum Products Total 万吨 10^4 tn	原油 Crude Oil 万吨 10^4 tn	汽油 Gasoline 万吨 10^4 tn
66.30			**86.20**			**666.69**	**362.62**	**34.66**
66.20			91.30			701.13	366.43	64.60
			-5.60			-36.90		-36.90
0.10			0.50			2.46	-3.81	6.96
-61.74			**46.13**			**-45.90**	**-362.41**	**104.00**
						-18.89		
-61.74			46.13					
						-27.01	-362.41	104.00
4.56			**132.33**			**633.58**		**138.66**
						41.25		3.65
4.56			132.33			209.89		8.93
						0.50		0.50
						4.46		1.96
						196.98		43.60
						27.48		14.20
						64.02		6.72
						51.42		4.92
						12.60		1.80
						89.50		59.60
						-12.79	**0.21**	

续表

		煤油 Kerosene 万吨 10^4 tn	柴油 Diesel Oil 万吨 10^4 tn
一、可供本地区消费的能源量	**Total Primary Energy Supply**	**19.47**	**118.91**
1. 一次能源生产量	Indigenous Production		
2. 回收能	Recovery of Energy		
3. 外省(区、市)调入量	Moving In from Other Provinces	19.50	108.60
4. 进口量	Import		
5. 我轮、机在外国加油量	Chinese Airplanes & Ships in Refueling Abroad		
6. 本省(区、市)调出量(-)	Sending Out to Other Provinces(-)		
7. 出口量(-)	Export(-)		
8. 外轮、机在我国加油量(-)	Foreign Airplanes & Ships in Refueling in China		
9. 库存增(-)、减(+)量	Stock Change	-0.03	10.31
二、加工转换投入(-)产出(+)量	**Input(-) & Output(+) of Transformation**	**6.10**	**147.40**
1. 火力发电	Thermal Power		
2. 供热	Heating Supply		
3. 洗选煤	Coal Washing		
4. 炼焦	Coking		
5. 炼油	Petroleum Refineries	6.10	147.40
6. 制气	Gas Works		
#焦炭再投入量(-)	Coke Input(-)		
7. 煤制品加工	Briquettes		
三、损失量	**Loss**		
四、终端消费量	**Total Final Consumption**	**25.54**	**266.38**
1. 农、林、牧、渔、水利业	Farming, Forestry, Animal Husbandry, Fishery & Water Conservancy		37.60
2. 工业	Industry	1.86	58.30
#用作原料、材料	Non-Energy Use		
3. 建筑业	Construction		2.50
4. 交通运输、仓储和邮政业	Transport, Storage and Post	20.18	132.10
5. 批发、零售业和住宿、餐饮业	Wholesale, Retail Trade and Hotel ,Restaurants		5.98
6. 生活消费	Residential Consumption	3.50	
城镇	Urban	1.20	
乡村	Rural	2.30	
7. 其他	Other		29.90
五、平衡差额	**Statistical Difference**	**0.03**	**-0.07**

Continued

燃料油 Fuel Oil 万吨 10^4tn	液化石油气 PLG 万吨 10^4tn	炼厂干气 Refinery Gas 万吨 10^4tn	天然气 Natural Gas 亿立方米 10^8 cu. m	其他石油制品 Other Petroleum Products 万吨 10^4tn	其他焦化产品 Other Coking Products 万吨 10^4 tn	热力 Heat 万百万千焦 10^{10} kJ	电力 Electricity 亿千瓦小时 10^8kW · h	其他能源 Other Energy 万吨标煤 10^4tce
75.29	**58.00**			**-2.26**	**0.70**		**164.01**	
							188.99	
83.80	58.20						6.77	
							-31.75	
-8.51	-0.20			-2.26	0.70			
-11.44	**21.87**			**48.58**	**6.09**	**203.60**	**421.46**	
-18.89							421.46	
						203.60		
					6.09			
7.45	21.87			48.58				
75.70	**79.80**			**47.50**	**6.79**	**203.60**	**585.35**	
							12.13	
75.70	17.60			47.50	6.79	203.60	407.64	
							7.05	
	1.10						11.98	
	7.30						19.64	
	53.80						98.11	
	45.30						55.79	
	8.50						42.32	
							28.80	
-11.85	**0.07**			**-1.18**			**0.12**	

6-14 江西能源平衡表(实物量)-2003

		煤合计 Coal Total 万吨 10^4 tn	原煤 Raw Coal 万吨 10^4 tn
一、可供本地区消费的能源量	**Total Primary Energy Supply**	**3243.66**	**2868.08**
1.一次能源生产量	Indigenous Production	1451.66	1451.66
2.回收能	Recovery of Energy		
3.外省(区、市)调入量	Moving In from Other Provinces	1888.89	1507.51
4.进口量	Import		
5.我轮、机在外国加油量	Chinese Airplanes & Ships in Refueling Abroad		
6.本省(区、市)调出量(-)	Sending Out to Other Provinces(-)	-80.00	-80.00
7.出口量(-)	Export(-)		
8.外轮、机在我国加油量(-)	Foreign Airplanes & Ships in Refueling in China		
9.库存增(-)、减(+)量	Stock Change	-16.89	-11.09
二、加工转换投入(-)产出(+)量	**Input(-) & Output(+) of Transformation**	**-1923.57**	**-1847.11**
1.火力发电	Thermal Power	-1429.44	-1427.41
2.供热	Heating Supply	-60.16	-60.16
3.洗选煤	Coal Washing	-76.84	-205.78
4.炼焦	Coking	-311.22	
5.炼油	Petroleum Refineries		
6.制气	Gas Works	-74.58	-2.54
#焦炭再投入量(-)	Coke Input(-)		
7.煤制品加工	Briquettes	28.67	-151.22
三、损失量	**Loss**		
四、终端消费量	**Total Final Consumption**	**1165.03**	**865.89**
1.农、林、牧、渔、水利业	Farming, Forestry, Animal Husbandry, Fishery & Water Conservancy	5.00	5.00
2.工业	Industry	824.35	704.17
#用作原料、材料	Non-Energy Use	86.51	86.51
3.建筑业	Construction		
4.交通运输、仓储和邮政业	Transport, Storage and Post	13.50	11.00
5.批发、零售业和住宿、餐饮业	Wholesale, Retail Trade and Hotel ,Restaurants	8.00	4.00
6.生活消费	Residential Consumption	314.18	141.72
城镇	Urban	141.72	41.72
乡村	Rural	172.46	100.00
7.其他	Other		
五、平衡差额	**Statistical Difference**	**155.06**	**155.08**

ENERGY BALANCE OF JIANGXI －2003 (PHYSICAL QUANTITY)

洗精煤 Cleaned Coal 万吨 10^4 tn	其他洗煤 Other Washed Coal 万吨 10^4 tn	型煤 Briquettes 万吨 10^4 tn	焦炭 Coke 万吨 10^4 tn	焦炉煤气 Coke Oven Gas 亿立方米 10^8 cu. m	其他煤气 Other Gas 亿立方米 10^8 cu. m	油品合计 Petroleum Products Total 万吨 10^4 tn	原油 Crude Oil 万吨 10^4 tn	汽油 Gasoline 万吨 10^4 tn
374.69	**0.91**	**-0.02**	**121.61**			**465.92**	**314.59**	**-18.25**
381.38			128.49			408.77	187.04	6.93
						141.94	141.94	
						-68.42		-24.68
-6.69	0.91	-0.02	-6.88			-16.37	-14.39	-0.50
-283.29	**26.94**	**179.89**	**176.07**	**9.03**	**27.94**	**-14.71**	**-311.90**	**77.88**
	-2.03					-2.70		
						-5.18		
99.97	28.97							
-311.22			176.07	7.35	27.94			
						-6.83	-311.90	77.88
-72.04				1.68				
		179.89						
						2.17	**2.17**	
91.40	**27.85**	**179.89**	**297.68**	**9.84**	**32.64**	**454.54**		**59.63**
						18.46		1.03
91.40	27.85	0.93	297.68	9.84	27.69	98.55		2.16
						2.90		1.40
		2.50				268.71		44.62
		4.00				4.70		1.50
		172.46			4.95	56.22		5.42
		100.00			4.95	48.73		3.92
		72.46				7.49		1.50
						5.00		3.50
		-0.02		**-0.81**	**-4.70**	**-5.50**	**0.52**	

续表

		煤油 Kerosene 万吨 10^4 tn	柴油 Diesel Oil 万吨 10^4 tn
一、可供本地区消费的能源量	**Total Primary Energy Supply**	**-1.03**	**135.87**
1. 一次能源生产量	Indigenous Production		
2. 回收能	Recovery of Energy		
3. 外省(区、市)调入量	Moving In from Other Provinces		148.40
4. 进口量	Import		
5. 我轮、机在外国加油量	Chinese Airplanes & Ships in Refueling Abroad		
6. 本省(区、市)调出量(-)	Sending Out to Other Provinces(-)	-0.76	-12.09
7. 出口量(-)	Export(-)		
8. 外轮、机在我国加油量(-)	Foreign Airplanes & Ships in Refueling in China		
9. 库存增(-)、减(+)量	Stock Change	-0.27	-0.44
二、加工转换投入(-)产出(+)量	**Input(-) & Output(+) of Transformation**	**5.08**	**115.18**
1. 火力发电	Thermal Power		-0.52
2. 供热	Heating Supply		-0.03
3. 洗选煤	Coal Washing		
4. 炼焦	Coking		
5. 炼油	Petroleum Refineries	5.08	115.73
6. 制气	Gas Works		
#焦炭再投入量(-)	Coke Input(-)		
7. 煤制品加工	Briquettes		
三、损失量	**Loss**		
四、终端消费量	**Total Final Consumption**	**5.32**	**251.05**
1. 农、林、牧、渔、水利业	Farming, Forestry, Animal Husbandry, Fishery & Water Conservancy	0.10	17.33
2. 工业	Industry	0.20	10.35
#用作原料、材料	Non-Energy Use		
3. 建筑业	Construction		1.50
4. 交通运输、仓储和邮政业	Transport, Storage and Post	4.72	219.37
5. 批发、零售业和住宿、餐饮业	Wholesale, Retail Trade and Hotel ,Restaurants	0.20	1.00
6. 生活消费	Residential Consumption	0.10	
城镇	Urban		
乡村	Rural	0.10	
7. 其他	Other		1.50
五、平衡差额	**Statistical Difference**	**-1.27**	

Continued

燃料油 Fuel Oil 万吨 10^4tn	液化石油气 PLG 万吨 10^4tn	炼厂干气 Refinery Gas 万吨 10^4tn	天然气 Natural Gas 亿立方米 10^8 cu. m	其他石油制品 Other Petroleum Products 万吨 10^4tn	其他焦化产品 Other Coking Products 万吨 10^4 tn	热力 Heat 万百万千焦 10^{10} kJ	电力 Electricity 亿千瓦小时 10^8kW · h	其他能源 Other Energy 万吨标煤 10^4tce
-12.37	**34.05**			**13.06**			**26.23**	
							47.64	
1.31	46.90			18.19			0.15	
-14.41	-12.83			-3.65			-21.56	
0.73	-0.02			-1.48				
50.55	**19.79**	**6.36**		**22.35**	**11.59**	**991.02**	**273.30**	
-0.42		-1.76					273.30	
-1.13		-4.02				991.02		
					10.23			
52.10	19.79	12.14		22.35				
					1.36			
							22.59	
38.18	**53.84**	**6.36**		**40.16**	**11.59**	**928.98**	**276.94**	**22.14**
							32.07	
38.18	1.14	6.36		40.16	11.59	928.98	183.46	22.14
							1.52	
							3.99	
	2.00						4.03	
	50.70						42.62	
	44.81						29.88	
	5.89						12.74	
							9.25	
				-4.75		**62.04**		**-22.14**

6－15 山东能源平衡表(实物量)－2003

		煤合计 Coal Total 万吨 10^4 tn	原煤 Raw Coal 万吨 10^4 tn
一、可供本地区消费的能源量	**Total Primary Energy Supply**	**15165.14**	**17772.70**
1. 一次能源生产量	Indigenous Production	14667.30	14667.30
2. 回收能	Recovery of Energy		
3. 外省(区、市)调入量	Moving In from Other Provinces	5336.00	5336.00
4. 进口量	Import		
5. 我轮、机在外国加油量	Chinese Airplanes & Ships in Refueling Abroad		
6. 本省(区、市)调出量(－)	Sending Out to Other Provinces(－)	－3260.00	－2330.00
7. 出口量(－)	Export(－)	－1666.50	
8. 外轮、机在我国加油量(－)	Foreign Airplanes & Ships in Refueling in China		
9. 库存增(－)、减(＋)量	Stock Change	88.34	99.40
二、加工转换投入(－)产出(＋)量	**Input(－) & Output(＋) of Transformation**	**－9811.45**	**－12867.05**
1. 火力发电	Thermal Power	－7268.31	－6808.00
2. 供热	Heating Supply	－988.40	－887.00
3. 洗选煤	Coal Washing	－767.98	－5036.18
4. 炼焦	Coking	－642.50	－42.20
5. 炼油	Petroleum Refineries		
6. 制气	Gas Works	－197.27	－93.67
#焦炭再投入量(－)	Coke Input(－)		
7. 煤制品加工	Briquettes	53.00	
三、损失量	**Loss**		
四、终端消费量	**Total Final Consumption**	**5354.23**	**4905.70**
1. 农、林、牧、渔、水利业	Farming, Forestry, Animal Husbandry, Fishery & Water Conservancy	120.00	120.00
2. 工业	Industry	4481.23	4062.70
#用作原料、材料	Non-Energy Use		
3. 建筑业	Construction	115.00	110.00
4. 交通运输、仓储和邮政业	Transport, Storage and Post	101.00	101.00
5. 批发、零售业和住宿、餐饮业	Wholesale, Retail Trade and Hotel ,Restaurants	115.00	115.00
6. 生活消费	Residential Consumption	367.00	342.00
城镇	Urban	272.00	262.00
乡村	Rural	95.00	80.00
7. 其他	Other	55.00	55.00
五、平衡差额	**Statistical Difference**	**－0.54**	**－0.05**

ENERGY BALANCE OF SHANDONG －2003（PHYSICAL QUANTITY）

洗精煤 Cleaned Coal 万吨 10^4 tn	其他洗煤 Other Washed Coal 万吨 10^4 tn	型煤 Briquettes 万吨 10^4 tn	焦炭 Coke 万吨 10^4 tn	焦炉煤气 Coke Oven Gas 亿立方米 10^8 cu. m	其他煤气 Other Gas 亿立方米 10^8 cu. m	油品合计 Petroleum Products Total 万吨 10^4 tn	原油 Crude Oil 万吨 10^4 tn	汽油 Gasoline 万吨 10^4 tn
－2369.30	**－238.10**	**－0.16**	**116.90**			**1694.98**	**2213.97**	**－151.99**
						2666.00	2666.00	
			129.00			609.29	333.20	52.30
						548.40	548.40	
						0.04		
－680.00	－250.00					－2134.06	－1341.66	－200.00
－1666.50								
－22.80	11.90	－0.16	－12.10			5.31	8.03	－4.29
2707.50	**289.10**	**59.00**	**523.72**	**12.34**	**26.42**	**－65.11**	**－1993.38**	**361.79**
－9.41	－450.90			－0.02	－1.56	－45.99	－29.68	－0.01
－1.40	－100.00			－0.09	－0.22	－8.96		
3428.20	840.00							
－600.30			543.30	12.50	－18.00			
						－10.15	－1963.70	361.80
－103.59				－0.05	46.20			
			－19.58					
－6.00		59.00						
338.50	**51.00**	**59.03**	**640.50**	**12.30**	**26.42**	**1629.91**	**220.35**	**209.50**
						35.00		5.00
338.50	51.00	29.03	635.00	11.00	26.42	969.94	220.35	47.00
		5.00	5.50			50.80		4.50
						384.50		70.00
						63.38		15.00
		25.00		1.30		81.29		38.00
		10.00		1.30		65.00		30.00
		15.00				16.29		8.00
						45.00		30.00
－0.30		**－0.19**	**0.12**	**0.04**		**－0.03**	**0.24**	**0.30**

续表

		煤油 Kerosene 万吨 10^4 tn	柴油 Diesel Oil 万吨 10^4 tn
一、可供本地区消费的能源量	**Total Primary Energy Supply**	**-36.62**	**-148.49**
1. 一次能源生产量	Indigenous Production		
2. 回收能	Recovery of Energy		
3. 外省(区、市)调入量	Moving In from Other Provinces	4.40	219.00
4. 进口量	Import		
5. 我轮、机在外国加油量	Chinese Airplanes & Ships in Refueling Abroad	0.04	
6. 本省(区、市)调出量(-)	Sending Out to Other Provinces(-)	-41.40	-374.00
7. 出口量(-)	Export(-)		
8. 外轮、机在我国加油量(-)	Foreign Airplanes & Ships in Refueling in China		
9. 库存增(-)、减(+)量	Stock Change	0.34	6.51
二、加工转换投入(-)产出(+)量	**Input(-) & Output(+) of Transformation**	**50.85**	**664.29**
1. 火力发电	Thermal Power		-5.40
2. 供热	Heating Supply		-0.11
3. 洗选煤	Coal Washing		
4. 炼焦	Coking		
5. 炼油	Petroleum Refineries	50.85	669.80
6. 制气	Gas Works		
#焦炭再投入量(-)	Coke Input(-)		
7. 煤制品加工	Briquettes		
三、损失量	**Loss**		
四、终端消费量	**Total Final Consumption**	**14.23**	**515.50**
1. 农、林、牧、渔、水利业	Farming, Forestry, Animal Husbandry, Fishery & Water Conservancy		30.00
2. 工业	Industry	3.44	118.00
#用作原料、材料	Non-Energy Use		
3. 建筑业	Construction		13.50
4. 交通运输、仓储和邮政业	Transport, Storage and Post	10.50	294.00
5. 批发、零售业和住宿、餐饮业	Wholesale, Retail Trade and Hotel ,Restaurants		45.00
6. 生活消费	Residential Consumption	0.29	
城镇	Urban		
乡村	Rural	0.29	
7. 其他	Other		15.00
五、平衡差额	**Statistical Difference**		**0.30**

Continued

燃料油 Fuel Oil 万吨 10^4 tn	液化石油气 · PLG 万吨 10^4 tn	炼厂干气 Refinery Gas 万吨 10^4 tn	天然气 Natural Gas 亿立方米 10^8 cu. m	其他石油制品 Other Petroleum Products 万吨 10^4 tn	其他焦化产品 Other Coking Products 万吨 10^4 tn	热力 Heat 万百万千焦 10^{10} kJ	电力 Electricity 亿千瓦小时 10^8 kW · h	其他能源 Other Energy 万吨标煤 10^4 tce
-170.51	**-8.25**		**9.60**	**-3.13**	**-0.52**		**0.01**	**0.28**
			8.10				0.01	
0.39			1.50					
-169.00	-8.00							
-1.90	-0.25			-3.13	-0.52			0.28
394.22	**93.30**	**42.83**	**-1.08**	**321.00**	**30.23**	**10035.50**	**1395.70**	**0.04**
-10.07		-0.83	-1.08			6021.50	1355.20	-39.21
-7.91		-0.95				4014.00	40.50	-7.35
					30.23			
412.20	93.30	44.60		321.00				46.60
223.21	**85.55**	**43.40**	**8.52**	**318.17**	**29.71**	**10036.00**	**1395.72**	
						123.20	45.03	
210.71	35.17	43.40	5.95	291.87	29.71	8159.40	1070.86	
1.50	5.00			26.30		61.60	11.42	
10.00						184.80	14.80	
1.00	2.38		0.26			184.80	31.12	
	43.00		2.31			1256.90	154.59	
	35.00		2.18			1108.90	70.78	
	8.00		0.13			148.00	83.81	
						65.30	67.90	
0.50	**-0.50**	**-0.57**		**-0.30**		**-0.50**	**-0.01**	**0.32**

6-16 河南能源平衡表(实物量)-2003

		煤合计 Coal Total 万吨 10^4 tn	原煤 Raw Coal 万吨 10^4 tn
一、可供本地区消费的能源量	**Total Primary Energy Supply**	**10509.33**	**12013.12**
1.一次能源生产量	Indigenous Production	13226.47	13226.47
2.回收能	Recovery of Energy		
3.外省(区、市)调入量	Moving In from Other Provinces	2380.80	2380.80
4.进口量	Import		
5.我轮、机在外国加油量	Chinese Airplanes & Ships in Refueling Abroad		
6.本省(区、市)调出量(-)	Sending Out to Other Provinces(-)	-5047.00	-3567.32
7.出口量(-)	Export(-)		
8.外轮、机在我国加油量(-)	Foreign Airplanes & Ships in Refueling in China		
9.库存增(-)、减(+)量	Stock Change	-50.94	-26.83
二、加工转换投入(-)产出(+)量	**Input(-) & Output(+) of Transformation**	**-7442.40**	**-9095.04**
1.火力发电	Thermal Power	-5544.57	-5504.94
2.供热	Heating Supply	-524.09	-524.09
3.洗选煤	Coal Washing	-530.94	-2759.96
4.炼焦	Coking	-715.81	-182.93
5.炼油	Petroleum Refineries		
6.制气	Gas Works	-123.11	-119.24
#焦炭再投入量(-)	Coke Input(-)		
7.煤制品加工	Briquettes	-3.88	-3.88
三、损失量	**Loss**		
四、终端消费量	**Total Final Consumption**	**3981.00**	**3840.49**
1.农、林、牧、渔、水利业	Farming, Forestry, Animal Husbandry, Fishery & Water Conservancy	55.00	55.00
2.工业	Industry	3083.58	3002.49
#用作原料、材料	Non-Energy Use	1148.00	1148.00
3.建筑业	Construction	5.00	5.00
4.交通运输、仓储和邮政业	Transport, Storage and Post	15.00	15.00
5.批发、零售业和住宿、餐饮业	Wholesale, Retail Trade and Hotel ,Restaurants	2.00	2.00
6.生活消费	Residential Consumption	819.42	760.00
城镇	Urban	230.00	230.00
乡村	Rural	589.42	530.00
7.其他	Other	1.00	1.00
五、平衡差额	**Statistical Difference**	**-914.07**	**-922.41**

ENERGY BALANCE OF HENAN －2003（PHYSICAL QUANTITY）

洗精煤 Cleaned Coal 万吨 10^4 tn	其他洗煤 Other Washed Coal 万吨 10^4 tn	型煤 Briquettes 万吨 10^4 tn	焦炭 Coke 万吨 10^4 tn	焦炉煤气 Coke Oven Gas 亿立方米 10^8 cu. m	其他煤气 Other Gas 亿立方米 10^8 cu. m	油品合计 Petroleum Products Total 万吨 10^4 tn	原油 Crude Oil 万吨 10^4 tn	汽油 Gasoline 万吨 10^4 tn
－783.06	**－720.73**		**100.14**			**588.37**	**635.77**	**－7.92**
						547.57	547.57	
			260.00			265.47	131.97	53.00
						103.62	103.62	
－768.14	－711.54		－128.28			－339.32	－148.89	－62.79
			－19.78					
－14.92	－9.19		－11.80			11.03	1.50	1.87
805.38	**843.23**	**4.03**	**410.26**	**7.60**	**73.01**	**－44.71**	**－595.14**	**129.16**
	－39.63					－9.82	－0.50	
						－0.10		
1338.26	886.73	4.03						
－532.88			491.70	7.60				
						－34.79	－594.64	129.16
	－3.87				73.01			
			－81.44					
				0.29	**3.03**	**10.09**	**7.38**	**0.87**
25.77	**112.27**	**2.47**	**520.66**	**6.98**	**69.56**	**544.55**	**29.25**	**121.12**
						66.09		
25.77	52.85	2.47	520.66	6.36	69.17	249.40	27.25	18.72
						92.10	27.25	0.88
						25.97	2.00	0.40
						133.60		70.00
						24.03		12.00
	59.42			0.62	0.39	23.30		
				0.62	0.39	16.00		
	59.42					7.30		
						22.16		20.00
－3.45	**10.23**	**1.56**	**－10.26**	**0.33**	**0.42**	**－10.98**	**4.00**	**－0.75**

续表

		煤油 Kerosene 万吨 10^4 tn	柴油 Diesel Oil 万吨 10^4 tn
一、可供本地区消费的能源量	**Total Primary Energy Supply**	**-9.36**	**-50.55**
1. 一次能源生产量	Indigenous Production		
2. 回收能	Recovery of Energy		
3. 外省(区、市)调入量	Moving In from Other Provinces	0.50	50.00
4. 进口量	Import		
5. 我轮、机在外国加油量	Chinese Airplanes & Ships in Refueling Abroad		
6. 本省(区、市)调出量(-)	Sending Out to Other Provinces(-)	-13.32	-100.29
7. 出口量(-)	Export(-)		
8. 外轮、机在我国加油量(-)	Foreign Airplanes & Ships in Refueling in China		
9. 库存增(-)、减(+)量	Stock Change	3.46	-0.26
二、加工转换投入(-)产出(+)量	**Input(-) & Output(+) of Transformation**	**22.48**	**213.38**
1. 火力发电	Thermal Power		-2.54
2. 供热	Heating Supply		-0.04
3. 洗选煤	Coal Washing		
4. 炼焦	Coking		
5. 炼油	Petroleum Refineries	22.48	215.96
6. 制气	Gas Works		
#焦炭再投入量(-)	Coke Input(-)		
7. 煤制品加工	Briquettes		
三、损失量	**Loss**	**0.07**	**1.50**
四、终端消费量	**Total Final Consumption**	**12.67**	**164.60**
1. 农、林、牧、渔、水利业	Farming, Forestry, Animal Husbandry, Fishery & Water Conservancy	0.07	60.00
2. 工业	Industry	1.90	32.00
#用作原料、材料	Non-Energy Use	0.29	0.85
3. 建筑业	Construction	0.01	3.50
4. 交通运输、仓储和邮政业	Transport, Storage and Post	7.50	56.00
5. 批发、零售业和住宿、餐饮业	Wholesale, Retail Trade and Hotel ,Restaurants	0.13	11.30
6. 生活消费	Residential Consumption	3.00	
城镇	Urban		
乡村	Rural	3.00	
7. 其他	Other	0.06	1.80
五、平衡差额	**Statistical Difference**	**0.38**	**-3.27**

Continued

燃料油 Fuel Oil 万吨 10^4 tn	液化石油气 PLG 万吨 10^4 tn	炼厂干气 Refinery Gas 万吨 10^4 tn	天然气 Natural Gas 亿立方米 10^8 cu. m	其他石油制品 Other Petroleum Products 万吨 10^4 tn	其他焦化产品 Other Coking Products 万吨 10^4 tn	热力 Heat 万百万千焦 10^{10} kJ	电力 Electricity 亿千瓦小时 10^8 kW · h	其他能源 Other Energy 万吨标煤 10^4 tce
31.72	**-13.23**		**17.14**	**1.94**	**3.86**		**86.04**	**19.08**
			20.14				54.00	
								6.79
30.00							35.54	12.29
-0.31	-13.72		-3.00				-3.50	
2.03	0.49			1.94	3.86			
37.65	**46.27**	**14.80**		**86.69**	**11.80**	**10090.00**	**968.76**	**-11.04**
-0.25		-6.53					968.76	-11.04
-0.06						10090.00		
					11.80			
37.96	46.27	21.33		86.69				
0.10	**0.17**		**1.02**		**7.00**	**650.00**	**79.90**	
77.95	**32.86**	**14.85**	**15.75**	**91.25**	**8.00**	**8754.45**	**974.74**	**8.04**
0.27	5.75						75.58	
77.68	5.75	14.85	12.55	71.25	8.00	7431.92	708.37	8.04
12.65	0.18		12.55	50.00	7.77	7431.92		
	0.06			20.00			6.09	
	0.10						27.55	
	0.60						16.20	
	20.30		3.20			1322.53	105.45	
	16.00		3.20			1322.53	62.28	
	4.30						43.17	
	0.30						35.50	
-8.68	**0.01**	**-0.05**	**0.37**	**-2.62**	**0.66**	**685.55**	**0.16**	

6－17 湖北能源平衡表(实物量)－2003

		煤合计 Coal Total 万吨 10^4 tn	原煤 Raw Coal 万吨 10^4 tn
一、可供本地区消费的能源量	**Total Primary Energy Supply**	**7238.46**	**6606.81**
1. 一次能源生产量	Indigenous Production	640.54	640.54
2. 回收能	Recovery of Energy		
3. 外省(区、市)调入量	Moving In from Other Provinces	6511.45	5884.49
4. 进口量	Import		
5. 我轮、机在外国加油量	Chinese Airplanes & Ships in Refueling Abroad		
6. 本省(区、市)调出量(－)	Sending Out to Other Provinces(－)		
7. 出口量(－)	Export(－)		
8. 外轮、机在我国加油量(－)	Foreign Airplanes & Ships in Refueling in China		
9. 库存增(－)、减(＋)量	Stock Change	86.47	81.78
二、加工转换投入(－)产出(＋)量	**Input(－) & Output(＋) of Transformation**	**－2973.55**	**－2368.21**
1. 火力发电	Thermal Power	－2072.44	－2072.44
2. 供热	Heating Supply	－265.15	－265.15
3. 洗选煤	Coal Washing		
4. 炼焦	Coking	－598.66	
5. 炼油	Petroleum Refineries		
6. 制气	Gas Works	－37.30	－30.62
#焦炭再投入量(－)	Coke Input(－)		
7. 煤制品加工	Briquettes		
三、损失量	**Loss**		
四、终端消费量	**Total Final Consumption**	**4264.91**	**4238.60**
1. 农、林、牧、渔、水利业	Farming, Forestry, Animal Husbandry, Fishery & Water Conservancy	69.10	69.10
2. 工业	Industry	3372.71	3346.40
#用作原料、材料	Non-Energy Use		
3. 建筑业	Construction	43.50	43.50
4. 交通运输、仓储和邮政业	Transport, Storage and Post	158.40	158.40
5. 批发、零售业和住宿、餐饮业	Wholesale, Retail Trade and Hotel ,Restaurants	60.80	60.80
6. 生活消费	Residential Consumption	550.30	550.30
城镇	Urban	149.00	149.00
乡村	Rural	401.30	401.30
7. 其他	Other	10.10	10.10
五、平衡差额	**Statistical Difference**		

ENERGY BALANCE OF HUBEI －2003（PHYSICAL QUANTITY）

洗精煤 Cleaned Coal 万吨 10^4 tn	其他洗煤 Other Washed Coal 万吨 10^4 tn	型煤 Briquettes 万吨 10^4 tn	焦炭 Coke 万吨 10^4 tn	焦炉煤气 Coke Oven Gas 亿立方米 10^8 cu. m	其他煤气 Other Gas 亿立方米 10^8 cu. m	油品合计 Petroleum Products Total 万吨 10^4 tn	原油 Crude Oil 万吨 10^4 tn	汽油 Gasoline 万吨 10^4 tn
631.64	**0.01**		**126.67**		**0.01**	**959.75**	**637.14**	**125.87**
						77.53	77.53	
626.95	0.01		123.92		0.01	880.86	555.24	131.57
4.69			2.75			1.36	4.37	−5.70
−605.34			**417.91**	**16.16**		**−83.86**	**−629.84**	**166.99**
				−0.93		−3.10	−0.24	
						−0.75		
−598.66			425.82	17.09				
						−79.64	−629.60	166.99
−6.68			−7.91			−0.37		
						5.20	**5.20**	
26.30	**0.01**		**544.58**	**16.16**	**0.01**	**870.69**	**2.10**	**292.86**
						106.76		3.56
26.30	0.01		544.58	16.16	0.01	266.32	2.10	33.10
			6.17					
						25.20		
						419.75		256.20
						18.92		
						33.74		
						24.28		
						9.46		

续表

		煤油 Kerosene 万吨 10^4 tn	柴油 Diesel Oil 万吨 10^4 tn
一、可供本地区消费的能源量	**Total Primary Energy Supply**		**125.02**
1. 一次能源生产量	Indigenous Production		
2. 回收能	Recovery of Energy		
3. 外省(区、市)调入量	Moving In from Other Provinces		124.08
4. 进口量	Import		
5. 我轮、机在外国加油量	Chinese Airplanes & Ships in Refueling Abroad		
6. 本省(区、市)调出量(-)	Sending Out to Other Provinces(-)		
7. 出口量(-)	Export(-)		
8. 外轮、机在我国加油量(-)	Foreign Airplanes & Ships in Refueling in China		
9. 库存增(-)、减(+)量	Stock Change		0.94
二、加工转换投入(-)产出(+)量	**Input(-) & Output(+) of Transformation**	**12.93**	**245.18**
1. 火力发电	Thermal Power		-0.69
2. 供热	Heating Supply		-0.05
3. 洗选煤	Coal Washing		
4. 炼焦	Coking		
5. 炼油	Petroleum Refineries	12.93	245.94
6. 制气	Gas Works		-0.02
#焦炭再投入量(-)	Coke Input(-)		
7. 煤制品加工	Briquettes		
三、损失量	**Loss**		
四、终端消费量	**Total Final Consumption**	**12.93**	**370.20**
1. 农、林、牧、渔、水利业	Farming, Forestry, Animal Husbandry, Fishery & Water Conservancy		103.20
2. 工业	Industry	7.20	96.80
#用作原料、材料	Non-Energy Use		
3. 建筑业	Construction		25.20
4. 交通运输、仓储和邮政业	Transport, Storage and Post	3.85	141.50
5. 批发、零售业和住宿、餐饮业	Wholesale, Retail Trade and Hotel ,Restaurants	1.62	3.50
6. 生活消费	Residential Consumption	0.26	
城镇	Urban		
乡村	Rural	0.26	
7. 其他	Other		
五、平衡差额	**Statistical Difference**		

Continued

燃料油 Fuel Oil 万吨 10^4tn	液化石油气 PLG 万吨 10^4tn	炼厂干气 Refinery Gas 万吨 10^4tn	天然气 Natural Gas 亿立方米 10^8 cu. m	其他石油制品 Other Petroleum Products 万吨 10^4tn	其他焦化产品 Other Coking Products 万吨 10^4 tn	热力 Heat 万百万千焦 10^{10} kJ	电力 Electricity 亿千瓦小时 10^8kW · h	其他能源 Other Energy 万吨标煤 10^4tce
71.09	**0.56**		**0.94**	**0.07**	**0.50**		**235.88**	
			0.94				387.75	
69.97							49.66	
							-201.53	
1.12	0.56			0.07	0.50			
16.81	**47.99**	**22.77**		**33.31**	**20.26**	**4784.00**	**393.32**	
-2.17							393.32	
-0.70						4784.00		
					20.26			
19.68	48.34	22.77		33.31				
	-0.35							
87.90	**48.55**	**22.77**	**0.94**	**33.38**	**20.76**	**4784.00**	**629.20**	
							17.88	
64.60	6.37	22.77	0.94	33.38	20.76	4784.00	451.94	
							6.47	
18.20							12.21	
5.10	8.70						19.42	
	33.48						87.94	
	24.28						64.01	
	9.20						23.93	
							33.34	

6－18　湖南能源平衡表(实物量)－2003

		煤合计 Coal Total 万吨 10^4 tn	原煤 Raw Coal 万吨 10^4 tn
一、可供本地区消费的能源量	**Total Primary Energy Supply**	**4984.25**	**4734.78**
1. 一次能源生产量	Indigenous Production	4300.00	4300.00
2. 回收能	Recovery of Energy		
3. 外省(区、市)调入量	Moving In from Other Provinces	1640.92	1350.00
4. 进口量	Import		
5. 我轮、机在外国加油量	Chinese Airplanes & Ships in Refueling Abroad		
6. 本省(区、市)调出量(－)	Sending Out to Other Provinces(－)	－882.94	－850.00
7. 出口量(－)	Export(－)		
8. 外轮、机在我国加油量(－)	Foreign Airplanes & Ships in Refueling in China		
9. 库存增(－)、减(＋)量	Stock Change	－73.73	－65.22
二、加工转换投入(－)产出(＋)量	**Input(－) & Output(＋) of Transformation**	**－2273.59**	**－2035.65**
1. 火力发电	Thermal Power	－1646.47	－1646.47
2. 供热	Heating Supply	－210.97	－209.97
3. 洗选煤	Coal Washing	－31.64	－149.84
4. 炼焦	Coking	－360.18	－6.00
5. 炼油	Petroleum Refineries		
6. 制气	Gas Works	－24.33	－23.37
#焦炭再投入量(－)	Coke Input(－)		
7. 煤制品加工	Briquettes		
三、损失量	**Loss**	**33.05**	**33.05**
四、终端消费量	**Total Final Consumption**	**2677.61**	**2666.08**
1. 农、林、牧、渔、水利业	Farming, Forestry, Animal Husbandry, Fishery & Water Conservancy	215.63	215.50
2. 工业	Industry	2087.12	2075.73
#用作原料、材料	Non-Energy Use	356.07	355.30
3. 建筑业	Construction	4.95	4.95
4. 交通运输、仓储和邮政业	Transport, Storage and Post	21.50	21.50
5. 批发、零售业和住宿、餐饮业	Wholesale, Retail Trade and Hotel ,Restaurants	9.10	9.10
6. 生活消费	Residential Consumption	332.80	332.80
城镇	Urban	62.00	62.00
乡村	Rural	270.80	270.80
7. 其他	Other	6.51	6.50
五、平衡差额	**Statistical Difference**		

ENERGY BALANCE OF HUNAN －2003 (PHYSICAL QUANTITY)

洗精煤 Cleaned Coal 万吨 10^4 tn	其他洗煤 Other Washed Coal 万吨 10^4 tn	型煤 Briquettes 万吨 10^4 tn	焦炭 Coke 万吨 10^4 tn	焦炉煤气 Coke Oven Gas 亿立方米 10^8 cu. m	其他煤气 Other Gas 亿立方米 10^8 cu. m	油品合计 Petroleum Products Total 万吨 10^4 tn	原油 Crude Oil 万吨 10^4 tn	汽油 Gasoline 万吨 10^4 tn
258.73	**－9.26**		**133.80**			**521.39**	**507.82**	**11.66**
290.92			151.89			431.28	304.67	74.65
						215.40	215.40	
－26.83	－6.11		－10.21			－108.74		－61.82
－5.36	－3.15		－7.88			－16.55	－12.25	－1.17
－249.19	**11.25**		**257.73**	**8.39**	**4.15**	**－56.51**	**－506.42**	**124.27**
			－1.22			－2.41		
－1.00						－8.34		
106.95	11.25							
－354.18			262.03	8.39				
						－45.76	－506.42	124.27
－0.96			－3.08		4.15			
						1.52	**1.10**	
9.54	**1.99**		**391.53**	**8.39**	**4.15**	**464.64**	**0.30**	**135.93**
	0.13					13.23		
9.54	1.85		390.80	8.17	3.44	156.25	0.30	11.28
0.71	0.06		150.21			7.97		
			0.05			6.29		2.85
			0.68			278.54		121.80
						0.03		
				0.22	0.71	10.21		
				0.22	0.71	10.21		
	0.01					0.09		

续表

		煤油 Kerosene 万吨 10^4 tn	柴油 Diesel Oil 万吨 10^4 tn
一、可供本地区消费的能源量	**Total Primary Energy Supply**	**1.74**	**4.74**
1. 一次能源生产量	Indigenous Production		
2. 回收能	Recovery of Energy		
3. 外省(区、市)调入量	Moving In from Other Provinces	1.93	16.30
4. 进口量	Import		
5. 我轮、机在外国加油量	Chinese Airplanes & Ships in Refueling Abroad		
6. 本省(区、市)调出量(-)	Sending Out to Other Provinces(-)		-11.28
7. 出口量(-)	Export(-)		
8. 外轮、机在我国加油量(-)	Foreign Airplanes & Ships in Refueling in China		
9. 库存增(-)、减(+)量	Stock Change	-0.19	-0.28
二、加工转换投入(-)产出(+)量	**Input(-) & Output(+) of Transformation**	**7.17**	**177.59**
1. 火力发电	Thermal Power		-1.21
2. 供热	Heating Supply		-0.07
3. 洗选煤	Coal Washing		
4. 炼焦	Coking		
5. 炼油	Petroleum Refineries	7.17	178.87
6. 制气	Gas Works		
#焦炭再投入量(-)	Coke Input(-)		
7. 煤制品加工	Briquettes		
三、损失量	**Loss**		
四、终端消费量	**Total Final Consumption**	**8.91**	**183.61**
1. 农、林、牧、渔、水利业	Farming, Forestry, Animal Husbandry, Fishery & Water Conservancy		13.23
2. 工业	Industry	0.69	18.48
#用作原料、材料	Non-Energy Use		1.05
3. 建筑业	Construction	0.04	3.40
4. 交通运输、仓储和邮政业	Transport, Storage and Post	8.18	148.50
5. 批发、零售业和住宿、餐饮业	Wholesale, Retail Trade and Hotel ,Restaurants		
6. 生活消费	Residential Consumption		
城镇	Urban		
乡村	Rural		
7. 其他	Other		
五、平衡差额	**Statistical Difference**		

Continued

燃料油 Fuel Oil 万吨 10^4tn	液化石油气 PLG 万吨 10^4tn	炼厂干气 Refinery Gas 万吨 10^4tn	天然气 Natural Gas 亿立方米 10^8 cu. m	其他石油制品 Other Petroleum Products 万吨 10^4tn	其他焦化产品 Other Coking Products 万吨 10^4 tn	热力 Heat 万百万千焦 10^{10} kJ	电力 Electricity 亿千瓦小时 10^8kW · h	其他能源 Other Energy 万吨标煤 10^4tce
19.37	**-11.67**			**-12.27**	**-0.01**		**252.16**	
							242.97	
22.75	0.23			10.75			30.42	
	-11.81			-23.83			-21.23	
-3.38	-0.09			0.81	-0.01			
18.38	**50.26**	**5.15**		**67.09**	**13.63**	**3818.57**	**294.79**	
-0.54		-0.66					294.79	
-4.50		-3.77				3818.57		
					13.63			
23.42	50.26	9.58		67.09				
		0.42					**45.78**	
37.75	**38.59**	**4.73**		**54.82**	**13.62**	**3818.57**	**501.17**	
							35.06	
37.69	30.12	2.87		54.82	13.62	3818.57	333.19	
3.25	0.05	0.02		3.60	0.05			
							7.83	
0.06							17.07	
	0.03						11.91	
	8.35	1.86					82.27	
	8.35	1.86					55.11	
							27.16	
	0.09						13.84	

6-19 广东能源平衡表(实物量)-2003

		煤合计 Coal Total 万吨 10^4 tn	原煤 Raw Coal 万吨 10^4 tn
一、可供本地区消费的能源量	**Total Primary Energy Supply**	**7910.25**	**7824.11**
1. 一次能源生产量	Indigenous Production	671.31	671.31
2. 回收能	Recovery of Energy		
3. 外省(区、市)调入量	Moving In from Other Provinces	7234.47	7048.06
4. 进口量	Import	112.01	112.01
5. 我轮、机在外国加油量	Chinese Airplanes & Ships in Refueling Abroad		
6. 本省(区、市)调出量(-)	Sending Out to Other Provinces(-)		
7. 出口量(-)	Export(-)	-97.98	
8. 外轮、机在我国加油量(-)	Foreign Airplanes & Ships in Refueling in China		
9. 库存增(-)、减(+)量	Stock Change	-9.56	-7.27
二、加工转换投入(-)产出(+)量	**Input(-) & Output(+) of Transformation**	**-4762.81**	**-4730.50**
1. 火力发电	Thermal Power	-4491.84	-4491.79
2. 供热	Heating Supply	-200.70	-200.70
3. 洗选煤	Coal Washing		
4. 炼焦	Coking	-77.53	
5. 炼油	Petroleum Refineries		
6. 制气	Gas Works	-16.11	-16.11
#焦炭再投入量(-)	Coke Input(-)		
7. 煤制品加工	Briquettes	4.72	-21.90
三、损失量	**Loss**	**13.10**	**13.10**
四、终端消费量	**Total Final Consumption**	**3134.34**	**3080.51**
1. 农、林、牧、渔、水利业	Farming, Forestry, Animal Husbandry, Fishery & Water Conservancy	51.21	51.21
2. 工业	Industry	2991.91	2964.51
#用作原料、材料	Non-Energy Use	183.16	183.16
3. 建筑业	Construction	1.51	1.51
4. 交通运输、仓储和邮政业	Transport, Storage and Post	0.89	0.89
5. 批发、零售业和住宿、餐饮业	Wholesale, Retail Trade and Hotel, Restaurants	17.60	17.60
6. 生活消费	Residential Consumption	71.22	44.79
城镇	Urban	15.82	4.77
乡村	Rural	55.40	40.02
7. 其他	Other		
五、平衡差额	**Statistical Difference**		

ENERGY BALANCE OF GUANGDONG －2003 (PHYSICAL QUANTITY)

洗精煤 Cleaned Coal 万吨 10^4 tn	其他洗煤 Other Washed Coal 万吨 10^4 tn	型煤 Briquettes 万吨 10^4 tn	焦炭 Coke 万吨 10^4 tn	焦炉煤气 Coke Oven Gas 亿立方米 10^8 cu. m	其他煤气 Other Gas 亿立方米 10^8 cu. m	油品合计 Petroleum Products Total 万吨 10^4 tn	原油 Crude Oil 万吨 10^4 tn	汽油 Gasoline 万吨 10^4 tn
85.10	**1.21**	**－0.17**	**171.89**		**22.21**	**3622.99**	**2095.15**	**3.60**
						1275.70	1275.70	
					22.21			
183.89	2.52		236.50			1014.85		266.19
						3161.25	1455.38	
						18.50		
			－44.40			－1765.77	－594.93	－238.56
－96.50	－1.31	－0.17	－0.20			－75.74		－20.14
						－2.30		
－2.29			－20.01			－3.50	－41.00	－3.89
－58.93		**26.62**	**55.97**	**1.68**	**2.96**	**－794.86**	**－2067.30**	**371.42**
－0.05					－3.21	－680.19	－6.85	－0.02
					－1.01	－86.44		
18.65								
－77.53			56.10	1.68				
						－18.76	－2060.45	371.44
			－0.13		7.18	－9.47		
		26.62						
						14.19	**8.90**	**1.00**
26.17	**1.21**	**26.45**	**227.86**	**1.68**	**25.17**	**2813.94**	**18.95**	**374.02**
						105.54		14.38
26.17	1.21	0.02	227.86	1.68	16.57	1382.38	18.95	26.14
			0.71			440.01	9.00	3.28
						23.51		7.91
						804.04		233.35
					2.34	70.43		20.50
		26.43			6.26	403.23		51.83
		11.05			6.26	307.07		34.74
		15.38				96.16		17.09
						24.81		19.91

续表

		煤油 Kerosene 万吨 10^4 tn	柴油 Diesel Oil 万吨 10^4 tn
一、可供本地区消费的能源量	**Total Primary Energy Supply**	**-40.95**	**219.50**
1. 一次能源生产量	Indigenous Production		
2. 回收能	Recovery of Energy		
3. 外省(区、市)调入量	Moving In from Other Provinces	10.18	355.09
4. 进口量	Import	11.73	40.42
5. 我轮、机在外国加油量	Chinese Airplanes & Ships in Refueling Abroad	18.50	
6. 本省(区、市)调出量(-)	Sending Out to Other Provinces(-)	-70.50	-185.50
7. 出口量(-)	Export(-)	-12.68	-22.44
8. 外轮、机在我国加油量(-)	Foreign Airplanes & Ships in Refueling in China	-2.30	
9. 库存增(-)、减(+)量	Stock Change	4.12	31.93
二、加工转换投入(-)产出(+)量	**Input(-) & Output(+) of Transformation**	**160.59**	**684.24**
1. 火力发电	Thermal Power		-31.90
2. 供热	Heating Supply		-0.23
3. 洗选煤	Coal Washing		
4. 炼焦	Coking		
5. 炼油	Petroleum Refineries	160.59	716.37
6. 制气	Gas Works		
#焦炭再投入量(-)	Coke Input(-)		
7. 煤制品加工	Briquettes		
三、损失量	**Loss**	**0.50**	**1.59**
四、终端消费量	**Total Final Consumption**	**119.14**	**902.15**
1. 农、林、牧、渔、水利业	Farming, Forestry, Animal Husbandry, Fishery & Water Conservancy		91.16
2. 工业	Industry	3.75	356.07
#用作原料、材料	Non-Energy Use	1.10	59.44
3. 建筑业	Construction		15.60
4. 交通运输、仓储和邮政业	Transport, Storage and Post	112.99	396.86
5. 批发、零售业和住宿、餐饮业	Wholesale, Retail Trade and Hotel ,Restaurants		30.39
6. 生活消费	Residential Consumption	2.40	7.17
城镇	Urban	0.20	1.29
乡村	Rural	2.20	5.88
7. 其他	Other		4.90
五、平衡差额	**Statistical Difference**		

Continued

燃料油 Fuel Oil 万吨 10^4 tn	液化石油气 PLG 万吨 10^4 tn	炼厂干气 Refinery Gas 万吨 10^4 tn	天然气 Natural Gas 亿立方米 10^8 cu. m	其他石油制品 Other Petroleum Products 万吨 10^4 tn	其他焦化产品 Other Coking Products 万吨 10^4 tn	热力 Heat 万百万千焦 10^{10} kJ	电力 Electricity 亿千瓦小时 10^8 kW·h	其他能源 Other Energy 万吨标煤 10^4 tce
995.44	**363.16**		**1.26**	**-12.91**	**0.30**		**613.91**	**94.75**
			27.30				478.37	
								94.75
304.21	79.18						212.93	
1036.36	415.63			201.73	23.35		30.07	
-337.77	-132.31		-9.17	-206.20	-22.66		-1.80	
-4.96	-2.26		-16.87	-13.26	-0.39		-105.66	
-2.40	2.92			4.82				
-434.92	**84.57**	**64.42**		**342.12**	**0.26**	**5590.98**	**1417.38**	**-94.75**
-627.22		-2.85		-11.35			1417.38	-93.21
-49.67	-0.01	-4.67		-31.86		5590.98		-1.54
					0.56			
246.21	88.60	73.15		385.33				
-4.24	-4.02	-1.21			-0.30			
2.20							**202.75**	
558.32	**447.73**	**64.42**	**1.26**	**329.21**	**0.56**	**5590.98**	**1828.54**	
							30.20	
491.31	92.53	64.42	1.26	329.21	0.56	5590.98	1166.09	
84.71	42.15			240.33	0.47			
							26.60	
60.84							49.31	
6.17	13.37						148.61	
	341.83						257.65	
	270.84						146.11	
	70.99						111.54	
							150.08	

6－20 广西能源平衡表(实物量)－2003

		煤合计 Coal Total 万吨 10^4 tn	原煤 Raw Coal 万吨 10^4 tn
一、可供本地区消费的能源量	**Total Primary Energy Supply**	**2591.47**	**2433.71**
1. 一次能源生产量	Indigenous Production	443.47	443.47
2. 回收能	Recovery of Energy		
3. 外省(区、市)调入量	Moving In from Other Provinces	2596.87	2445.60
4. 进口量	Import		
5. 我轮、机在外国加油量	Chinese Airplanes & Ships in Refueling Abroad		
6. 本省(区、市)调出量(－)	Sending Out to Other Provinces(－)	－445.60	－445.60
7. 出口量(－)	Export(－)		
8. 外轮、机在我国加油量(－)	Foreign Airplanes & Ships in Refueling in China		
9. 库存增(－)、减(＋)量	Stock Change	－3.27	－9.76
二、加工转换投入(－)产出(＋)量	**Input(－) & Output(＋) of Transformation**	**－1057.34**	**－923.38**
1. 火力发电	Thermal Power	－831.84	－831.84
2. 供热	Heating Supply	－36.61	－36.61
3. 洗选煤	Coal Washing	0.01	
4. 炼焦	Coking	－133.97	
5. 炼油	Petroleum Refineries		
6. 制气	Gas Works	－54.93	－54.93
#焦炭再投入量(－)	Coke Input(－)		
7. 煤制品加工	Briquettes		
三、损失量	**Loss**		
四、终端消费量	**Total Final Consumption**	**1534.12**	**1510.33**
1. 农、林、牧、渔、水利业	Farming, Forestry, Animal Husbandry, Fishery & Water Conservancy	11.31	11.31
2. 工业	Industry	1476.39	1452.60
#用作原料、材料	Non-Energy Use	252.08	252.08
3. 建筑业	Construction		
4. 交通运输、仓储和邮政业	Transport, Storage and Post	10.57	10.57
5. 批发、零售业和住宿、餐饮业	Wholesale, Retail Trade and Hotel ,Restaurants	22.47	22.47
6. 生活消费	Residential Consumption	13.38	13.38
城镇	Urban	10.85	10.85
乡村	Rural	2.53	2.53
7. 其他	Other		
五、平衡差额	**Statistical Difference**	**0.01**	

ENERGY BALANCE OF GUANGXI -2003 (PHYSICAL QUANTITY)

洗精煤 Cleaned Coal 万吨 10^4 tn	其他洗煤 Other Washed Coal 万吨 10^4 tn	型煤 Briquettes 万吨 10^4 tn	焦炭 Coke 万吨 10^4 tn	焦炉煤气 Coke Oven Gas 亿立方米 10^8 cu. m	其他煤气 Other Gas 亿立方米 10^8 cu. m	油品合计 Petroleum Products Total 万吨 10^4 tn	原油 Crude Oil 万吨 10^4 tn	汽油 Gasoline 万吨 10^4 tn
155.23	**2.52**	**0.01**	**96.50**			**439.68**	**66.64**	**100.86**
						59.67	3.28	15.83
148.78	2.48	0.01	108.81			374.69	64.28	85.76
						0.61		
6.45	0.04		-12.31			4.71	-0.92	-0.73
-133.97	**0.01**		**95.96**	**3.77**	**42.34**	**-3.57**	**-66.32**	**15.84**
						-0.30		
	0.01							
-133.97			99.44	3.77	42.34			
						-3.27	-66.32	15.84
			-1.74					
			-1.74					
21.26	**2.52**	**0.01**	**195.94**	**3.77**	**42.34**	**402.48**	**0.32**	**116.70**
						5.45		5.45
21.26	2.52	0.01	195.94	3.41	42.34	61.58	0.32	10.60
						4.26		2.70
						218.42		41.46
						11.52		5.55
				0.36		82.54		36.78
				0.36		69.77		27.56
						12.77		9.22
						18.71		14.16
	0.01		**-3.48**			**33.62**		

续表

		煤油 Kerosene 万吨 10^4 tn	柴油 Diesel Oil 万吨 10^4 tn
一、可供本地区消费的能源量	**Total Primary Energy Supply**	**10.43**	**193.57**
1. 一次能源生产量	Indigenous Production	0.01	24.15
2. 回收能	Recovery of Energy		
3. 外省(区、市)调入量	Moving In from Other Provinces	9.25	163.90
4. 进口量	Import		
5. 我轮、机在外国加油量	Chinese Airplanes & Ships in Refueling Abroad		
6. 本省(区、市)调出量(-)	Sending Out to Other Provinces(-)		
7. 出口量(-)	Export(-)		
8. 外轮、机在我国加油量(-)	Foreign Airplanes & Ships in Refueling in China	0.61	
9. 库存增(-)、减(+)量	Stock Change	0.56	5.52
二、加工转换投入(-)产出(+)量	**Input(-) & Output(+) of Transformation**	**0.01**	**24.16**
1. 火力发电	Thermal Power		
2. 供热	Heating Supply		
3. 洗选煤	Coal Washing		
4. 炼焦	Coking		
5. 炼油	Petroleum Refineries	0.01	24.16
6. 制气	Gas Works		
#焦炭再投入量(-)	Coke Input(-)		
7. 煤制品加工	Briquettes		
三、损失量	**Loss**		
四、终端消费量	**Total Final Consumption**	**10.43**	**210.47**
1. 农、林、牧、渔、水利业	Farming, Forestry, Animal Husbandry, Fishery & Water Conservancy		
2. 工业	Industry		35.96
#用作原料、材料	Non-Energy Use		
3. 建筑业	Construction		1.56
4. 交通运输、仓储和邮政业	Transport, Storage and Post	10.43	166.53
5. 批发、零售业和住宿、餐饮业	Wholesale, Retail Trade and Hotel ,Restaurants		2.52
6. 生活消费	Residential Consumption		
城镇	Urban		
乡村	Rural		
7. 其他	Other		3.90
五、平衡差额	**Statistical Difference**		**7.26**

Continued

燃料油 Fuel Oil 万吨 10^4 tn	液化石油气 PLG 万吨 10^4 tn	炼厂干气 Refinery Gas 万吨 10^4 tn	天然气 Natural Gas 亿立方米 10^8 cu. m	其他石油制品 Other Petroleum Products 万吨 10^4 tn	其他焦化产品 Other Coking Products 万吨 10^4 tn	热力 Heat 万百万千焦 10^{10} kJ	电力 Electricity 亿千瓦小时 10^8 kW·h	其他能源 Other Energy 万吨标煤 10^4 tce
11.72	**51.54**		**0.01**	**4.92**			**244.61**	**238.01**
10.58	5.82						192.63	
								238.66
1.75	45.50		0.01	4.25			54.43	
							-2.45	
-0.61	0.22			0.67				-0.65
8.79	**5.82**	**1.86**	**0.01**	**6.27**	**4.66**	**426.46**	**170.28**	
-0.30							170.28	
						426.46		
9.09	5.82	1.86	0.01	6.27	4.66			
							32.51	
	51.51	**1.86**		**11.19**	**4.66**	**426.46**	**382.42**	**238.01**
							15.17	
	1.65	1.86		11.19	4.66	426.46	269.41	238.01
							2.86	
							6.50	
	3.45						10.16	
	45.76						61.48	
	42.21						37.34	
	3.55						24.14	
	0.65						16.84	
20.51	**5.85**		**0.02**				**-0.04**	

6－21　海南能源平衡表(实物量)－2003

		煤合计 Coal Total 万吨 10^4 tn	原煤 Raw Coal 万吨 10^4 tn
一、可供本地区消费的能源量	**Total Primary Energy Supply**	**338.29**	**338.29**
1. 一次能源生产量	Indigenous Production		
2. 回收能	Recovery of Energy		
3. 外省(区、市)调入量	Moving In from Other Provinces	268.92	268.92
4. 进口量	Import	79.27	79.27
5. 我轮、机在外国加油量	Chinese Airplanes & Ships in Refueling Abroad		
6. 本省(区、市)调出量(－)	Sending Out to Other Provinces(－)		
7. 出口量(－)	Export(－)		
8. 外轮、机在我国加油量(－)	Foreign Airplanes & Ships in Refueling in China		
9. 库存增(－)、减(＋)量	Stock Change	－9.90	－9.90
二、加工转换投入(－)产出(＋)量	**Input(－) & Output(＋) of Transformation**	**－166.88**	**－166.88**
1. 火力发电	Thermal Power	－166.88	－166.88
2. 供热	Heating Supply		
3. 洗选煤	Coal Washing		
4. 炼焦	Coking		
5. 炼油	Petroleum Refineries		
6. 制气	Gas Works		
#焦炭再投入量(－)	Coke Input(－)		
7. 煤制品加工	Briquettes		
三、损失量	**Loss**	**2.20**	**2.20**
四、终端消费量	**Total Final Consumption**	**169.21**	**169.21**
1. 农、林、牧、渔、水利业	Farming, Forestry, Animal Husbandry, Fishery & Water Conservancy	3.94	3.94
2. 工业	Industry	155.67	155.67
#用作原料、材料	Non-Energy Use		
3. 建筑业	Construction		
4. 交通运输、仓储和邮政业	Transport, Storage and Post	5.09	5.09
5. 批发、零售业和住宿、餐饮业	Wholesale, Retail Trade and Hotel ,Restaurants	4.51	4.51
6. 生活消费	Residential Consumption		
城镇	Urban		
乡村	Rural		
7. 其他	Other		
五、平衡差额	**Statistical Difference**		

ENERGY BALANCE OF HAINAN －2003（PHYSICAL QUANTITY）

洗精煤 Cleaned Coal 万吨 10^4 tn	其他洗煤 Other Washed Coal 万吨 10^4 tn	型煤 Briquettes 万吨 10^4 tn	焦炭 Coke 万吨 10^4 tn	焦炉煤气 Coke Oven Gas 亿立方米 10^8 cu. m	其他煤气 Other Gas 亿立方米 10^8 cu. m	油品合计 Petroleum Products Total 万吨 10^4 tn	原油 Crude Oil 万吨 10^4 tn	汽油 Gasoline 万吨 10^4 tn
						162.53	**31.60**	**19.79**
						141.30	30.80	20.40
						19.96		
						1.27	0.80	-0.61
						-18.60	**-15.80**	
						-2.80		
						-15.80	-15.80	
						0.10		
			5.92			**163.58**	**15.80**	**19.79**
						18.00		2.00
			5.92			23.47	15.80	0.56
						3.60		
						83.79		8.42
						3.00		3.00
						6.25		
						6.25		
						25.47		5.81
			-5.92			**-19.75**		

续表

		煤油 Kerosene 万吨 10^4 tn	柴油 Diesel Oil 万吨 10^4 tn
一、可供本地区消费的能源量	**Total Primary Energy Supply**	**52.20**	**50.73**
1. 一次能源生产量	Indigenous Production		
2. 回收能	Recovery of Energy		
3. 外省(区、市)调入量	Moving In from Other Provinces	52.00	37.00
4. 进口量	Import		12.84
5. 我轮、机在外国加油量	Chinese Airplanes & Ships in Refueling Abroad		
6. 本省(区、市)调出量(-)	Sending Out to Other Provinces(-)		
7. 出口量(-)	Export(-)		
8. 外轮、机在我国加油量(-)	Foreign Airplanes & Ships in Refueling in China		
9. 库存增(-)、减(+)量	Stock Change	0.20	0.89
二、加工转换投入(-)产出(+)量	**Input(-) & Output(+) of Transformation**		**-2.80**
1. 火力发电	Thermal Power		-2.80
2. 供热	Heating Supply		
3. 洗选煤	Coal Washing		
4. 炼焦	Coking		
5. 炼油	Petroleum Refineries		
6. 制气	Gas Works		
#焦炭再投入量(-)	Coke Input(-)		
7. 煤制品加工	Briquettes		
三、损失量	**Loss**		**0.10**
四、终端消费量	**Total Final Consumption**	**52.20**	**47.83**
1. 农、林、牧、渔、水利业	Farming, Forestry, Animal Husbandry, Fishery & Water Conservancy		16.00
2. 工业	Industry	0.20	5.00
#用作原料、材料	Non-Energy Use		
3. 建筑业	Construction		3.60
4. 交通运输、仓储和邮政业	Transport, Storage and Post	52.00	3.57
5. 批发、零售业和住宿、餐饮业	Wholesale, Retail Trade and Hotel ,Restaurants		
6. 生活消费	Residential Consumption		
城镇	Urban		
乡村	Rural		
7. 其他	Other		19.66
五、平衡差额	**Statistical Difference**		

Continued

燃料油 Fuel Oil 万吨 10^4tn	液化石油气 PLG 万吨 10^4tn	炼厂干气 Refinery Gas 万吨 10^4tn	天然气 Natural Gas 亿立方米 10^8 cu. m	其他石油制品 Other Petroleum Products 万吨 10^4tn	其他焦化产品 Other Coking Products 万吨 10^4 tn	热力 Heat 万百万千焦 10^{10} kJ	电力 Electricity 亿千瓦小时 10^8kW · h	其他能源 Other Energy 万吨标煤 10^4tce
1.09	**7.12**		**-35.74**				**14.50**	**17.40**
							14.50	
								17.40
1.10								
	7.12							
			-35.74					
-0.01								
			-2.32				**44.91**	
			-2.32				44.91	
							6.50	
5.24	**7.12**		**15.68**	**15.60**			**52.91**	**17.40**
							3.60	
1.04	0.87		15.60				27.40	17.40
							0.70	
4.20				15.60			1.70	
			0.06				3.60	
	6.25		0.02				8.50	
	6.25		0.02				5.10	
							3.40	
							7.41	
-4.15			**-53.74**	**-15.60**				

6-22 重庆能源平衡表(实物量)-2003

		煤合计 Coal Total 万吨 10^4 tn	原煤 Raw Coal 万吨 10^4 tn
一、可供本地区消费的能源量	**Total Primary Energy Supply**	**2646.13**	**2316.99**
1.一次能源生产量	Indigenous Production	2905.76	2574.69
2.回收能	Recovery of Energy		
3.外省(区、市)调入量	Moving In from Other Provinces		
4.进口量	Import		
5.我轮、机在外国加油量	Chinese Airplanes & Ships in Refueling Abroad		
6.本省(区、市)调出量(-)	Sending Out to Other Provinces(-)	-256.09	-248.30
7.出口量(-)	Export(-)		
8.外轮、机在我国加油量(-)	Foreign Airplanes & Ships in Refueling in China		
9.库存增(-)、减(+)量	Stock Change	-3.54	-9.40
二、加工转换投入(-)产出(+)量	**Input(-) & Output(+) of Transformation**	**-1153.50**	**-1151.84**
1.火力发电	Thermal Power	-875.59	-769.47
2.供热	Heating Supply	-24.53	-4.83
3.洗选煤	Coal Washing	-53.44	-354.22
4.炼焦	Coking	-199.94	-23.32
5.炼油	Petroleum Refineries		
6.制气	Gas Works		
#焦炭再投入量(-)	Coke Input(-)		
7.煤制品加工	Briquettes		
三、损失量	**Loss**		
四、终端消费量	**Total Final Consumption**	**1492.63**	**1165.15**
1.农、林、牧、渔、水利业	Farming, Forestry, Animal Husbandry, Fishery & Water Conservancy	214.92	214.92
2.工业	Industry	1066.82	739.34
#用作原料、材料	Non-Energy Use		
3.建筑业	Construction	16.03	16.03
4.交通运输、仓储和邮政业	Transport, Storage and Post	21.28	21.28
5.批发、零售业和住宿、餐饮业	Wholesale, Retail Trade and Hotel ,Restaurants	0.81	0.81
6.生活消费	Residential Consumption	171.75	171.75
城镇	Urban	1.75	1.75
乡村	Rural	170.00	170.00
7.其他	Other	1.02	1.02
五、平衡差额	**Statistical Difference**		

ENERGY BALANCE OF CHONGQING －2003 (PHYSICAL QUANTITY)

洗精煤 Cleaned Coal 万吨 10^4 tn	其他洗煤 Other Washed Coal 万吨 10^4 tn	型煤 Briquettes 万吨 10^4 tn	焦炭 Coke 万吨 10^4 tn	焦炉煤气 Coke Oven Gas 亿立方米 10^8 cu. m	其他煤气 Other Gas 亿立方米 10^8 cu. m	油品合计 Petroleum Products Total 万吨 10^4 tn	原油 Crude Oil 万吨 10^4 tn	汽油 Gasoline 万吨 10^4 tn
163.08	**166.06**		**42.90**		**0.15**	**151.21**	**0.27**	**65.87**
166.16	164.91		38.32		0.15			
						167.20	0.27	65.88
-6.96	-0.83							
3.88	1.98		4.58			-15.99		-0.01
37.46	**-39.12**		**144.82**	**4.19**		**-1.05**		
	-106.12					-1.05		
	-19.70		-0.01					
214.08	86.70							
-176.62			144.83	4.19				
200.54	**126.94**		**187.72**	**4.19**	**0.15**	**150.16**	**0.27**	**65.87**
						12.99		3.92
200.54	126.94		187.72	4.19	0.15	30.74	0.27	16.43
						8.09		3.78
						74.31		26.07
						11.58		8.39
						5.85		1.11
						0.59		0.58
						5.26		0.53
						6.60		6.17

续表

		煤油 Kerosene 万吨 10^4 tn	柴油 Diesel Oil 万吨 10^4 tn
一、可供本地区消费的能源量	**Total Primary Energy Supply**	**8.58**	**73.15**
1. 一次能源生产量	Indigenous Production		
2. 回收能	Recovery of Energy		
3. 外省(区、市)调入量	Moving In from Other Provinces	8.59	89.00
4. 进口量	Import		
5. 我轮、机在外国加油量	Chinese Airplanes & Ships in Refueling Abroad		
6. 本省(区、市)调出量(-)	Sending Out to Other Provinces(-)		
7. 出口量(-)	Export(-)		
8. 外轮、机在我国加油量(-)	Foreign Airplanes & Ships in Refueling in China		
9. 库存增(-)、减(+)量	Stock Change	-0.01	-15.85
二、加工转换投入(-)产出(+)量	**Input(-) & Output(+) of Transformation**		**-0.77**
1. 火力发电	Thermal Power		-0.77
2. 供热	Heating Supply		
3. 洗选煤	Coal Washing		
4. 炼焦	Coking		
5. 炼油	Petroleum Refineries		
6. 制气	Gas Works		
#焦炭再投入量(-)	Coke Input(-)		
7. 煤制品加工	Briquettes		
三、损失量	**Loss**		
四、终端消费量	**Total Final Consumption**	**8.58**	**72.38**
1. 农、林、牧、渔、水利业	Farming, Forestry, Animal Husbandry, Fishery & Water Conservancy		9.07
2. 工业	Industry	0.67	11.41
#用作原料、材料	Non-Energy Use		
3. 建筑业	Construction	0.04	4.27
4. 交通运输、仓储和邮政业	Transport, Storage and Post	5.93	41.21
5. 批发、零售业和住宿、餐饮业	Wholesale, Retail Trade and Hotel ,Restaurants	0.01	3.18
6. 生活消费	Residential Consumption	1.93	2.81
城镇	Urban		0.01
乡村	Rural	1.93	2.80
7. 其他	Other		0.43
五、平衡差额	**Statistical Difference**		

Continued

燃料油 Fuel Oil 万吨 10^4 tn	液化石油气 PLG 万吨 10^4 tn	炼厂干气 Refinery Gas 万吨 10^4 tn	天然气 Natural Gas 亿立方米 10^8 cu. m	其他石油制品 Other Petroleum Products 万吨 10^4 tn	其他焦化产品 Other Coking Products 万吨 10^4 tn	热力 Heat 万百万千焦 10^{10} kJ	电力 Electricity 亿千瓦小时 10^8 kW · h	其他能源 Other Energy 万吨标煤 10^4 tce
2.99	**0.05**		**28.75**	**0.30**	**0.51**	**65.75**	**125.66**	**28.09**
			61.99		0.56	65.75	55.50	28.09
3.11	0.05		5.52	0.30			100.92	
			-38.76				-30.76	
-0.12					-0.05			
-0.28			**-0.24**		**5.74**	**35.77**	**168.53**	**-16.20**
-0.28			-0.04			-50.63	168.57	-16.20
			-0.20			86.40	-0.04	
					5.74			
							24.19	
2.71	**0.05**		**28.51**	**0.30**	**6.25**	**101.52**	**270.00**	**11.89**
							14.85	
1.61	0.05		21.67	0.30	6.25	101.52	178.64	11.89
			0.04				13.25	
1.10			0.06				6.00	
			0.19				6.96	
			6.50				48.44	
			6.50				31.82	
							16.62	
			0.05				1.86	

6-23 四川能源平衡表(实物量)-2003

		煤合计 Coal Total 万吨 10^4 tn	原煤 Raw Coal 万吨 10^4 tn
一、可供本地区消费的能源量	**Total Primary Energy Supply**	**7254.10**	**7055.06**
1.一次能源生产量	Indigenous Production	7261.97	7261.97
2.回收能	Recovery of Energy		
3.外省(区、市)调入量	Moving In from Other Provinces	417.88	220.18
4.进口量	Import		
5.我轮、机在外国加油量	Chinese Airplanes & Ships in Refueling Abroad		
6.本省(区、市)调出量(-)	Sending Out to Other Provinces(-)	-412.63	-412.63
7.出口量(-)	Export(-)		
8.外轮、机在我国加油量(-)	Foreign Airplanes & Ships in Refueling in China		
9.库存增(-)、减(+)量	Stock Change	-13.12	-14.46
二、加工转换投入(-)产出(+)量	**Input(-) & Output(+) of Transformation**	**-3594.24**	**-3595.57**
1.火力发电	Thermal Power	-2430.93	-2430.93
2.供热	Heating Supply	-170.50	-170.50
3.洗选煤	Coal Washing	-262.17	-956.83
4.炼焦	Coking	-730.64	-37.31
5.炼油	Petroleum Refineries		
6.制气	Gas Works		
#焦炭再投入量(-)	Coke Input(-)		
7.煤制品加工	Briquettes		
三、损失量	**Loss**	**63.78**	**63.03**
四、终端消费量	**Total Final Consumption**	**3596.08**	**3396.46**
1.农、林、牧、渔、水利业	Farming, Forestry, Animal Husbandry, Fishery & Water Conservancy	9.51	9.51
2.工业	Industry	2644.20	2445.18
#用作原料、材料	Non-Energy Use	40.01	40.01
3.建筑业	Construction	15.56	15.56
4.交通运输、仓储和邮政业	Transport, Storage and Post	13.47	13.45
5.批发、零售业和住宿、餐饮业	Wholesale, Retail Trade and Hotel ,Restaurants	50.13	49.69
6.生活消费	Residential Consumption	850.11	850.11
城镇	Urban	196.40	196.40
乡村	Rural	653.71	653.71
7.其他	Other	13.10	12.96
五、平衡差额	**Statistical Difference**		

ENERGY BALANCE OF SICHUAN -2003 (PHYSICAL QUANTITY)

洗精煤 Cleaned Coal 万吨 10^4 tn	其他洗煤 Other Washed Coal 万吨 10^4 tn	型煤 Briquettes 万吨 10^4 tn	焦炭 Coke 万吨 10^4 tn	焦炉煤气 Coke Oven Gas 亿立方米 10^8 cu. m	其他煤气 Other Gas 亿立方米 10^8 cu. m	油品合计 Petroleum Products Total 万吨 10^4 tn	原油 Crude Oil 万吨 10^4 tn	汽油 Gasoline 万吨 10^4tn
199.59	**-0.55**		**57.05**			**529.55**	**75.67**	**169.45**
						14.00	14.00	
197.70			58.16			521.36	61.62	170.28
						1.39		
						-8.03		
						-0.30		
						-23.62		
1.89	-0.55		-1.11			24.75	0.05	-0.83
-187.22	**188.55**		**568.53**			**-15.08**	**-74.89**	**12.21**
						-2.40	-1.20	
506.11	188.55							
-693.33			568.53					
						-12.68	-73.69	12.21
0.60	**0.15**		**0.89**			**0.35**	**0.03**	**0.05**
11.77	**187.85**		**624.69**			**514.12**	**0.75**	**181.61**
						66.88		2.52
11.17	187.85		615.43			61.81	0.75	16.02
			4.63			31.16		14.78
0.02			0.07			268.95		104.86
0.44			4.33			41.25		10.41
			0.12			5.40		3.41
			0.02			3.28		2.26
			0.10			2.12		1.15
0.14			0.11			38.67		29.61

续表

		煤油 Kerosene 万吨 10^4 tn	柴油 Diesel Oil 万吨 10^4 tn
一、可供本地区消费的能源量	**Total Primary Energy Supply**	**70.73**	**204.44**
1. 一次能源生产量	Indigenous Production		
2. 回收能	Recovery of Energy		
3. 外省(区、市)调入量	Moving In from Other Provinces	77.89	202.66
4. 进口量	Import		
5. 我轮、机在外国加油量	Chinese Airplanes & Ships in Refueling Abroad	1.39	
6. 本省(区、市)调出量(-)	Sending Out to Other Provinces(-)	-8.03	
7. 出口量(-)	Export(-)	-0.30	
8. 外轮、机在我国加油量(-)	Foreign Airplanes & Ships in Refueling in China	-3.50	-20.12
9. 库存增(-)、减(+)量	Stock Change	3.28	21.90
二、加工转换投入(-)产出(+)量	**Input(-) & Output(+) of Transformation**	**1.41**	**22.54**
1. 火力发电	Thermal Power		
2. 供热	Heating Supply		
3. 洗选煤	Coal Washing		
4. 炼焦	Coking		
5. 炼油	Petroleum Refineries	1.41	22.54
6. 制气	Gas Works		
#焦炭再投入量(-)	Coke Input(-)		
7. 煤制品加工	Briquettes		
三、损失量	**Loss**	**0.04**	**0.22**
四、终端消费量	**Total Final Consumption**	**72.10**	**226.76**
1. 农、林、牧、渔、水利业	Farming, Forestry, Animal Husbandry, Fishery & Water Conservancy	0.04	64.16
2. 工业	Industry	2.70	15.65
#用作原料、材料	Non-Energy Use		
3. 建筑业	Construction	0.10	12.63
4. 交通运输、仓储和邮政业	Transport, Storage and Post	67.13	96.96
5. 批发、零售业和住宿、餐饮业	Wholesale, Retail Trade and Hotel ,Restaurants	1.58	26.86
6. 生活消费	Residential Consumption	0.45	1.54
城镇	Urban	0.10	0.92
乡村	Rural	0.35	0.62
7. 其他	Other	0.10	8.96
五、平衡差额	**Statistical Difference**		

Continued

燃料油 Fuel Oil 万吨 10^4tn	液化石油气 PLG 万吨 10^4tn	炼厂干气 Refinery Gas 万吨 10^4tn	天然气 Natural Gas 亿立方米 10^8 cu. m	其他石油制品 Other Petroleum Products 万吨 10^4tn	其他焦化产品 Other Coking Products 万吨 10^4 tn	热力 Heat 万百万千焦 10^{10} kJ	电力 Electricity 亿千瓦小时 10^8kW · h	其他能源 Other Energy 万吨标煤 10^4tce
9.26			**74.68**				**430.97**	
			108.89				500.00	
8.91							13.74	
			-34.21				-82.77	
0.35								
0.67	**3.64**		**-2.50**	**19.34**		**3185.54**	**327.82**	
-1.20			-2.20				327.82	
			-0.30			3185.54		
1.87	3.64			19.34				
0.01			**1.52**			**12.40**	**75.35**	
9.92	**3.64**		**70.66**	**19.34**		**3173.14**	**683.44**	
0.16							12.24	
3.71	3.64		50.87	19.34		3173.14	470.82	
			39.19					
3.65			1.10				8.56	
			0.92				17.23	
2.40			1.84				22.76	
			15.87				118.83	
			15.87				70.68	
							48.15	
			0.06				33.00	

6-24 贵州能源平衡表(实物量)-2003

		煤合计 Coal Total 万吨 10^4 tn	原煤 Raw Coal 万吨 10^4 tn
一、可供本地区消费的能源量	**Total Primary Energy Supply**	**5736.20**	**6074.95**
1.一次能源生产量	Indigenous Production	7802.50	7802.50
2.回收能	Recovery of Energy		
3.外省(区、市)调入量	Moving In from Other Provinces		
4.进口量	Import		
5.我轮、机在外国加油量	Chinese Airplanes & Ships in Refueling Abroad		
6.本省(区、市)调出量(-)	Sending Out to Other Provinces(-)	-2033.91	-1678.00
7.出口量(-)	Export(-)	-45.00	-45.00
8.外轮、机在我国加油量(-)	Foreign Airplanes & Ships in Refueling in China		
9.库存增(-)、减(+)量	Stock Change	12.61	-4.55
二、加工转换投入(-)产出(+)量	**Input(-) & Output(+) of Transformation**	**-3295.29**	**-3696.96**
1.火力发电	Thermal Power	-2205.49	-2169.11
2.供热	Heating Supply	-27.62	
3.洗选煤	Coal Washing	-350.03	-951.33
4.炼焦	Coking	-718.15	-534.52
5.炼油	Petroleum Refineries		
6.制气	Gas Works		
#焦炭再投入量(-)	Coke Input(-)		
7.煤制品加工	Briquettes	6.00	-42.00
三、损失量	**Loss**	**51.00**	**51.00**
四、终端消费量	**Total Final Consumption**	**3447.33**	**3267.97**
1.农、林、牧、渔、水利业	Farming, Forestry, Animal Husbandry, Fishery & Water Conservancy	256.30	256.30
2.工业	Industry	1747.93	1616.57
#用作原料、材料	Non-Energy Use	236.00	236.00
3.建筑业	Construction	6.10	6.10
4.交通运输、仓储和邮政业	Transport, Storage and Post	9.20	9.20
5.批发、零售业和住宿、餐饮业	Wholesale, Retail Trade and Hotel ,Restaurants	156.88	153.80
6.生活消费	Residential Consumption	1053.32	1009.50
城镇	Urban	102.72	80.50
乡村	Rural	950.60	929.00
7.其他	Other	217.60	216.50
五、平衡差额	**Statistical Difference**	**-1057.42**	**-940.98**

ENERGY BALANCE OF GUIZHOU －2003 (PHYSICAL QUANTITY)

洗精煤 Cleaned Coal 万吨 10^4 tn	其他洗煤 Other Washed Coal 万吨 10^4 tn	型煤 Briquettes 万吨 10^4 tn	焦炭 Coke 万吨 10^4 tn	焦炉煤气 Coke Oven Gas 亿立方米 10^8 cu. m	其他煤气 Other Gas 亿立方米 10^8 cu. m	油品合计 Petroleum Products Total 万吨 10^4 tn	原油 Crude Oil 万吨 10^4 tn	汽油 Gasoline 万吨 10^4 tn
－275.32	**－63.43**		**－75.21**			**187.75**		**58.94**
						185.42		58.68
－281.23	－74.68		－75.12					
5.91	11.25		－0.09			2.33		0.26
217.10	**136.57**	**48.00**	**315.20**	**7.59**				
	－36.38							
	－27.62							
400.73	200.57							
－183.63			315.20	7.59				
		48.00						
58.22	**73.14**	**48.00**	**239.99**	**7.59**		**187.75**		**58.94**
			29.00			5.18		2.16
58.22	73.14		197.59	6.27		25.17		7.59
			21.95					
			0.60			5.32		0.56
			0.21			100.50		37.22
		3.08	4.15	0.35		11.68		2.15
		43.82	1.98	0.78		7.06		
		22.22		0.78		6.50		
		21.60	1.98			0.56		
		1.10	6.46	0.19		32.84		9.26
－116.44								

续表

		煤油 Kerosene 万吨 10^4 tn	柴油 Diesel Oil 万吨 10^4 tn
一、可供本地区消费的能源量	**Total Primary Energy Supply**	**2.55**	**104.41**
1.一次能源生产量	Indigenous Production		
2.回收能	Recovery of Energy		
3.外省(区、市)调入量	Moving In from Other Provinces	2.43	102.18
4.进口量	Import		
5.我轮、机在外国加油量	Chinese Airplanes & Ships in Refueling Abroad		
6.本省(区、市)调出量(-)	Sending Out to Other Provinces(-)		
7.出口量(-)	Export(-)		
8.外轮、机在我国加油量(-)	Foreign Airplanes & Ships in Refueling in China		
9.库存增(-)、减(+)量	Stock Change	0.12	2.23
二、加工转换投入(-)产出(+)量	**Input(-) & Output(+) of Transformation**		
1.火力发电	Thermal Power		
2.供热	Heating Supply		
3.洗选煤	Coal Washing		
4.炼焦	Coking		
5.炼油	Petroleum Refineries		
6.制气	Gas Works		
#焦炭再投入量(-)	Coke Input(-)		
7.煤制品加工	Briquettes		
三、损失量	**Loss**		
四、终端消费量	**Total Final Consumption**	**2.55**	**104.41**
1.农、林、牧、渔、水利业	Farming, Forestry, Animal Husbandry, Fishery & Water Conservancy	0.04	2.98
2.工业	Industry	0.75	6.89
#用作原料、材料	Non-Energy Use		
3.建筑业	Construction		4.76
4.交通运输、仓储和邮政业	Transport, Storage and Post	0.30	62.98
5.批发、零售业和住宿、餐饮业	Wholesale, Retail Trade and Hotel ,Restaurants	0.38	4.53
6.生活消费	Residential Consumption	0.56	
城镇	Urban		
乡村	Rural	0.56	
7.其他	Other	0.52	22.27
五、平衡差额	**Statistical Difference**		

Continued

燃料油 Fuel Oil 万吨 10^4tn	液化石油气 PLG 万吨 10^4tn	炼厂干气 Refinery Gas 万吨 10^4tn	天然气 Natural Gas 亿立方米 10^8 cu. m	其他石油制品 Other Petroleum Products 万吨 10^4tn	其他焦化产品 Other Coking Products 万吨 10^4 tn	热力 Heat 万百万千焦 10^{10} kJ	电力 Electricity 亿千瓦小时 10^8kW・h	其他能源 Other Energy 万吨标煤 10^4tce
9.94	**11.91**		**5.45**				**118.34**	
			0.46				203.87	
10.25	11.88		4.99					
							-85.53	
-0.31	0.03							
						48.31	**432.73**	
							432.73	
						48.31		
						2.20	**24.83**	
9.94	**11.91**		**5.45**			**46.11**	**526.24**	
							15.62	
9.94			5.40			41.20	406.32	
							9.26	
							16.22	
	4.62						14.83	
	6.50		0.05			4.91	51.99	
	6.50		0.05			4.91	34.13	
							17.86	
	0.79						12.00	

6 - 25 云南能源平衡表(实物量) - 2003

		煤合计 Coal Total 万吨 10^4 tn	原煤 Raw Coal 万吨 10^4 tn
一、可供本地区消费的能源量	**Total Primary Energy Supply**	**4348.70**	**4210.76**
1. 一次能源生产量	Indigenous Production	4059.78	4059.78
2. 回收能	Recovery of Energy		
3. 外省(区、市)调入量	Moving In from Other Provinces	352.03	176.83
4. 进口量	Import		
5. 我轮、机在外国加油量	Chinese Airplanes & Ships in Refueling Abroad		
6. 本省(区、市)调出量(-)	Sending Out to Other Provinces(-)	-68.88	-32.17
7. 出口量(-)	Export(-)		
8. 外轮、机在我国加油量(-)	Foreign Airplanes & Ships in Refueling in China		
9. 库存增(-)、减(+)量	Stock Change	5.77	6.32
二、加工转换投入(-)产出(+)量	**Input(-) & Output(+) of Transformation**	**-2648.65**	**-2699.36**
1. 火力发电	Thermal Power	-1425.64	-1405.27
2. 供热	Heating Supply		
3. 洗选煤	Coal Washing	-206.88	-632.52
4. 炼焦	Coking	-952.05	-642.69
5. 炼油	Petroleum Refineries		
6. 制气	Gas Works	-63.62	-13.11
#焦炭再投入量(-)	Coke Input(-)		
7. 煤制品加工	Briquettes	-0.46	-5.77
三、损失量	**Loss**	**67.27**	**67.27**
四、终端消费量	**Total Final Consumption**	**1632.71**	**1443.57**
1. 农、林、牧、渔、水利业	Farming, Forestry, Animal Husbandry, Fishery & Water Conservancy	69.61	69.61
2. 工业	Industry	1050.88	936.43
#用作原料、材料	Non-Energy Use	67.77	61.92
3. 建筑业	Construction	23.31	22.84
4. 交通运输、仓储和邮政业	Transport, Storage and Post	14.47	14.27
5. 批发、零售业和住宿、餐饮业	Wholesale, Retail Trade and Hotel ,Restaurants	15.36	15.36
6. 生活消费	Residential Consumption	434.75	360.73
城镇	Urban	85.36	51.21
乡村	Rural	349.39	309.52
7. 其他	Other	24.33	24.33
五、平衡差额	**Statistical Difference**	**0.07**	**0.56**

ENERGY BALANCE OF YUNNAN －2003 (PHYSICAL QUANTITY)

洗精煤 Cleaned Coal 万吨 10^4 tn	其他洗煤 Other Washed Coal 万吨 10^4 tn	型煤 Briquettes 万吨 10^4 tn	焦炭 Coke 万吨 10^4 tn	焦炉煤气 Coke Oven Gas 亿立方米 10^8 cu. m	其他煤气 Other Gas 亿立方米 10^8 cu. m	油品合计 Petroleum Products Total 万吨 10^4 tn	原油 Crude Oil 万吨 10^4 tn	汽油 Gasoline 万吨 10^4 tn
132.67	**5.27**		**99.23**			**358.89**		**106.10**
						-5.12		
155.68	19.52		132.48			362.47		106.40
						0.26		
-21.43	-15.28		-23.43					
						-0.25		
-1.58	1.03		-9.82			-3.83		-0.30
-99.58	**144.98**	**5.31**	**588.25**	**7.76**	**39.86**	**-0.76**		
	-20.37		-0.50	-0.04	-11.27	-0.76		
260.29	165.35							
-309.36			659.67					
-50.51				7.80	51.13			
			-70.92					
		5.31				-5.60		
33.52	**150.31**	**5.31**	**687.81**	**7.77**	**39.87**	**353.07**		**106.10**
			0.31			17.89		5.98
33.52	80.93		685.73	6.09	39.87	53.25		14.72
3.78	2.07		81.24			2.25		
	0.47		0.81			12.55		3.01
	0.20		0.17			250.68		75.29
			0.28			1.42		1.13
	68.71	5.31	0.40	1.68		16.37		2.79
	31.84	2.31	0.20	1.68		7.26		2.17
	36.87	3.00	0.20			9.11		0.62
			0.11			6.42		3.18
-0.43	**-0.06**		**-0.33**	**-0.01**	**-0.01**	**-0.51**		

续表

		煤油 Kerosene 万吨 10^4 tn	柴油 Diesel Oil 万吨 10^4 tn
一、可供本地区消费的能源量	**Total Primary Energy Supply**	**19.52**	**207.45**
1. 一次能源生产量	Indigenous Production		
2. 回收能	Recovery of Energy		
3. 外省（区、市）调入量	Moving In from Other Provinces	19.48	210.56
4. 进口量	Import		
5. 我轮、机在外国加油量	Chinese Airplanes & Ships in Refueling Abroad	0.26	
6. 本省（区、市）调出量（－）	Sending Out to Other Provinces（－）		
7. 出口量（－）	Export（－）		
8. 外轮、机在我国加油量（－）	Foreign Airplanes & Ships in Refueling in China	-0.25	
9. 库存增（－）、减（＋）量	Stock Change	0.03	-3.11
二、加工转换投入（－）产出（＋）量	**Input（－） & Output（＋） of Transformation**		**-0.76**
1. 火力发电	Thermal Power		-0.76
2. 供热	Heating Supply		
3. 洗选煤	Coal Washing		
4. 炼焦	Coking		
5. 炼油	Petroleum Refineries		
6. 制气	Gas Works		
#焦炭再投入量（－）	Coke Input（－）		
7. 煤制品加工	Briquettes		
三、损失量	**Loss**		
四、终端消费量	**Total Final Consumption**	**20.02**	**206.69**
1. 农、林、牧、渔、水利业	Farming, Forestry, Animal Husbandry, Fishery & Water Conservancy	0.29	11.62
2. 工业	Industry	0.81	22.54
#用作原料、材料	Non-Energy Use	0.64	0.20
3. 建筑业	Construction	0.27	9.27
4. 交通运输、仓储和邮政业	Transport, Storage and Post	18.15	154.83
5. 批发、零售业和住宿、餐饮业	Wholesale, Retail Trade and Hotel ,Restaurants	0.10	0.22
6. 生活消费	Residential Consumption	0.30	5.07
城镇	Urban	0.05	1.00
乡村	Rural	0.25	4.07
7. 其他	Other	0.10	3.14
五、平衡差额	**Statistical Difference**	**-0.50**	

Continued

燃料油 Fuel Oil 万吨 10⁴tn	液化石油气 PLG 万吨 10⁴tn	炼厂干气 Refinery Gas 万吨 10⁴tn	天然气 Natural Gas 亿立方米 10⁸ cu. m	其他石油制品 Other Petroleum Products 万吨 10⁴tn	其他焦化产品 Other Coking Products 万吨 10⁴ tn	热力 Heat 万百万千焦 10¹⁰ kJ	电力 Electricity 亿千瓦小时 10⁸kW·h	其他能源 Other Energy 万吨标煤 10⁴tce
5.69	**8.24**		**5.60**	**6.29**	**-0.64**		**215.89**	**66.87**
			0.24				280.90	66.87
5.67	8.12		5.36	6.88			0.31	
							-65.32	
0.02	0.12			-0.59	-0.64			
					13.35		**193.90**	**-22.35**
							193.90	-22.35
					13.35			
							37.44	
5.69	**8.24**		**5.60**	**6.30**	**12.71**		**372.35**	**44.52**
							12.96	
5.69	0.06		5.57	3.86	12.71		280.37	6.84
				1.41				0.40
							4.25	
				2.44			9.56	
							5.12	
	8.18		0.03				48.77	37.68
	4.01		0.03				34.78	0.30
	4.17						13.99	37.38
							11.32	
				-0.01				

6-26 陕西能源平衡表(实物量)-2003

		煤合计 Coal Total 万吨 10^4 tn	原煤 Raw Coal 万吨 10^4 tn
一、可供本地区消费的能源量	**Total Primary Energy Supply**	**3960.65**	**3650.33**
1. 一次能源生产量	Indigenous Production	8300.68	8300.68
2. 回收能	Recovery of Energy		
3. 外省(区、市)调入量	Moving In from Other Provinces	1408.35	838.15
4. 进口量	Import		
5. 我轮、机在外国加油量	Chinese Airplanes & Ships in Refueling Abroad		
6. 本省(区、市)调出量(-)	Sending Out to Other Provinces(-)	-5709.62	-5559.62
7. 出口量(-)	Export(-)	-106.91	
8. 外轮、机在我国加油量(-)	Foreign Airplanes & Ships in Refueling in China		
9. 库存增(-)、减(+)量	Stock Change	68.15	71.12
二、加工转换投入(-)产出(+)量	**Input(-) & Output(+) of Transformation**	**-2597.75**	**-2510.81**
1. 火力发电	Thermal Power	-2002.26	-2002.26
2. 供热	Heating Supply	-156.90	-156.90
3. 洗选煤	Coal Washing	-50.27	-177.71
4. 炼焦	Coking	-422.43	-144.95
5. 炼油	Petroleum Refineries	-0.34	-0.34
6. 制气	Gas Works	-28.65	-28.65
#焦炭再投入量(-)	Coke Input(-)		
7. 煤制品加工	Briquettes	63.10	
三、损失量	**Loss**		
四、终端消费量	**Total Final Consumption**	**1362.90**	**1139.52**
1. 农、林、牧、渔、水利业	Farming, Forestry, Animal Husbandry, Fishery & Water Conservancy	6.83	6.83
2. 工业	Industry	1072.33	888.37
#用作原料、材料	Non-Energy Use	543.77	500.67
3. 建筑业	Construction	32.28	32.28
4. 交通运输、仓储和邮政业	Transport, Storage and Post	13.00	13.00
5. 批发、零售业和住宿、餐饮业	Wholesale, Retail Trade and Hotel ,Restaurants	8.90	8.90
6. 生活消费	Residential Consumption	224.56	185.14
城镇	Urban	139.45	119.65
乡村	Rural	85.11	65.49
7. 其他	Other	5.00	5.00
五、平衡差额	**Statistical Difference**		

ENERGY BALANCE OF SHAANXI -2003 (PHYSICAL QUANTITY)

洗精煤 Cleaned Coal 万吨 10^4 tn	其他洗煤 Other Washed Coal 万吨 10^4 tn	型煤 Briquettes 万吨 10^4 tn	焦炭 Coke 万吨 10^4 tn	焦炉煤气 Coke Oven Gas 亿立方米 10^8 cu. m	其他煤气 Other Gas 亿立方米 10^8 cu. m	油品合计 Petroleum Products Total 万吨 10^4 tn	原油 Crude Oil 万吨 10^4 tn	汽油 Gasoline 万吨 10^4 tn
310.12	**0.20**		**-104.58**			**628.53**	**869.97**	**-74.85**
						1254.49	1254.49	
570.20			88.00			237.00	68.00	39.63
-150.00			-165.62			-868.58	-462.29	-110.36
-106.91			-15.55					
-3.17	0.20		-11.41			5.62	9.77	-4.12
-154.93	**4.89**	**63.10**	**293.46**	**0.57**	**2.37**	**-211.32**	**-869.58**	**180.28**
						-3.12		
						-0.09		
122.55	4.89							
-277.48			293.46					
						-221.49	-869.58	180.28
				0.57	2.37	13.38		
		63.10						
155.19	**5.09**	**63.10**	**188.88**	**0.57**	**2.37**	**417.21**	**0.39**	**105.43**
						17.45		4.00
155.19	5.09	23.68	187.84	0.47	2.33	76.70	0.39	6.12
42.95		0.15	11.48			2.40	0.39	0.75
			1.04			45.38		5.00
						166.19		44.23
						37.22		15.00
		39.42		0.10	0.04	59.37		26.08
		19.80		0.10	0.04	58.72		26.08
		19.62				0.65		
						14.90		5.00

续表

		煤油 Kerosene 万吨 10^4 tn	柴油 Diesel Oil 万吨 10^4 tn
一、可供本地区消费的能源量	**Total Primary Energy Supply**	**28.89**	**-121.18**
1. 一次能源生产量	Indigenous Production		
2. 回收能	Recovery of Energy		
3. 外省(区、市)调入量	Moving In from Other Provinces	27.74	64.47
4. 进口量	Import		
5. 我轮、机在外国加油量	Chinese Airplanes & Ships in Refueling Abroad		
6. 本省(区、市)调出量(-)	Sending Out to Other Provinces(-)	-0.05	-184.59
7. 出口量(-)	Export(-)		
8. 外轮、机在我国加油量(-)	Foreign Airplanes & Ships in Refueling in China		
9. 库存增(-)、减(+)量	Stock Change	1.20	-1.06
二、加工转换投入(-)产出(+)量	**Input(-) & Output(+) of Transformation**	**7.12**	**280.53**
1. 火力发电	Thermal Power		-3.12
2. 供热	Heating Supply		-0.09
3. 洗选煤	Coal Washing		
4. 炼焦	Coking		
5. 炼油	Petroleum Refineries	7.12	283.74
6. 制气	Gas Works		
#焦炭再投入量(-)	Coke Input(-)		
7. 煤制品加工	Briquettes		
三、损失量	**Loss**		
四、终端消费量	**Total Final Consumption**	**36.01**	**159.35**
1. 农、林、牧、渔、水利业	Farming, Forestry, Animal Husbandry, Fishery & Water Conservancy		13.20
2. 工业	Industry	1.65	10.49
#用作原料、材料	Non-Energy Use	0.04	0.52
3. 建筑业	Construction		26.88
4. 交通运输、仓储和邮政业	Transport, Storage and Post	34.36	77.12
5. 批发、零售业和住宿、餐饮业	Wholesale, Retail Trade and Hotel ,Restaurants		21.76
6. 生活消费	Residential Consumption		
城镇	Urban		
乡村	Rural		
7. 其他	Other		9.90
五、平衡差额	**Statistical Difference**		

Continued

燃料油 Fuel Oil 万吨 10^4 tn	液化石油气 PLG 万吨 10^4 tn	炼厂干气 Refinery Gas 万吨 10^4 tn	天然气 Natural Gas 亿立方米 10^8 cu. m	其他石油制品 Other Petroleum Products 万吨 10^4 tn	其他焦化产品 Other Coking Products 万吨 10^4 tn	热力 Heat 万百万千焦 10^{10} kJ	电力 Electricity 亿千瓦小时 10^8 kW · h	其他能源 Other Energy 万吨标煤 10^4 tce
-61.55	**2.77**		**18.26**	**-15.52**			**12.52**	
			51.85				45.60	
30.80	6.36						10.87	
-92.19	-3.72		-33.59	-15.38			-43.95	
-0.16	0.13			-0.14				
118.70	**31.52**	**13.38**	**-0.12**	**26.73**	**2.91**	**1601.14**	**409.08**	
			-0.10				409.80	
			-0.02			1601.14	-0.38	
					2.91		-0.01	
118.70	31.52			26.73			-0.03	
		13.38					-0.30	
							28.24	
57.15	**34.29**	**13.38**	**18.14**	**11.21**	**2.91**	**1601.14**	**393.68**	
0.25							25.83	
43.30	0.27	13.38	4.12	1.10	2.16	1186.85	263.86	
0.29	0.01			0.40			2.41	
13.50					0.75		3.11	
0.07	0.30		1.30	10.11			21.99	
0.03	0.43		4.96				12.45	
	33.29		7.27			209.67	43.91	
	32.64		7.27			209.67	28.21	
	0.65						15.70	
			0.49			204.62	22.53	
							-0.32	

6－27 甘肃能源平衡表(实物量)－2003

		煤合计 Coal Total 万吨 10^4 tn	原煤 Raw Coal 万吨 10^4 tn
一、可供本地区消费的能源量	**Total Primary Energy Supply**	**3218.54**	**3061.11**
1. 一次能源生产量	Indigenous Production	2922.60	2922.60
2. 回收能	Recovery of Energy		
3. 外省(区、市)调入量	Moving In from Other Provinces	1292.11	1135.59
4. 进口量	Import		
5. 我轮、机在外国加油量	Chinese Airplanes & Ships in Refueling Abroad		
6. 本省(区、市)调出量(－)	Sending Out to Other Provinces(－)	－906.00	－906.00
7. 出口量(－)	Export(－)	－9.23	－9.23
8. 外轮、机在我国加油量(－)	Foreign Airplanes & Ships in Refueling in China		
9. 库存增(－)、减(＋)量	Stock Change	－80.94	－81.85
二、加工转换投入(－)产出(＋)量	**Input(－) & Output(＋) of Transformation**	**－1971.68**	**－1819.23**
1. 火力发电	Thermal Power	－1479.62	－1479.62
2. 供热	Heating Supply	－273.13	－273.13
3. 洗选煤	Coal Washing	－9.39	－41.68
4. 炼焦	Coking	－200.41	－24.06
5. 炼油	Petroleum Refineries		
6. 制气	Gas Works	－9.13	－0.74
#焦炭再投入量(－)	Coke Input(－)		
7. 煤制品加工	Briquettes		
三、损失量	**Loss**		
四、终端消费量	**Total Final Consumption**	**1246.86**	**1241.88**
1. 农、林、牧、渔、水利业	Farming, Forestry, Animal Husbandry, Fishery & Water Conservancy	38.64	38.64
2. 工业	Industry	685.23	680.25
#用作原料、材料	Non-Energy Use	48.25	48.12
3. 建筑业	Construction	23.80	23.80
4. 交通运输、仓储和邮政业	Transport, Storage and Post	64.14	64.14
5. 批发、零售业和住宿、餐饮业	Wholesale, Retail Trade and Hotel ,Restaurants	33.45	33.45
6. 生活消费	Residential Consumption	386.60	386.60
城镇	Urban	74.60	74.60
乡村	Rural	312.00	312.00
7. 其他	Other	15.00	15.00
五、平衡差额	**Statistical Difference**		

ENERGY BALANCE OF GANSU －2003 (PHYSICAL QUANTITY)

洗精煤 Cleaned Coal 万吨 10^4 tn	其他洗煤 Other Washed Coal 万吨 10^4 tn	型煤 Briquettes 万吨 10^4 tn	焦炭 Coke 万吨 10^4 tn	焦炉煤气 Coke Oven Gas 亿立方米 10^8 cu. m	其他煤气 Other Gas 亿立方米 10^8 cu. m	油品合计 Petroleum Products Total 万吨 10^4 tn	原油 Crude Oil 万吨 10^4 tn	汽油 Gasoline 万吨 10^4 tn
155.77	**0.63**	**1.03**	**49.72**			**457.04**	**1017.98**	**－104.28**
						255.86	255.86	
154.85	0.63	1.04	52.03			784.29	763.78	20.51
						－574.88		－123.46
0.92		－0.01	－2.31			－8.23	－1.66	－1.33
－152.45			**126.80**	**3.03**	**4.79**	**－199.90**	**－1013.81**	**202.10**
				－1.54	－0.12	－1.19		
			－0.14			－2.88		
32.29								
－176.35			132.06	4.57	0.94			
						－195.83	－1013.81	202.10
－8.39			－5.12		3.97			
			－5.12					
			0.20	**0.05**	**0.03**	**1.27**	**0.45**	**0.40**
3.32	**0.63**	**1.03**	**176.32**	**2.98**	**4.76**	**255.87**	**3.72**	**97.42**
						23.54		3.15
3.32	0.63	1.03	175.70	2.77	4.61	83.20	3.72	9.06
0.08		0.05	19.15			39.34	3.16	0.03
			0.50			17.18		8.95
			0.12			118.39		68.47
						4.17		3.52
				0.21	0.15	4.86		0.55
				0.21	0.15	4.35		0.55
						0.51		
						4.53		3.72

续表

		煤油 Kerosene 万吨 10^4tn	柴油 Diesel Oil 万吨 10^4tn
一、可供本地区消费的能源量	**Total Primary Energy Supply**	**-30.05**	**-298.21**
1.一次能源生产量	Indigenous Production		
2.回收能	Recovery of Energy		
3.外省(区、市)调入量	Moving In from Other Provinces		
4.进口量	Import		
5.我轮、机在外国加油量	Chinese Airplanes & Ships in Refueling Abroad		
6.本省(区、市)调出量(-)	Sending Out to Other Provinces(-)	-29.86	-294.72
7.出口量(-)	Export(-)		
8.外轮、机在我国加油量(-)	Foreign Airplanes & Ships in Refueling in China		
9.库存增(-)、减(+)量	Stock Change	-0.19	-3.49
二、加工转换投入(-)产出(+)量	**Input(-) & Output(+) of Transformation**	**35.39**	**380.54**
1.火力发电	Thermal Power		
2.供热	Heating Supply		
3.洗选煤	Coal Washing		
4.炼焦	Coking		
5.炼油	Petroleum Refineries	35.39	380.54
6.制气	Gas Works		
#焦炭再投入量(-)	Coke Input(-)		
7.煤制品加工	Briquettes		
三、损失量	**Loss**	**0.01**	**0.32**
四、终端消费量	**Total Final Consumption**	**5.33**	**82.01**
1.农、林、牧、渔、水利业	Farming, Forestry, Animal Husbandry, Fishery & Water Conservancy	0.01	19.19
2.工业	Industry	0.36	8.60
#用作原料、材料	Non-Energy Use	0.02	0.04
3.建筑业	Construction	0.03	7.90
4.交通运输、仓储和邮政业	Transport, Storage and Post	4.87	44.85
5.批发、零售业和住宿、餐饮业	Wholesale, Retail Trade and Hotel ,Restaurants	0.02	0.62
6.生活消费	Residential Consumption	0.01	0.10
城镇	Urban		0.10
乡村	Rural	0.01	
7.其他	Other	0.03	0.75
五、平衡差额	**Statistical Difference**		

Continued

燃料油 Fuel Oil 万吨 10^4 tn	液化石油气 PLG 万吨 10^4 tn	炼厂干气 Refinery Gas 万吨 10^4 tn	天然气 Natural Gas 亿立方米 10^8 cu. m	其他石油制品 Other Petroleum Products 万吨 10^4 tn	其他焦化产品 Other Coking Products 万吨 10^4 tn	热力 Heat 万百万千焦 10^{10} kJ	电力 Electricity 亿千瓦小时 10^8 kW·h	其他能源 Other Energy 万吨标煤 10^4 tce
-51.12	**-18.06**		**7.37**	**-59.22**	**7.86**		**102.39**	**13.69**
			0.57				108.07	
								5.86
			7.15		7.68		44.06	7.84
-50.50	-18.00		-0.35	-58.34			-49.74	
-0.62	-0.06			-0.88	0.18			-0.01
68.92	**24.48**	**9.23**	**-0.64**	**93.25**	**9.21**	**4897.91**	**295.94**	**-5.86**
-1.19			-0.54				295.95	-5.86
-0.96		-1.92	-0.10			4897.91	-0.01	
					9.21			
71.07	24.48	11.15		93.25				
0.05		**0.04**	**0.01**			**0.98**	**26.11**	
17.75	**6.42**	**9.19**	**6.72**	**34.03**	**17.07**	**4896.93**	**372.22**	**7.83**
1.19							41.66	
16.56	2.22	9.19	5.93	33.49	17.07	3034.73	266.29	7.83
4.10		1.75	4.40	30.24	17.07			
				0.30			4.03	
				0.20		25.50	12.61	
			0.46	0.01		35.50	5.72	
	4.20		0.25			1750.50	23.73	
	3.70		0.25			1750.50	16.02	
	0.50						7.71	
			0.08	0.03		50.70	18.18	

6-28 青海能源平衡表(实物量)-2003

		煤合计 Coal Total 万吨 10^4 tn	原煤 Raw Coal 万吨 10^4 tn
一、可供本地区消费的能源量	**Total Primary Energy Supply**	**675.55**	**672.81**
1. 一次能源生产量	Indigenous Production	310.57	310.57
2. 回收能	Recovery of Energy		
3. 外省(区、市)调入量	Moving In from Other Provinces	370.07	367.00
4. 进口量	Import		
5. 我轮、机在外国加油量	Chinese Airplanes & Ships in Refueling Abroad		
6. 本省(区、市)调出量(-)	Sending Out to Other Provinces(-)		
7. 出口量(-)	Export(-)		
8. 外轮、机在我国加油量(-)	Foreign Airplanes & Ships in Refueling in China		
9. 库存增(-)、减(+)量	Stock Change	-5.09	-4.76
二、加工转换投入(-)产出(+)量	**Input(-) & Output(+) of Transformation**	**-369.65**	**-369.65**
1. 火力发电	Thermal Power	-330.67	-330.67
2. 供热	Heating Supply	-28.22	-28.22
3. 洗选煤	Coal Washing		
4. 炼焦	Coking		
5. 炼油	Petroleum Refineries		
6. 制气	Gas Works	-10.76	-10.76
#焦炭再投入量(-)	Coke Input(-)		
7. 煤制品加工	Briquettes		
三、损失量	**Loss**	**2.59**	**2.59**
四、终端消费量	**Total Final Consumption**	**303.19**	**300.41**
1. 农、林、牧、渔、水利业	Farming, Forestry, Animal Husbandry, Fishery & Water Conservancy	3.98	3.98
2. 工业	Industry	186.91	184.13
#用作原料、材料	Non-Energy Use		
3. 建筑业	Construction	2.37	2.37
4. 交通运输、仓储和邮政业	Transport, Storage and Post	12.55	12.55
5. 批发、零售业和住宿、餐饮业	Wholesale, Retail Trade and Hotel ,Restaurants	2.98	2.98
6. 生活消费	Residential Consumption	84.80	84.80
城镇	Urban	23.80	23.80
乡村	Rural	61.00	61.00
7. 其他	Other	9.60	9.60
五、平衡差额	**Statistical Difference**	**0.12**	**0.16**

ENERGY BALANCE OF QINGHAI －2003 (PHYSICAL QUANTITY)

洗精煤 Cleaned Coal 万吨 10^4 tn	其他洗煤 Other Washed Coal 万吨 10^4 tn	型煤 Briquettes 万吨 10^4 tn	焦炭 Coke 万吨 10^4 tn	焦炉煤气 Coke Oven Gas 亿立方米 10^8 cu. m	其他煤气 Other Gas 亿立方米 10^8 cu. m	油品合计 Petroleum Products Total 万吨 10^4 tn	原油 Crude Oil 万吨 10^4 tn	汽油 Gasoline 万吨 10^4 tn
2.00	**0.42**	**0.32**	**30.40**			**74.41**	**66.57**	**－5.66**
						220.02	220.02	
2.30	0.45	0.32	32.00			28.65		5.00
						－171.15	－153.45	－8.20
－0.30	－0.03		－1.60			－3.11		－2.46
					6.98	**－13.83**	**－65.03**	**22.71**
						－13.83	－65.03	22.71
					6.98			
					0.02	**4.60**	**1.70**	**1.70**
2.03	**0.43**	**0.32**	**30.27**		**6.97**	**55.98**		**15.46**
						2.75		1.10
2.03	0.43	0.32	30.27			26.81		1.00
						5.64		2.63
						11.66		4.68
						2.97		2.15
					6.97			
					6.97			
						6.15		3.90
－0.03	**－0.01**		**0.13**		**－0.01**		**－0.16**	**－0.11**

续表

		煤油 Kerosene 万吨 10^4 tn	柴油 Diesel Oil 万吨 10^4 tn
一、可供本地区消费的能源量	**Total Primary Energy Supply**		**-3.74**
1. 一次能源生产量	Indigenous Production		
2. 回收能	Recovery of Energy		
3. 外省(区、市)调入量	Moving In from Other Provinces		6.50
4. 进口量	Import		
5. 我轮、机在外国加油量	Chinese Airplanes & Ships in Refueling Abroad		
6. 本省(区、市)调出量(-)	Sending Out to Other Provinces(-)		-9.50
7. 出口量(-)	Export(-)		
8. 外轮、机在我国加油量(-)	Foreign Airplanes & Ships in Refueling in China		
9. 库存增(-)、减(+)量	Stock Change		-0.74
二、加工转换投入(-)产出(+)量	**Input(-) & Output(+) of Transformation**		**26.51**
1. 火力发电	Thermal Power		
2. 供热	Heating Supply		
3. 洗选煤	Coal Washing		
4. 炼焦	Coking		
5. 炼油	Petroleum Refineries		26.51
6. 制气	Gas Works		
#焦炭再投入量(-)	Coke Input(-)		
7. 煤制品加工	Briquettes		
三、损失量	**Loss**		**1.20**
四、终端消费量	**Total Final Consumption**		**21.43**
1. 农、林、牧、渔、水利业	Farming, Forestry, Animal Husbandry, Fishery & Water Conservancy		1.65
2. 工业	Industry		7.48
#用作原料、材料	Non-Energy Use		
3. 建筑业	Construction		2.25
4. 交通运输、仓储和邮政业	Transport, Storage and Post		6.98
5. 批发、零售业和住宿、餐饮业	Wholesale, Retail Trade and Hotel ,Restaurants		0.82
6. 生活消费	Residential Consumption		
城镇	Urban		
乡村	Rural		
7. 其他	Other		2.25
五、平衡差额	**Statistical Difference**		**0.14**

Continued

燃料油 Fuel Oil 万吨 10^4 tn	液化石油气 PLG 万吨 10^4 tn	炼厂干气 Refinery Gas 万吨 10^4 tn	天然气 Natural Gas 亿立方米 10^8 cu. m	其他石油制品 Other Petroleum Products 万吨 10^4 tn	其他焦化产品 Other Coking Products 万吨 10^4 tn	热力 Heat 万百万千焦 10^{10} kJ	电力 Electricity 亿千瓦小时 10^8 kW · h	其他能源 Other Energy 万吨标煤 10^4 tce
2.04			**15.41**	**15.20**			**91.24**	
			15.41				75.64	
1.95				15.20			22.20	
							-6.60	
0.09								
1.98						**126.54**	**66.95**	
							66.95	
						126.54		
1.98								
			1.10			**0.65**	**8.35**	
3.90			**14.05**	**15.19**		**126.00**	**150.16**	
							1.24	
3.14			3.43	15.19			133.52	
0.76							1.37	
							0.84	
			1.20				1.41	
			6.12			126.00	7.96	
			6.12			126.00	6.62	
							1.34	
			3.30				3.82	
0.12			**0.26**	**0.01**		**-0.11**	**-0.32**	

6－29 宁夏能源平衡表(实物量)－2003

		煤合计 Coal Total 万吨 10^4 tn	原煤 Raw Coal 万吨 10^4 tn
一、可供本地区消费的能源量	**Total Primary Energy Supply**	**1428.10**	**1885.00**
1. 一次能源生产量	Indigenous Production	2195.00	2195.00
2. 回收能	Recovery of Energy		
3. 外省(区、市)调入量	Moving In from Other Provinces		
4. 进口量	Import		
5. 我轮、机在外国加油量	Chinese Airplanes & Ships in Refueling Abroad		
6. 本省(区、市)调出量(－)	Sending Out to Other Provinces(－)	－718.80	－299.00
7. 出口量(－)	Export(－)		
8. 外轮、机在我国加油量(－)	Foreign Airplanes & Ships in Refueling in China		
9. 库存增(－)、减(＋)量	Stock Change	－48.10	－11.00
二、加工转换投入(－)产出(＋)量	**Input(－) & Output(＋) of Transformation**	**－942.90**	**－1530.40**
1. 火力发电	Thermal Power	－709.00	－682.00
2. 供热	Heating Supply	－69.00	－69.00
3. 洗选煤	Coal Washing	－99.00	－768.00
4. 炼焦	Coking	－65.90	－11.40
5. 炼油	Petroleum Refineries		
6. 制气	Gas Works		
#焦炭再投入量(－)	Coke Input(－)		
7. 煤制品加工	Briquettes		
三、损失量	**Loss**		
四、终端消费量	**Total Final Consumption**	**2022.20**	**1891.60**
1. 农、林、牧、渔、水利业	Farming, Forestry, Animal Husbandry, Fishery & Water Conservancy		
2. 工业	Industry	1887.60	1757.00
#用作原料、材料	Non-Energy Use	174.60	123.00
3. 建筑业	Construction	4.00	4.00
4. 交通运输、仓储和邮政业	Transport, Storage and Post	2.60	2.60
5. 批发、零售业和住宿、餐饮业	Wholesale, Retail Trade and Hotel ,Restaurants	20.00	20.00
6. 生活消费	Residential Consumption	108.00	108.00
城镇	Urban	38.00	38.00
乡村	Rural	70.00	70.00
7. 其他	Other		
五、平衡差额	**Statistical Difference**	**－1537.00**	**－1537.00**

ENERGY BALANCE OF NINGXIA －2003(PHYSICAL QUANTITY)

洗精煤 Cleaned Coal 万吨 10^4 tn	其他洗煤 Other Washed Coal 万吨 10^4 tn	型煤 Briquettes 万吨 10^4 tn	焦炭 Coke 万吨 10^4 tn	焦炉煤气 Coke Oven Gas 亿立方米 10^8 cu. m	其他煤气 Other Gas 亿立方米 10^8 cu. m	油品合计 Petroleum Products Total 万吨 10^4 tn	原油 Crude Oil 万吨 10^4 tn	汽油 Gasoline 万吨 10^4 tn
-419.90	**-37.00**		**-0.70**			**209.54**	**221.60**	**-16.00**
						221.00	221.00	
-381.60	-38.20					-16.00		-16.00
-38.30	1.20		-0.70			4.54	0.60	
501.50	**86.00**		**45.00**			**-11.04**	**-116.00**	**39.00**
	-27.00					-0.04		
556.00	113.00							
-54.50			45.00					
						-11.00	-116.00	39.00
81.60	**49.00**		**52.00**			**191.60**	**84.40**	**22.60**
81.60	49.00		52.00			115.50	84.40	0.70
51.60			20.00			101.20	84.40	
						72.90		21.90
						3.20		
						3.20		
			-7.70			**6.90**	**21.20**	**0.40**

续表

		煤油 Kerosene 万吨 10^4 tn	柴油 Diesel Oil 万吨 10^4 tn
一、可供本地区消费的能源量	**Total Primary Energy Supply**		**-0.10**
1. 一次能源生产量	Indigenous Production		
2. 回收能	Recovery of Energy		
3. 外省(区、市)调入量	Moving In from Other Provinces		
4. 进口量	Import		
5. 我轮、机在外国加油量	Chinese Airplanes & Ships in Refueling Abroad		
6. 本省(区、市)调出量(-)	Sending Out to Other Provinces(-)		
7. 出口量(-)	Export(-)		
8. 外轮、机在我国加油量(-)	Foreign Airplanes & Ships in Refueling in China		
9. 库存增(-)、减(+)量	Stock Change		-0.10
二、加工转换投入(-)产出(+)量	**Input(-) & Output(+) of Transformation**		**50.96**
1. 火力发电	Thermal Power		-0.04
2. 供热	Heating Supply		
3. 洗选煤	Coal Washing		
4. 炼焦	Coking		
5. 炼油	Petroleum Refineries		51.00
6. 制气	Gas Works		
#焦炭再投入量(-)	Coke Input(-)		
7. 煤制品加工	Briquettes		
三、损失量	**Loss**		
四、终端消费量	**Total Final Consumption**		**53.00**
1. 农、林、牧、渔、水利业	Farming, Forestry, Animal Husbandry, Fishery & Water Conservancy		
2. 工业	Industry		2.00
#用作原料、材料	Non-Energy Use		1.60
3. 建筑业	Construction		
4. 交通运输、仓储和邮政业	Transport, Storage and Post		51.00
5. 批发、零售业和住宿、餐饮业	Wholesale, Retail Trade and Hotel ,Restaurants		
6. 生活消费	Residential Consumption		
城镇	Urban		
乡村	Rural		
7. 其他	Other		
五、平衡差额	**Statistical Difference**		**-2.14**

Continued

燃料油 Fuel Oil 万吨 10^4tn	液化石油气 PLG 万吨 10^4tn	炼厂干气 Refinery Gas 万吨 10^4tn	天然气 Natural Gas 亿立方米 10^8 cu. m	其他石油制品 Other Petroleum Products 万吨 10^4tn	其他焦化产品 Other Coking Products 万吨 10^4 tn	热力 Heat 万百万千焦 10^{10} kJ	电力 Electricity 亿千瓦小时 10^8kW · h	其他能源 Other Energy 万吨标煤 10^4tce
0.30	**0.04**		**0.86**	**3.70**			**21.00**	
			0.86					
							27.00	
							-13.00	
0.30	0.04			3.70			7.00	
5.00	**7.00**	**3.00**				**1218.00**	**199.00**	
							199.00	
						1218.00		
5.00	7.00	3.00						
12.00	**3.60**	**3.00**	**10.10**	**13.00**		**1218.00**	**212.00**	
							8.00	
12.00	0.40	3.00	10.00	13.00		342.00	188.00	
12.00	0.20	3.00						
							4.00	
							2.00	
	3.20		0.10			876.00	8.00	
	3.20		0.10			876.00	6.00	
							2.00	
							2.00	
-6.70	**3.44**		**-9.24**	**-9.30**			**8.00**	

6－30　新疆能源平衡表(实物量)－2003

		煤合计 Coal Total 万吨 10^4 tn	原煤 Raw Coal 万吨 10^4 tn
一、可供本地区消费的能源量	**Total Primary Energy Supply**	**3184.06**	**3178.29**
1. 一次能源生产量	Indigenous Production	3482.86	3482.86
2. 回收能	Recovery of Energy		
3. 外省(区、市)调入量	Moving In from Other Provinces	19.50	9.90
4. 进口量	Import	2.00	2.00
5. 我轮、机在外国加油量	Chinese Airplanes & Ships in Refueling Abroad		
6. 本省(区、市)调出量(－)	Sending Out to Other Provinces(－)	－295.83	－293.20
7. 出口量(－)	Export(－)		
8. 外轮、机在我国加油量(－)	Foreign Airplanes & Ships in Refueling in China		
9. 库存增(－)、减(＋)量	Stock Change	－24.47	－23.27
二、加工转换投入(－)产出(＋)量	**Input(－) & Output(＋) of Transformation**	**－1696.34**	**－1690.57**
1. 火力发电	Thermal Power	－1069.39	－1065.75
2. 供热	Heating Supply	－422.49	－422.49
3. 洗选煤	Coal Washing	－20.45	－92.14
4. 炼焦	Coking	－184.01	－110.19
5. 炼油	Petroleum Refineries		
6. 制气	Gas Works		
#焦炭再投入量(－)	Coke Input(－)		
7. 煤制品加工	Briquettes		
三、损失量	**Loss**		
四、终端消费量	**Total Final Consumption**	**1487.72**	**1487.72**
1. 农、林、牧、渔、水利业	Farming, Forestry, Animal Husbandry, Fishery & Water Conservancy	116.80	116.80
2. 工业	Industry	529.38	529.38
#用作原料、材料	Non-Energy Use	95.91	95.91
3. 建筑业	Construction	28.00	28.00
4. 交通运输、仓储和邮政业	Transport, Storage and Post	56.50	56.50
5. 批发、零售业和住宿、餐饮业	Wholesale, Retail Trade and Hotel ,Restaurants	42.00	42.00
6. 生活消费	Residential Consumption	625.04	625.04
城镇	Urban	291.64	291.64
乡村	Rural	333.40	333.40
7. 其他	Other	90.00	90.00
五、平衡差额	**Statistical Difference**		

ENERGY BALANCE OF XINJIAN －2003(PHYSICAL QUANTITY)

洗精煤 Cleaned Coal 万吨 10^4 tn	其他洗煤 Other Washed Coal 万吨 10^4 tn	型煤 Briquettes 万吨 10^4 tn	焦炭 Coke 万吨 10^4 tn	焦炉煤气 Coke Oven Gas 亿立方米 10^8 cu. m	其他煤气 Other Gas 亿立方米 10^8 cu. m	油品合计 Petroleum Products Total 万吨 10^4 tn	原油 Crude Oil 万吨 10^4 tn	汽油 Gasoline 万吨 10^4tn
5.77			**－42.04**			**609.08**	**1189.14**	**－129.53**
						2149.63	2141.39	
9.60			0.50			0.19		
						29.00	29.00	
						0.29		
－2.63			－12.84			－1543.24	－983.97	－115.46
			－33.00			－2.00		－2.00
						－0.89		
－1.20			3.30			－23.90	2.72	－12.07
－5.77			**128.65**	**2.23**		**－20.08**	**－1132.25**	**220.88**
	－3.64					－4.90		
						－0.06		
68.05	3.64							
－73.82			128.65	2.23				
						－15.12	－1132.25	220.88
			86.61	**1.59**		**569.92**	**56.89**	**91.35**
						45.22		7.60
			86.61	1.42		228.01	56.89	7.80
			0.57			106.30	45.42	0.08
						47.10		11.00
						144.45		31.85
						33.17		10.00
				0.17		25.62		9.00
				0.17		25.62		9.00
						46.35		14.10
				0.64		**19.08**		

续表

		煤油 Kerosene 万吨 10^4tn	柴油 Diesel Oil 万吨 10^4tn
一、可供本地区消费的能源量	**Total Primary Energy Supply**	**-3.99**	**-265.76**
1. 一次能源生产量	Indigenous Production		
2. 回收能	Recovery of Energy		
3. 外省(区、市)调入量	Moving In from Other Provinces		0.19
4. 进口量	Import		
5. 我轮、机在外国加油量	Chinese Airplanes & Ships in Refueling Abroad	0.29	
6. 本省(区、市)调出量(-)	Sending Out to Other Provinces(-)	-3.36	-252.97
7. 出口量(-)	Export(-)		
8. 外轮、机在我国加油量(-)	Foreign Airplanes & Ships in Refueling in China	-0.89	
9. 库存增(-)、减(+)量	Stock Change	-0.03	-12.98
二、加工转换投入(-)产出(+)量	**Input(-) & Output(+) of Transformation**	**19.60**	**446.91**
1. 火力发电	Thermal Power		-0.40
2. 供热	Heating Supply		
3. 洗选煤	Coal Washing		
4. 炼焦	Coking		
5. 炼油	Petroleum Refineries	19.60	447.31
6. 制气	Gas Works		
#焦炭再投入量(-)	Coke Input(-)		
7. 煤制品加工	Briquettes		
三、损失量	**Loss**		
四、终端消费量	**Total Final Consumption**	**15.61**	**181.15**
1. 农、林、牧、渔、水利业	Farming, Forestry, Animal Husbandry, Fishery & Water Conservancy		36.12
2. 工业	Industry	0.03	22.31
#用作原料、材料	Non-Energy Use		0.60
3. 建筑业	Construction		13.00
4. 交通运输、仓储和邮政业	Transport, Storage and Post	15.58	89.72
5. 批发、零售业和住宿、餐饮业	Wholesale, Retail Trade and Hotel ,Restaurants		10.00
6. 生活消费	Residential Consumption		
城镇	Urban		
乡村	Rural		
7. 其他	Other		10.00
五、平衡差额	**Statistical Difference**		

Continued

燃料油 Fuel Oil 万吨 10^4 tn	液化石油气 PLG 万吨 10^4 tn	炼厂干气 Refinery Gas 万吨 10^4 tn	天然气 Natural Gas 亿立方米 10^8 cu. m	其他石油制品 Other Petroleum Products 万吨 10^4 tn	其他焦化产品 Other Coking Products 万吨 10^4 tn	热力 Heat 万百万千焦 10^{10} kJ	电力 Electricity 亿千瓦小时 10^8 kW · h	其他能源 Other Energy 万吨标煤 10^4 tce
-4.13	**-6.49**		**40.55**	**-170.16**	**-2.65**		**36.20**	**14.25**
	8.24		50.29				36.20	
-3.88	-14.70		-9.24	-168.90	-2.65			
-0.25	-0.03		-0.50	-1.26				14.25
26.13	**39.33**	**34.54**	**-8.96**	**324.78**	**2.65**	**8500.62**	**198.42**	**-2.30**
-1.02		-3.48	-5.95				198.42	-2.30
-0.02		-0.04	-3.01			8500.62		
					2.65			
27.17	39.33	38.06		324.78				
							4.03	
45.48	**32.84**	**34.54**	**31.59**	**112.06**		**8500.62**	**230.59**	**11.95**
	1.50						20.40	
45.48	8.90	34.54	30.16	52.06		5247.48	164.99	11.95
43.74	5.06		2.98	11.40				
	0.10			23.00		3.00	4.77	
	0.30			7.00		13.00	3.00	
	3.17		0.15	10.00		30.00	8.56	
	16.62		0.98			3191.14	20.37	
	16.62		0.98			3191.14	16.17	
							4.20	
	2.25		0.30	20.00		16.00	8.50	
-23.48				**42.56**				

七、香港、澳门特别行政区能源数据

Chapter 7　Energy Data for Hong Kong and Macao Special Administrative Region

7－1　香港主要能源及相关指标
MAJOR ENERGY AND RELATED INDICATORS OF HONG KONG

项　目　　Item	1990	1995	1999	2000	2001	2002
一次能源需求总量（百万吨标准油） Total Primary Energy Supply (Mtoe)	10.66	13.77	17.72	15.45	16.28	16.38
净进口量（百万吨标准油） Net Imports (Mtoe)	11.93	15.69	21.07	18.91	19.99	21.22
油净进口量（百万吨标准油） Net Oil Imports (Mtoe)	6.58	9.55	14.14	12.4	12.26	13.24
油可供量（百万吨标准油） Oil Supply (Mtoe)	5.27	7.57	10.73	8.89	8.51	8.35
电消费量（十亿千瓦小时） Electricity Consumption (TW · h)	23.83	29.86	34.80	36.3	37.26	38.09
一次能源消费总量（百万吨标准油） Total Primary Energy Consumption (Mtoe)	7.12	9.9	13.59	11.92	11.6	11.5
年中人口数（万 人） Mid－year Population (10^4 person)	570.0	615.6	660.7	666.5	672.5	678.7
国内生产总值（十亿美元,1995 年价） GDP (10^9 US＄,1995 price)	108.0	141.7	140.4	168.2	168.9	172.8
人均国内生产总值（美元,1995 年价） Per Capita GDP (US＄,1995 price)	17860	21459	21053	25236	25115	25460
人均能源消费量（吨标准油/人） Per Capita Energy Consumption (toe/capita)	1.25	1.61	2.06	1.79	1.72	1.69
人均电力消费量（千瓦小时/人） Per Capita Electricity Consumption (kW · h/capita)	4178	4850	5179	5446	5541	5612

资料来源：IEA《非 OECD 国家能源统计和平衡》,《香港能源统计》。

Source: IEA *Energy Statistics and Balances of NON－OECD Countries*, *Hong Kong Energy Statistics*.

7－2　香港电力和煤气消费量
CONSUMPTION OF ELECTRICITY AND GAS OF HONG KONG

年　份 Year	电力（太焦耳）Electricity (terajoule)				煤气（太焦耳）Gas (terajoule)			
	住　宅 Residential	商　业 Commercial	工　业 Industrial	总　计 Total	住　宅 Residential	商　业 Commercial	工　业 Industrial	总　计 Total
1990	19037	41830	24934	85801	7596	6877	583	15056
1995	27063	60191	20222	107477	11408	9586	978	21972
2000	32234	80672	17769	130675	13866	11209	982	26057
2001	32799	84580	16759	134139	14493	11060	1011	26564
2002	33394	87606	16112	137112	14794	10860	987	26641
2003	34365	89218	14851	138435	15446	10542	1015	27002

资料来源:《香港能源统计》2003 年。

Source: *Hong Kong Energy Statistics* 2003.

7－3 香港油产品进口留用量
HONG KONG RETAINED IMPORTS OF OIL PRODUCTS

年 份 Year	航空汽油与煤油（千公升） Aviation Gasoline and Kerosene (kilolitre)	车用汽油（千公升） Motor Gasoline (kilolitre)		轻质柴油、重质柴油与石脑油（千公升） Gas Oil, Diesel Oil and Naphtha (kilolitre)	燃料油（千公升） Fuel Oil (kilolitre)	液化石油气和天然气（公吨） LPG、Natural Gas (tonne)
1990	2303262	390577		2690712	1347198	169224
		含铅 Leaded Petrol	不含铅 Unleaded Petrol			
1995	3318386	171456	323351	4691324	1561524	147544
2000	4011029		486087	7802247	2140655	2363434
2001	4198740		524588	6920460	2394450	2459050
2002	4315798		473441	6810838	2973785	2420756
2003	3986920		458985	7094270	3216278	1689413

7－4 香港煤产品进口留用量
HONG KONG RETAINED IMPORTS OF COAL PRODUCTS

公吨 (tonne)

年 份 Year	蒸馏煤与其他煤产品 Steam Coal and Other Coal	木炭 Wood Charcoal	无烟煤 Anthracite	焦煤与半焦煤 Coke and Semi－coke
1990	8928614	16252	2053	1404
1995	9108994	13920		1063
2000	6057802	6050	1310	
2001	8033097	－4764	540	
2002	8717699	8142	201	
2003	10675881	8313	677	

7－5 香港电力生产、消费及进出口
HONG KONG ELECTRICITY PRODUCTION, CONSUMPTION, IMPORTS AND EXPORTS

单位：太焦耳 (Terajoule)

年 份 Year	本地发电厂产电 Electricity Generated at Local Plant	由大陆进口 Imports to Mainland of China	系统损耗 System Loss	出口往大路 Exports of Mainland of China	由电表量度的本地电力耗用 Local Electricity Consumption as Measured at Meter Point
1990	104256		11985	6470	85801
1995	100496	27164	14843	5340	107477
2000	112783	36732	14587	4253	130675
2001	116745	37278	14192	5692	134139
2002	123522	36655	15235	7830	137112
2003	127822	37428	15988	10827	138435

资料来源：《香港能源统计》2003 年。

Source: *Hong Kong Energy Statistics* 2003 .

7-6 澳门主要能源及相关指标
MAJOR ENERGY RELATED INDICATORS OF MACAO

项 目 Item	1990	1995	2000	2001	2002	2003
净进口量（太焦耳） Net Imports (10^{12} joules)	13955	17487	22742	24757	25322	26340
可供电量（百万千瓦小时） Electricity Supply (GW·h)	1335.1	1657.4	1690.5	1795.7	1879.5	
电力消费量（百万千瓦小时） Electricity Consumption (GW·h)		1265.4	1570.1	1599.0	1688.0	1771.5
能源消费量（太焦耳） Energy Consumption (10^{12} joules)	8953	12120	12823	12911	13435	13544
年中人口数（万 人） Mid-year Population (10^4 person)	33.50	40.93	43.10	43.40	43.90	44.50
国内生产总值（万澳门元，现价） GDP (10^4 MOP, Current Market Prices)	2617500	5533300	4974200	4986000	5429000	6337000
人均国内生产总值（澳门元，现价） Per Capita GDP (MOP, Current Market Prices)	78144	135190	115411	114885	123667	142404
人均能源消费量（百万焦耳） Per Capita Energy Consumption (10^8 joules)	26725	29612	29752	29749	30604	30436
人均电力消费量（千瓦小时/人） Per Capita Electricity Consumption (kW·h/capita)		3092	3643	3684	3845	3981

7-7 澳门能源平衡表
MACAO ENERGY BALANCE TABLE

单位：太焦耳 (terajoules)

项 目	Item	1990	1995	2000	2001	2002	2003
进口	Import						
总计	Total Energy	13975	17499	22742	24757	25322	26340
#轻柴油	#Gas Oil and Diesel	3564	3257	3467	4705	4243	5518
#重油	#Fuel Oil	8274	10325	11949	12661	12962	12277
#电力	#Electricity	327	650	701	696	697	647
#汽油	#Gasoline	752	1128	1340	1338	1402	1450
出口	Export						
总计	Total Energy			20	12		
#电力	#Electricity			9	11		
#液化石油气	#LPG				1		
库存变化	Change in Stocks	252	-43	-487	940	-348	-187
内部总消费	Gross Internal Consumption	13704	17670	19795	20229	21601	21966
能源转化	Energy Transformation	-4461	-5124	-6458	-6749	-7533	-7728
电厂自耗和输电损失	Distribution and Transmission Loss	149	240	304	318	388	389
总消费量	Final Consumption	8953	12120	12823	12911	13435	13544

资料来源：《澳门统计年鉴》。

Source: *Macao Statistical Yearbook.*

附录1　台湾省能源数据

Appendix Ⅰ Energy Data for Taiwan Province

附录I 各省能源数据

Appendix I Energy Data for Several Provinces

附录1－1　台湾省主要能源及相关指标

MAJOR ENERGY RELATED INDICATORS OF TAIWAN

项　目　Item	1990	1995	1999	2000	2001	2002
能源生产量（百万吨标准油） Energy Production（Mtoe）	10.81	10.94	11.58	11.49	10.77	11.62
净进口量（百万吨标准油） Net Imports（Mtoe）	41.78	59.27	75.37	80.83	82.25	84.20
一次能源需求总量（百万吨标准油） Total Primary Energy Supply（Mtoe）	48.26	65.29	79.92	83.01	88.95	93.58
油净进口量（百万吨标准油） Net Oil Imports（Mtoe）	28.92	37.49	43.76	45.85	44.71	43.81
油可供量（百万吨标准油） Oil Supply（Mtoe）	26.00	34.47	38.50	37.32	41.46	42.45
电消费量（十亿千瓦小时） Electricity Consumption（TW·h）	85.12	128.20	164.88	184.74	188.95	198.52
一次能源消费总量（百万吨标准油） Total Primary Energy Consumption（Mtoe）	48.35	65.18	85.10	90.64	94.83	100.31
年中人口数（百万人） Mid－year Population（10^6 person）	20.40	21.30	22.00	22.10	22.3	22.4
国内生产总值（十亿美元,1995年价） GDP（10^9 US$,1995 price）	184.40	260.10	324.1	343.80	336.2	348.0
人均国内生产总值（美元,1995年价） Per Capita GDP（US$,1995 price）	9039.2	12211.3	14731.8	15556.6	15076.2	15535.7
人均能源消费量（吨标准油/人） Per Capita Energy Consumption（toe/capita）	2.37	3.06	3.84	4.10	4.25	4.48
人均电力消费量（千瓦小时/人） Per Capita Electricity Consumption（kW·h/capita）	4173	6019	7495	8359	8473	8863

资料来源：IEA《非OECD国家能源统计和平衡》。

Source：IEA *Energy Statistics and Balances of NON－OECD Countries.*

附录1－2　台湾省分行业电力消费量

TAIWAN ELECTRICITY CONSUMPTION BY SECTOR

单位：百万千瓦小时　　　　(million kW·h)

项　目	Item	1990	1995	2000	2001	2002	2003
总计	Total	51841	68931	94768	94807	100435	106043
农、林、牧、渔业	Farming,Forestry,Animal Husbandry,Fishery	1611	2042	2262	2229	2326	2416
采掘业	Mining and Quarrying	171	209	319	293	367	431
制造业	Manufacturing	40698	50792	67378	66127	69696	73691
建筑业	Construction	265	564	490	543	530	544
水电煤气卫生服务业	Electricity，Gas and Water Services	804	1037	1832	2065	2253	2415
商业	Commerce	1987	3650	5809	6045	6407	6701
运输仓储及通信业	Transportation，Storage，Post.&Tele. Services	1081	1571	2893	3014	3240	3326
服务业	Services	4252	6763	10578	11165	12013	12718
其他不能归类行业	Others	973	2299	3208	3324	3601	3801

资料来源：中国台湾省编辑的《统计年鉴》。

Source：*Statistical Yearbook*，Taiwan Province of China.

附录1－3 台湾省能源供给总量及构成
TAIWAN ENERGY SUPPLY AND COMPOSITION

年 份 Year	供给量总计（千公升油当量）Total Supply (10^3 kl oil equivalent)	占供给总量的比重（%）As Percentage of Total Supply（%）				
		煤炭 Coal	石油 Petroleum	天然气 Natural Gas	水力发电 Hydropower	核能发电 Nuclear Power
1990	58198	23.45	55.17	3.86	3.49	14.03
1995	79620	26.20	54.30	5.80	2.80	11.00
2000	105043	31.30	50.90	6.80	2.10	9.10
2001	108521	32.30	50.40	7.10	2.10	8.12
2002	113230	33.10	49.25	7.00	1.40	8.68
2003	121220	32.56	50.76	7.30	1.41	7.97

附录1－4 台湾省能源消费总量及分部门消费构成
TAIWAN ENERGY CONSUMPTION AND COMPOSITION BY SECTOR

年 份 Year	消费总计（千公升油当量）Total Energy Consumption (10^3 kl oil equivalent)	占消费总量比重（%）As Percentage of Total Energy Consumption（%）						
		工业 Industry	运输 Transportation	农业 Agriculture	住宅 Residence	商业 Commerce	其他 Other	非能源消费 Non－energy Use
1990	52007	58.6	15.5	2.8	11.4	3.8	6.4	1.5
1995	68964	55.2	17.8	2.2	12.0	5.0	6.0	1.9
2000	90636	55.2	16.3	1.6	12.4	5.8	6.1	2.6
2001	94828	57.1	15.4	1.6	12.1	5.8	6.2	1.8
2002	100282	57.7	15.3	1.5	11.8	5.7	6.0	2.0
2003	103420	57.3	14.79	1.6	11.8	5.8	6.7	2.1

附录1－5 台湾省电力生产量和消费量
TAIWAN ElECTRICITY PRODUCTION AND CONSUMPTION

单位：百万千瓦小时 （million kW · h）

年 份 Year	发电量 Electricity Generation				耗电量 Electricity Consumption			损失 Loss
	总计 Total	水力发电 Hydropower	火力发电 Thermal Power	核能发电 Nuclear Power	总计 Total	电力用电 Own Consumption	住户及商业用电 Residence and Commerce	
1990	82350	8166	42629	31554	74345	51841	22504	5355
1995	117859	8858	75071	33931	105368	68931	36437	6848
2000	156511	8843	110672	36996	142413	94768	47644	8735
2001	158058	9138	114822	34094	143624	94807	48816	8610
2002	165901	6358	121526	38009	151193	100435	50758	9417
2003	173810	6863	129566	37371	159380	106043	53337	8751

资料来源：中国台湾省编辑的《统计年鉴》。

Source: *Statistical Yearbook*, Taiwan Province of China.

附录2　国外能源数据

Appendix Ⅱ Energy Data for Other Countries

附录2－1 年中人口数
MID－YEAR POPULATION

单位:万人 (10 000 person)

国别 Country or Territory	1990	1995	1999	2000	2001	2002
世界总计 World	**525207**	**565616**	**597773**	**605412**	**613010**	**622498**
中国* China	114333	121121	125786	126743	127627	128453
印度 India	84952	92936	99902	101592	103236	104955
印度尼西亚 Indonesia	17823	19398	20357	20627	20898	21713
日本 Japan	12354	12544	12665	12687	12703	12748
泰国 Thailand	5560	5940	6025	6073	6118	6219
法国 France	5674	5814	5862	5889	5919	5985
德国 Germany	7943	8164	8209	8221	8233	8241
意大利 Italy	5672	5720	5765	5769	5795	5748
俄罗斯 Russian Fed.	14829	14814	14631	14556	14475	14408
波兰 Poland	3812	3859	3866	3865	3864	3862
罗马尼亚 Romania	2321	2268	2246	2244	2241	2239
英国 United Kingdom	5756	5861	5863	5872	5880	5929
伊朗 Iran	5440	5895	6276	6366	6453	6550
伊拉克 Iraq	1808	2078	2280	2326	2375	2420
沙特阿拉伯 Saudi Arabia	1580	1898	2020	2072	2141	2190
阿联酋 United Arab Emirates	184	234	282	291	298	320
乌兹别克斯坦 Uzbekstan	2052	2279	2441	2475	2507	2530
加拿大 Canada	2779	2935	3050	3077	3108	3127
墨西哥 Mexico	8323	9115	9656	9797	9924	10044
美国 United States	24944	26276	27867	28222	28532	29104
巴西 Brazil	14794	15935	16803	17010	17239	17626
委内瑞拉 Venezuela	1950	2184	2371	2417	2463	2510
荷兰 Netherlands	1495	1546	1581	1592	1604	1615
挪威 Norway	424	436	446	449	451	454
西班牙 Spain	3884	3921	4020	4050	4112	4055
瑞士 Switzerland	671	704	714	718	723	729
乌克兰 Ukraine	5189	5153	4991	4950	4909	4870
澳大利亚 Australia	1707	1806	1897	1919	1939	1954

注:*为年末人口数(Year－end figure)。

附录2-2 国内生产总值
GROSS DOMESTIC PRODUCTS

单位：百万美元 (million us $)

国别 Country or Territory		1990	1995	1999	2000	2001	2002
世界总计	**World**	**26445600**	**29271700**	**30700900**	**34223900**	**34670800**	**35317700**
印度	India	275600	355200	445300	470300	494500	517300
印度尼西亚	Indonesia	138400	202100	205000	209300	216500	224400
日本	Japan	4924770	5303790	4493500	5683620	5707030	5715290
泰国	Thailand	111000	167900	170000	171700	175400	184900
法国	France	1473220	1553130	1443700	1772530	1809680	1831520
德国	Germany	2221560	2458280	2103400	2687830	2710620	2715400
意大利	Italy	1030050	1097210	1181000	1207920	1229740	1234310
波兰	Poland	118830	132320	155000	170010	171690	174080
罗马尼亚	Romania	39500	35500	35900	32800	34500	36000
英国	United Kingdom	1045060	1134940	1324320	1352580	1352580	1375930
伊朗	Iran	70200	87400	99600	10500	110600	118000
沙特阿拉伯	Saudi Arabia	123700	142500	161200	161700	163800	165500
阿联酋	United Arab Emirates	36200	40000	45000	53500	55400	56400
乌兹别克斯坦	Uzbekstan		13400	17100	16100	16800	17500
加拿大	Canada	534390	581670	649800	713710	727300	751040
墨西哥	Mexico	265260	286170	290500	372610	371970	375330
美国	United States	6520500	7338400	9206900	8955100	8977800	9196400
巴西	Brazil	603500	704200	731100	786900	798000	809900
委内瑞拉	Venezuela	65300	77400	78000	79800	82000	74700
荷兰	Netherlands	374140	414800	398100	498320	504370	505600
挪威	Norway	122520	147980	153500	176600	180000	181710
俄罗斯	Russian Fed.		395500	403600	428500	450000	469300
西班牙	Spain	542100	584190	602500	705520	725580	740400
瑞士	Switzerland	308430	307260	308260	336360	339220	340000
乌克兰	Ukraine		48200	41600	43600	47600	49900
澳大利亚	Australia	317760	372730	406000	450310	468040	480850

* GDP using exchange rates (us $ 1995 price)

资料来源：《国际能源机构统计年鉴》。

Source: *IEA STATISTICS.*

附录2-3 能源生产总量
TOTAL ENERGY PRODUCTION

单位：百万吨标准油 (million toe)

国 别	Country or Territory	1990	1995	1999	2000	2001	2002
世界总计	**World**	**8807.07**	**9324.66**	**9802.52**	**10067.09**	**10200.34**	**10305.74**
中国	China	902.73	1085.21	1090.98	1107.7	1138.7	1220.86
美国	United States	1650.47	1662.25	1686.45	1674.84	1694.26	1666.64
日本	Japan	75.13	99.61	104.39	106.92	105.89	98.13
德国	Germany	186.16	144.99	137.00	135.28	134.62	134.77
法国	France	111.89	127.97	127.32	131.30	132.93	134.65
英国	United Kingdom	208	257.53	281.73	271.34	261.96	257.81
意大利	Italy	25.55	29.45	29.23	27.08	26.02	26.59
加拿大	Canada	273.68	348.99	366.97	374.83	379.23	385.41
澳大利亚	Australia	157.71	186.91	212.34	232.27	249.07	255.19
俄罗斯	Russian Fed.		953.96	950.59	966.51	996.16	1034.52
波兰	Poland	99.36	99.34	84.24	79.57	80.26	80.17
罗马尼亚	Romania	40.83	32.31	27.84	28.28	28.23	28.41
乌克兰	Ukraine		83.02	80.34	72.33	72.01	71.52
保加利亚	Bulgaria	9.61	10.42	9.09	10.01	10.33	10.54
南斯拉夫	Yugoslavia, FR	25.27	21.82	21.11	22.14	21.81	22.79
印度	India	336.75	388.74	417.51	421.7	430.66	440.97
西班牙	Spain	34.72	31.59	30.66	31.66	33.48	31.74
土耳其	Turkey	25.86	26.48	27.51	26.71	25.06	24.43
南非	South Africa	114.53	133.66	143.99	144.45	143.88	146.51
巴西	Brazil	97.62	105.11	134.47	143.6	147.34	161.74
墨西哥	Mexico	194.48	202.33	223.00	226.13	230.09	229.89
委内瑞拉	Venezuela	148.85	197.24	211.17	221.00	216.93	210.15
伊朗	Iran	179.74	224.17	230.31	243.08	245.19	240.52
哈萨克斯坦	Kazakhstan		63.47	64.9	78.47	88.39	95.78

资料来源：《国际能源机构统计年鉴》。

Source: *IEA STATISTICS*.

附录2-4 硬煤生产量
HARD COAL PRODUCTION

单位：百万吨 (million ton)

国别	Country or Territory	1990	1995	1999	2000	2001	2002
世界总计	**World**	**3531.1**	**3665.4**	**3634.3**	**3633.2**	**3801.0**	**3837.0**
加拿大	Canada	37.7	38.6	36.5	33.8	34.0	29.7
英国	United Kingdom	92.8	53.0	37.1	31.2	31.9	29.5
美国	United States	853.7	858.6	919.2	895.2	951.2	916.7
中国	China	1050.7	1343.1	1238.3	1231.2	1267.9	1326.0
俄罗斯	Russian Fed.	237.5	162.4	152.4	152.5	164.8	163.6
澳大利亚	Australia	158.8	191.1	223.7	239.4	264.2	276.0
德国	Germany	76.6	58.9	43.8	37.4	30.7	29.2
印度	India	210.5	268.7	300.7	310.4	324.6	333.7
南非	South Atrica	174.8	206.2	223.5	224.2	225.9	223.0
波兰	Poland	147.7	137.2	110.2	103.4	104.0	102.6

附录2-5 原油生产量
CRUDE OIL PRODUCTION

单位：千吨 (1000 ton)

国别	Country or Territory	1990	1995	1999	2000	2001	2002
世界总计	**World**	**3134418**	**3278058**	**3485635**	**3611602**	**3614546**	**3587748**
加拿大	Canada	91610	110277	119858	124806	126579	132322
俄罗斯	Russian Fed.		305107	303239	321692	345841	377173
英国	United Kingdom	91596	130456	137228	126375	116805	116063
美国	United States	413344	383345	358436	358802	356516	354266
中国	China	138306	150044	160169	163182	164162	167219
印度尼西亚	Indonesia	73387	75517	73598	69285	65734	61140
沙特阿拉伯	Saudi Arabia	337950	430844	414834	443072	428428	409722
委内瑞拉	Venezuela	113372	154664	165793	173838	171776	168735
科威特	Kuwait	44462	102406	99013	104725	97717	113487
伊朗	Iran	155900	183018	176151	185988	186149	172513
阿联酋	United Arab Emirates	90736	107213	105931	113481	111662	105505
墨西哥	Mexico	138656	141319	166882	169261	175498	178302
尼日利亚	Nigeria	88322	97541	107948	115333	120116	102189

资料来源：《国际能源机构统计年鉴》。

source：*IEA STATISTICS*

附录2－6　天然气生产量

CRUDE OIL PRODUCTION

单位：百万立方米　　(million cu. m)

国　别	Country or Territory	1990	1995	1999	2000	2001	2002
世界总计	**World**	**2132504**	**2213334**	**2380256**	**2547405**	**2595753**	**2617853**
加拿大	Canada	110069	159532	176205	181673	186003	182075
英　国	United Kingdom	51096	75539	105115	115126	111281	108204
美　国	United States	523540	529779	536052	545728	560353	539349
中　国	China	15298	17947	27998	30222	33699	36290
俄罗斯	Russian Fed.	589510	590783	582734	580306	595000	
德　国	Germany	16895	21069	23315	22049	22232	22295
沙特阿拉伯	Saudi Arabia	31669	40340	48993	53793	57355	60570
委内瑞拉	Venezuela	23648	26184	27202	28382	25555	24016
伊　朗	Iran	23610	40495	57844	63224	65086	66320
墨西哥	Mexico	31579	27094	36442	37221	36867	37762
荷　兰	Netherland	68186	84406	75002	72467	77785	75315

附录2－7　发电量

ELECTRICITY GENERATION

单位：百万千瓦小时　　(million kW · h)

国　别	Country or Territory	1990	1995	1999	2000	2001	2002
世界总计	**World**	**11859192**	**13292954**	**14723785**	**15450497**	**15551657**	**16131161**
加拿大	Canada	482054	559982	578633	605573	589757	601495
英　国	United Kingdom	319023	334041	365250	377068	384684	387112
美　国	United States	3218621	3582114	3889792	4052487	3865090	4017509
中　国	China	650138	1035642	1268798	1386931	1504089	1674792
日　本	Japan	857272	989851	1056970	1091500	1075891	1097167
德　国	Germany	550015	537284	550342	571352	586340	571645
法　国	France	420744	493897	519309	540668	550488	560111
印　度	India	289439	418043	533307	560842	579120	596543
俄罗斯	Russia	1082150	860027	845347	877766	891284	891285
巴　西	Brazil	222821	275601	334716	349197	327875	344645

附录2－8　核发电量

NUCLEAR POWER GENERATION

单位：百万千瓦小时　　(million kW · h)

国　别	Country or Territory	1990	1995	1999	2000	2001	2002
世界总计	**World**	**2012885**	**2331951**	**2531166**	**2590582**	**2637457**	**2660441**
加拿大	Canada	72967	97844	73491	72799	76695	75526
英　国	United Kingdom	65747	88964	95133	85063	89870	88043
美　国	United States	611589	713806	771811	797718	792604	804519
中　国	China		12833	14949	16737	17472	25127
法　国	France	314081	377231	394244	415162	421072	436760
德　国	Germany	152468	153091	170004	169606	171305	164842
日　本	Japan	202272	291254	316616	322049	319858	295094
瑞　典	Sweden	68185	69935	73188	57316	72109	67578
巴基斯坦	Pakistan	293	483	399	1997	2291	1740
俄罗斯	Russian Fed.	118305	99532	121874	130715	136935	141629
乌克兰	Ukraine	76179	70523	72065	77300	76169	77990

资料来源：《国际能源机构统计年鉴》。

Source: *IEA STATISTICS.*

附录2－9 能源消费总量
TOTAL FINAL CONSUMPTION OF ENERGY

单位：百万吨标准油

(million toe)

国 别	Country or Territory	1990	1995	1999	2000	2001	2002
世界合计	**World**	**5307**	**5582.54**	**5809.75**	**5961.90**	**6003.19**	**6095.26**
中国	China	488.84	599.41	567.77	567.85	578.09	608.13
美国	United States	1306.78	1394.0	1490.62	1566.54	1538.95	1557.39
日本	Japan	292.14	327.71	342.05	355.61	350.85	358.67
德国	Germany	247.28	240.62	243.08	242.47	246.38	241.04
法国	France	147.12	157.73	168.41	168.06	174.01	169.65
英国	United Kingdom	145.37	152.22	161.51	160.89	161.67	158.31
意大利	Italy	117.61	123.32	131.84	131.23	134.21	133.55
加拿大	Canada	160.79	175.52	187.14	190.87	184.36	190.53
澳大利亚	Australia	58.07	64.17	70.08	72.00	72.93	70.77
俄罗斯	Russian Fed.		460.4	404.71	419.50	422.29	409.62
波兰	Poland	62.19	65.00	61.32	58.60	58.56	56.98
罗马尼亚	Romania	42.61	25.56	20.72	21.19	22.07	21.91
乌克兰	Ukraine		97.94	88.33	74.87	75.77	76.20
保加利亚	Bulgaria	17.51	12.06	9.31	9.28	9.32	8.87
南斯拉夫	Yugoslavia, FR	26.46	26.46	20.61	21.90	23.41	23.77
印度	India	118.12	145.33	168.51	167.97	167.16	176.20
西班牙	Spain	62.5	71.8	83.63	89.16	93.29	94.72
土耳其	Turkey	40.55	48.21	52.56	57.13	51.29	56.52
南非	South Africa	42.58	44.48	46.64	46.09	47.14	48.80
巴西	Brazil	77.35	94.92	115.54	119.28	118.48	119.66
墨西哥	Mexico	88.5	95.92	91.97	95.11	93.24	93.14
委内瑞拉	Venezuela	27.26	33.52	34.51	34.72	36.47	33.75
伊朗	Iran	53.25	76.96	88.09	95.32	98.18	105.71
哈萨克斯坦	Kazakhstan		31.05	19.00	22.10	23.96	25.24

资料来源：《国际能源机构统计年鉴》。

Source: *IEA STATISTICS*.

附录2－10 硬煤消费量
CONSUMPTION OF HARD COAL

单位:千吨 (1000 ton)

国 别	Country or Territory	1990	1995	1999	2000	2001	2002
世界总计	**World**	**3505360**	**3658178**	**3639125**	**3743142**	**3772393**	**3853310**
美 国	United States	736941	782802	8528271	893343	906603	896155
英 国	United Kingdom	106722	75916	55445	58663	64359	58023
德 国	Germany	86965	74224	66655	68963	65035	60153
法 国	France	28791	22611	22427	21801	18282	18890
西班牙	Spain	26317	27643	31466	32804	29868	33635
比利时	Beigium	16153	12394	10021	11046	10141	12707
中 国	China	1050951	1316891	1229109	1214916	1191945	1252032
日 本	Japan	113084	129245	137463	152346	158569	158534
印 度	India	210500	279140	311933	340158	348599	356833
俄罗斯	Russian Fed.	240033	163266	144248	142222	142495	139515
波 兰	Poland	119926	107823	89040	83371	84144	80511

附录2－11 石油消费量
PETROLEUM CONSUMPTION

单位:千吨 (1000 ton)

国 别	Country or Territory	1990	1995	1999	2000	2001	2002
世界总计	**World**	**3111500**	**3237500**	**3510243**	**3546008**	**3568115**	**3605656**
加拿大	Canada	78375	80288	89398	89935	90106	91692
墨西哥	Mexico	78843	80559	86351	89601	88176	85314
美 国	United States	745467	772286	851329	859606	869095	867738
英 国	United Kingdom	81025	81774	81146	81448	80307	78555
法 国	France	85082	89762	94777	93717	96094	92472
德 国	Germany	128479	136491	134924	133383	134867	130442
意大利	Italy	93543	97083	91749	90237	88775	90274
西班牙	Spain	45122	54274	61649	63643	65887	66455
日 本	Japan	245848	265112	262660	258203	250330	256356
巴 西	Brazil	58400	69200	85700	85400	85100	87098
伊 朗	Iran	47100	59400	57300	56100	54940	54552
沙特阿拉伯	Saudi Arabia	51200	51400	60900	62400	62700	64722
中 国	China	110300	160700	207200	230100	231700	247798
韩 国	Korea	48582	91968	95386	98018	97811	99406

资料来源:国际能源机构《煤信息》、《油信息》2003年。

Source: IEA *Coal Information*, *Oil Information*, 2003.

附录2-12 天然气消费量
NATURAL GAS CONSUMPTION

单位：百万立方米

(million cu. m)

国别	Country or Territory	1990	1995	1999	2000	2001	2002
世界总计	**World**	**2097851**	**2187981**	**2441141**	**2542686**	**2569291**	**2609628**
美国	United States	530150	609314	634393	661261	628470	635286
加拿大	Canada	67050	80197	85224	89928	85183	81335
墨西哥	Mexico	26100	29524	35741	39592	39433	42429
英国	United Kingdom	58320	75180	98048	102860	101258	99740
法国	France	28330	33491	39152	42613	44626	44689
日本	Japan	52410	62498	74917	78856	76705	75501
德国	Germany	74840	83378	89225	87728	91729	90738
意大利	Italy	47410	54385	67849	70745	70939	70379
荷兰	Netherland	43470	48165	48280	48858	50085	49975
中国	China	15256	17793	24004	27395	30640	33100
印度尼西亚	Indonesia	24590	27355	31893	33097	34347	35623
沙特阿拉伯	Saudi Arabia	30463	40339	48993	53793	57355	60570
伊朗	Iran	17813	42517	59954	66511	69238	70521
俄罗斯	Russian Fed.		385727	392437	394892	405817	415000
乌兹别克	Uzbekistan		40202	51048	50752	51668	52142
乌克兰	Ukraine		81647	76941	74238	74258	73415

附录2-13 电力消费量
ELECTRICITY CONSUMPTION

单位：百万千瓦小时

(million kW · h)

国别	Country or Territory	1990	1995	1999	2000	2001	2002
世界总计	**World**	**10849243**	**12154231**	**13510046**	**14085978**	**14223822**	**14701238**
澳大利亚	Australia	144294	161854	187919	192576	201227	207434
加拿大	Canada	447595	484303	506925	522661	522264	532113
法国	France	348132	393963	431010	441261	450837	451050
英国	United Kingdom	306651	323503	352534	360099	363103	364624
美国	United States	2923917	3370975	3702170	3857277	3717663	3802376
德国	Germany	453878	527414	516835	549182	564225	556087
意大利	Italy	235096	261364	289107	301786	308030	316091
日本	Japan	816507	944345	1030757	1044552	1030539	1047559
瑞典	Sweden	135506	136597	137106	139129	142523	139814
西班牙	Spain	137464	155612	194692	209647	221512	232159
巴西	Brazil	217658	264805	315753	329819	309184	321551
中国	China	604033	957744	1179132	1289769	1397263	1554369
波兰	Poland	124710	118135	122621	124577	124690	122942
印度	India	233333	339772	395279	405988	416118	441520
乌克兰	Ukraine		172235	138449	136386	135854	137127
俄罗斯	Russian Fed.		756947	735901	762070	769933	770766

资料来源：国际能源机构《能源统计》、《气信息》2003 年。

Source：IEA，*Energy Statistics of OECD and No－OECD Countries*，*Gas Information*，2003.

附录2－14 硬煤进口量
IMPORT OF HARD COAL

单位:千吨 (1000 ton)

国别	Country or Territory	1990	1995	1999	2000	2001	2002
世界总计	**World**	**391302**	**482870**	**534806**	**608437**	**647499**	**658649**
美国	United States	2449	6533	8204	11271	17872	14021
英国	United Kingdom	14783	15896	20293	23445	35542	28686
德国	Germany	13580	15052	22678	27948	33511	31042
法国	France	19389	13190	17841	18980	15960	17762
西班牙	Spain	10455	13408	20098	21649	18916	24514
比利时	Belgium	14761	14099	10836	11347	12681	13905
中国	China	2003	1635	1673	2178	2661	11772
日本	Japan	103579	122658	133241	149441	155145	158534
印度	India	4900	8870	19624	20927	20548	24804
俄罗斯	Russian Fed.	53210	22734	16044	25518	27820	20994
波兰	Poland	560	1497	2361	1452	1878	2767

附录2－15 原油、液化天然气进口量
IMPORT OF CRUDE OIL AND NGL

单位:千吨 (1000 ton)

国别	Country or Territory	1990	1995	1999	2000	2001	2002
世界总计	**World**	**1404920**	**1737726**	**1930644**	**2038055**	**2056612**	**2036871**
加拿大	Canada	26547	30041	41803	46185	45663	43884
美国	United States	320373	409782	493524	511411	526331	514725
英国	United Kingdom	41734	50025	44891	54387	53551	56689
德国	Germany	88060	100876	103933	103684	105171	104897
荷兰	Netherlands	49012	59824	59251	60553	60810	55236
法国	France	69566	78685	82145	85698	86362	80058
意大利	Italy	74725	82314	88150	90403	91250	89910
比利时	Belgium	25091	28949	35276	37441	35495	36637
西班牙	Spain	50630	55666	58911	58782	57833	57694
巴西	Brazil	28427	25237	23905	20301	21278	19415
日本	Japan	194623	228435	212251	217802	205312	206344
中国	China	2923	17090	36614	70265	60260	69406
印度	India	20793	26901	57805	74097	78706	81989
新加坡	Singapore	42680	51503	44435	41832	40817	40660
韩国	Korea	42242	87374	120529	123320	118896	108225

资料来源：国际能源机构年鉴《油信息》、《煤信息》2003 年。

Source: IEA, *Oil information. Coal Information*, 2003.

附录2－16 天然气进口量
IMPORT OF NATURAL GAS

单位：百万立方米 (million cu. m)

国 别	Country or Territory	1990	1995	1999	2000	2001	2002
世界总计	**World**	**307671**	**489150**	**589492**	**644160**	**666489**	**703766**
美国	United States	43910	80450	101530	107082	112614	113480
法国	France	30799	32439	40625	42850	42412	45271
比利时	Belgium	10259	12212	15799	15564	15395	15579
德国	Germany	53296	70208	76761	75767	78728	81341
意大利	Italy	31620	34314	49484	57447	54775	59291
日本	Japan	52035	59861	72151	76300	74146	72637
韩国	Korea	3633	9221	16941	18999	21041	23280
罗马尼亚	Romania	7231	5958	3153	3370	2879	3551
波兰	Poland	8372	7143	7654	8097	8782	8202
西班牙	Spain	4607	8235	15222	16934	17328	20725
土耳其	Turkey	3348	6881	12036	14380	15754	17113
哈萨克斯坦	Kazakstan		3052	2783	4218	4279	4169
俄罗斯	Russian Fed.		2735	4117	4037	4137	5000
白俄罗斯	Belarus		13531	16565	17115	17266	16642
乌克兰	Ukraine		63486	59938	59220	56937	55519

附录2－17 电力进口量
IMPORT OF ELECTRICITY

单位：百万千瓦小时 (million kW · h)

国 别	Country or Territory	1990	1995	1999	2000	2001	2002
世界总计	**World**	**311033**	**320861**	**446397**	**497561**	**495050**	**522800**
加拿大	Canada	17781	7422	14828	15342	16116	13775
美国	United States	22506	45323	42923	48592	38478	35444
比利时	Belgium	4785	9398	9059	11645	15818	16658
英国	United Kingdom	11990	16336	14507	14308	10663	9182
德国	Germany	31831	39735	40500	45134	45779	46886
意大利	Italy	35577	38662	42539	44831	48926	51520
奥地利	Austria	6838	7287	11608	13824	14467	15375
瑞士	Switzerland	20754	19419	21723	24330	24096	27800
荷兰	Netherlands	9679	11979	22407	22946	21492	20870
瑞典	Sweden	12909	7720	8456	18308	11135	20110
巴西	Brazil	26545	35352	42000	44200	37854	36600
俄罗斯	Russian Fed.	35038	18377	8500	8795	9798	5200
白俄罗斯	Belarus	14166	10066	9900	9975	10989	10100
乌兹别克	Uzbelkistan	16472	14500	4500	4722	4861	6400
乌克兰	Ukraine	15553	9726	3000	2679	2137	5500

资料来源：国际能源机构《能源统计》、《气信息》2003年。

Source: IEA, *Energy Statistics of OECD and No－OECD Countries*, *Gas Information*, 2003.

附录 2－18　硬煤出口量
EXPORT OF HARD COAL

单位：千吨　　　　　　　　　　　　　　　　　　　　　　　　　　　　　　　　　　　　　　　（1000 ton）

国　别	Country or Territory	1990	1995	1999	2000	2001	2002
世界总计	**World**	**400699**	**493425**	**544865**	**599259**	**668089**	**640349**
加拿大	Canada	31000	33993	33539	32082	30376	26813
美　国	United States	95912	80329	53001	53006	44066	34566
英　国	United Kingdom	2307	859	761	661	550	534
德　国	Germany	5512	1850	212	279	106	50
法　国	France	585	392	78	89	86	123
比利时	Belgium	724	818	1156	1485	1886	1971
波　兰	Poland	28065	31868	24102	23245	23029	22623
俄罗斯	Russian Fed.	56051	26263	27709	36737	41553	45109
澳大利亚	Australia	104014	136402	169926	177174	192749	197855
中　国	China	17290	28617	37437	55057	90125	85740
印　度	India	100	89	1156	1292	1903	1693
越　南	Vietnam	745	2821	3260	3400	4290	4799
印度尼西亚	Indonesia	4860	31319	55318	55418	66281	73001
朝　鲜	Korea D. P. Rep.	500	400	356	360	300	350
哥伦比亚	Colombia	13505	18274	29932	35614	39074	34369

附录 2－19　原油、液化天然气出口量
EXPORT OF CRUDE OIL AND NGL

单位：千吨　　　　　　　　　　　　　　　　　　　　　　　　　　　　　　　　　　　　　　　（1000 ton）

国　别	Country or Territory	1990	1995	1999	2000	2001	2002
世界总计	**World**	**1418809**	**1692983**	**1859034**	**1993596**	**1972015**	**1918197**
加拿大	Canada	36626	58666	69418	76156	74495	79540
墨西哥	Mexico	67056	70781	83063	91611	92740	94746
英　国	United Kingdom	55219	84577	91797	92918	86918	86812
挪　威	Norway	68066	125736	136323	146172	151426	139684
委内瑞拉	Venezuela	55227	99538	106651	113085	107144	110092
阿尔及利亚	Algeria	31456	30827	34614	37332	35955	40286
利比亚	Libya	55130	53138	46351	49811	47900	44004
尼日利亚	Nigeria	75556	85521	99979	110453	108423	91634
伊　朗	Iran	110000	121021	97906	107659	107842	94585
阿　曼	Oman	30506	40244	44426	47114	47790	44152
沙特阿拉伯	Saudi Arabia	248703	336766	301412	324906	309594	288878
阿联酋	United Arab Emirates	101775	91147	86887	91734	87518	79109
中　国	China	23990	18227	7167	10306	7550	7665
印度尼西亚	Indonesia	39171	40455	37226	29098	31697	28112

资料来源：国际能源机构《油信息》、《煤信息》2003 年。

Source：IEA，*Oil Information*、*Coal Information*，2003.

附录 2－20 天然气出口量
EXPORT OF NATURAL GAS

单位:百万立方米 (million cu. m)

国别	Country or Territory	1990	1995	1999	2000	2001	2002
世界总计	**World**	**305341**	**494219**	**591561**	**647765**	**663277**	**695457**
加拿大	Canada	41257	79114	95121	101246	108176	106232
荷兰	Netherlands	32251	40672	38106	41418	49556	52529
挪威	Norway	27682	27598	45499	48631	50328	56260
美国	United States	2467	4364	4627	6901	10570	14618
澳大利亚	Australia	2933	9164	10118	10252	9744	10300
阿联酋	United Arab Emirates	3264	6893	6991	6932	8168	8031
阿尔及利亚	Algeria	37015	39665	63763	65255	59887	59980
文莱	Brunei	7701	7926	7777	8253	8497	8629
印度尼西亚	Indonesia	30155	33444	39032	36383	32193	35147
马来西亚	Malaysia	10857	13074	18359	19008	18987	18574
土库曼斯坦	Turkmenistan		22054	9723	33700	37386	39391
哈萨克斯坦	Kazakstan		2566	4245	5221	5538	5538
俄罗斯	Russia		190664	205354	193850	180871	190000
乌兹别克	Uzbelkistan		5624	4533	5649	5746	4597
玻利维亚	Bolivia	2560	2387	1042	2121	3525	4800

附录 2－21 电力出口量
EXPORT OF ELECTRICITY

单位:百万千瓦小时 (million kW · h)

国别	Country or Territory	1990	1995	1999	2000	2001	2002
世界总计	**World**	**308854**	**324030**	**442603**	**497571**	**487362**	**509300**
加拿大	Canada	18236	43444	43379	50983	39244	32881
美国	United States	20526	9146	14221	14678	18173	16295
奥地利	Austria	7298	9757	13507	15192	14252	14676
法国	France	52112	72701	68700	73174	72861	79900
德国	Germany	31115	34911	39500	42077	42122	43915
挪威	Norway	16241	8966	8775	20529	7174	15002
瑞典	Sweden	14677	9401	15938	13630	18454	14754
瑞士	Switzerland	22862	26690	31952	31400	34540	32308
巴拉圭	Paraguay	25018	37828		47385	39137	41800
中国	China	90	6025	9150	9878	10191	9700
波兰	Poland	11478	7157	8426	9663	11035	11537
塔吉克斯坦	Kyrgyzstan	7200	8355		3153	1637	1100
俄罗斯	Russian Fed.	39551	37982	24580	22850	25659	18100
乌兹别克	Uzbelkistan	18629	14199	5000	4722	4861	5000
乌克兰	Ukraine	43881	12678	7000	6528	5196	8600

资料来源:国际能源机构《能源统计》、《气信息》2003 年。

Source: IEA, *Energy Statistics of OECD and No－OECD Countries*, *Gas Information*, 2003.

附录2－22　主要高耗能产品单位能耗中外比较
ENERGY CONSUMPTION FOR MAIN ENERGY INTENSIVE PRODUCTS BY COMPARING CHINA WITH SELECTED COUNTRIES

1. 原煤耗电　Electricity Consumption for Coal

单位：千瓦小时/吨　(kW · h/tn)

国　家	Country	1980	1991	1994
中国①	China	24.27	29.82	31.19
英国②	United Kingdom	61.43	61.13	30.07
美国②	United States	20.26	17.45	16.99

资料来源(Source)：1. UN. Annual Bulletin of Electric Energy Statistics 1994.

2.〔USA〕Coal Data 1996, The National Mining Association, June, 1996

①国有重点煤矿(key state－owned coal mines).

②商品煤,占原煤比例美国86%，英国72%(commercial coal, as % of raw coal: USA 86%, UK 72%).

2. 发电厂自用电率　Rate of Electricity Used by Power Plant

单位：%　(%)

国　家	Country	1990	1995	1997	1998
中国（6MW及以上机组）	China(over 6MW)	6.90	6.78	6.80	6.66
欧盟平均	Average European	5.29	5.26	5.11	5.07

资料来源(Source)：1. European Commission, 1999 Annual Energy Review, Jan. 2000.

3. 乙烯综合能耗　Fully Energy Consumption for Ethylene

单位：千克标准煤/吨　(kgce/tn)

国家	Country	1980	1990	1995	2000	2003
中国	China	2013	1580	1277	1212	889.8
日本	Japan	1100	857	870	714	629.0

资料来源(Source)：〔日〕节能总览，通产资料调查会

(Japan) Energy Conservation

4. 火电厂供电标准煤耗　Coal Consumption for Power Supply (Thermalpower Plant)

单位：克/千瓦小时　(gce/kW · h)

国家	Country	1980	1985	1990	1995	1999	2000	2001	2003
中国（6MW及以上机组）	China(over 6MW)	448	431	427	412	399	392	385	380
美国	United States	378	376	373	376				
日本③	Japan	339	338	332	331	316		314	312

资料来源(Source)：

1. 日本电气事业手册(Japan Electricity Handbook, 2002)。

③ 九大电力公司平均(average level of 9 large electricity company)。

续表 continued

5. 吨钢可比能耗 Energy Consumption for Steel Production

单位：千克标煤/吨 (kgce/tn)

国家	Country	1980	1985	1990	1995	2000	2003 年
中国（重点企业）	China(key enterprises)	1201	1062	997	976	781	726
日本	Japan	705	640	629	656	646	646
美国	United States	880	761	757			
英国	United Kingdom	794	721	677	721（1994 年）		
法国	France	826	764	707	735（1994 年）		

资料来源(Source)：1. 日本能源学会志，2001，No. 7.

2.〔日〕铁钢界

3. World Energy Council，Energy Efficiency Improvement Utilising High Technology.

6. 合成氨综合能耗(大型装置) Fully Energy Consumption for Sythetic Ammonia

单位：千克标准煤/吨 (kgce/tn)

国家	Country	1980	1990	1995	1998	2000
中国	China	1431	1343	1284	1352	1200
美国	United States	1320	1000	970	970	970

资料来源（Source)：1.〔USA〕Hydrocarbon Processing.

2.〔USA〕Chemical Engineering，Progress.

7. 水泥综合能耗 Fully Energy Consumption for Cement

单位：千克标准煤/吨 (kgce/tn)

国家	Country	1980	1985	1990	1995	2000	2003 年
中国（大中型企业）	China(large，medium)	218.8	208.0	201.0	199.2	181.0	181.0
日本	Japan	135.7	123.4	122.6	124.4	125.7	128.4

资料来源(Source)：1. 日本能源学会志，2001，No. 7.

8. 铁路货运综合能耗 Fully Energy Consumption for Railway Freight Traffic

单位：千克标准煤/万吨公里 ($kgce/10^4$ tn · km)

国家	Country	1980	1985	1990	1995	2000
中国	China	147.4	118.7	84.2	74.0	72.5
日本	Japan	122.9	125.7	85.7	87.1	90.0

资料来源(Source)：日本能源经济统计手册。

Handbook of energy and economic statistics in Japan.

9. 载货汽车运输耗油 Oil Consumption for Trucks

单位：升/百吨公里 ($l/10^2$tn · km)

国家	Country	1980	1985	1990	1995	2000
中国	China					
汽油车	Gasoline Trucks	8.70	7.70	7.10	7.06	
柴油车	Diesel Oil Trucks	6.20	5.80	4.80	4.82	
美国	United States	3.43	3.36	3.50	3.54	

资料来源(Source)：〔USA〕DOE/EIA，*Annual Energy Outlook* 1997，Nov. 1996 .

附录 3　主要统计指标解释

Appendix Ⅲ Explanatory Notes of Main Statistical Indicators

主要统计指标解释

国内生产总值 是按市场价格计算的国内生产总值的简称。国内生产总值及其产业构成的资料,是由国家统计局国民经济核算司根据不同产业部门的特点和资料来源情况而采用不同的方法计算的,有的部门以生产法计算增加值为准,有的部门以收入法计算的增加值为准,最后将各产业部门增加值求和得到国内生产总值的标准数据。按支出法计算的国内生产总值等于总消费、总投资、货物和服务净出口之和,它与按上述方法计算的国内生产总值不相等,两者的差率一般在 ±3% 以内。

三次产业 根据社会生产活动历史发展的顺序对产业结构的划分,产品直接取自自然界的部门称为第一产业。对初级产品进行再加工的部门称为第二产业。为生产和消费提供各种服务的部门称为第三产业。它是世界上通用的产业结构分类,但各国的划分不尽一致。我国的三次产业划分是:

第一产业:农业(包括种植业、林业、牧业、副业和渔业)

第二产业:工业(包括采掘业、制造业、自来水、电力、蒸汽、热水、煤气)和建筑业。

第三产业:除第一、第二产业以外的其他行业。

能源生产总量 指一定时期内全国(地区)一次能源生产量的总和,是观察全国(地区)能源生产水平、规模、过程构成和发展速度的总量指标。一次能源生产量包括原煤、原油、天然气、水电及其他动力能(如风能、地热能等)发电量。不包括低热值燃料生产量、生物质能、太阳能等的利用和由一次能源加工转换而成的二次能源产量。

能源消费总量 指一定时期内全国(地区)各行业和居民生活消费的各种能源的总观察能源消费水平、构成和增长速度的总量指标。能源消费总量包括原煤、原油及其制品、天然气、电力。不包括低热值燃料、生物质能和太阳能等的利用。能源消费总量分为三部分,即终端能源消费量、能源加工转换损失量和损失量。

(1)终端能源消费量 指一定时期内全国(地区)各行业和居民生活消费的各种能源在扣除了用于加工转换二次能源消费量和损失量以后的数量。

(2)能源加工转换损失量 指一定时期内全国(地区)投入加工转换的各种能源数量之和与产出各种能源产品之和的差额。它是观察能源在加工转换过程中损失量变化的指标。

(3)能源损失量 指一定时期内能源在输送、分配、储存过程中发生的损失和由客观原因造成的各种损失量。不包括各种气体能源放空、放散量。

能源生产弹性系数 是研究能源生产量的增长与国民经济增长之间关系的指标。计算公式:

$$能源生产弹性系数 = \frac{能源生产总量年平均增长速度}{国民经济年平均增长速度}$$

本资料采用国内生产总值指标计算国民经济年平均增长速度。

电力生产弹性系数 是研究电力生产量的增长与国民经济增长之间关系的指标。计算公式：

$$电力生产弹性系数 = \frac{电力生产量年平均增长速度}{国民经济年平均增长速度}$$

能源消费弹性系数 是反映能源消费增长速度与国民经济增长速度之间比例关系的指标。计算公式：

$$能源消费弹性系数 = \frac{能源消费总量年平均增长速度}{国民经济年平均增长速度}$$

电力消费弹性系数 是反映电力消费增长速度与国民经济增长速度之间比例关系的指标。计算公式：

$$电力消费弹性系数 = \frac{电力消费量年平均增长速度}{国民经济年平均增长速度}$$

能源加工转换效率 指一定时期内能源经过加工转换后,产出的各种能源产品的数量与投入加工转换的各种能源数量的比率。它是观察能源加工转换装置和生产工艺先进与落后、管理水平高低等的重要指标。计算公式：

$$能源加工转换效率 = \frac{加工转换产出量}{加工转换投入量} \times 100\%$$

Explanatory Notes on Main Statistical Indicators

Gross Domestic Products(GDP) refers to gross domestic products calculated at market price. The data on GDP and its industrial composition are calculated by the Department of National Economic Accounting, State Statistical Bureau (SSB) with various approaches in the light of the features of various sectors and the data sources. The value added in some sectors is calculated with the production approach. The value added in other sectors is calculated with the income approach. Finally, the GDP is the result of the sum of the value added of various sectors. This is the standard data of GDP. The GDP calculated with the expenditure approach equals to the sum of total consumption, total investment and the net export of goods and services. However, it is not equal to the GDP calculated with the method mentioned above. The difference between the two figures is generally within ±3%.

Three Industries: Industry structure has been classified according to the sequence of historical development of social production activities. Primary industry refers to extraction of natural resources; secondary industry involves processing of primary products; and tertiary industry provides services of various kinds for production and consumption. The above classification is universal although it to some extent from country to country. Industry classification in China comprises:

Primary Industry: agriculture (including farming, forestry, animal husbandry, sideline production and fishery).

Secondary Industry: industry (including mining and quarrying, manufacturing, water supply, electricity generation and supply, steam, hot water, gas) and construction.

Tertiary Industry: all other industries not included in primary and secondary industry.

Total Energy Productionrefers to the total production of primary energy by all energy producing enterprises in the country (region) in a given period of time. It is a comprehensive indicator to show the capacity, scale, composition and development of energy production of the country (region). The production of primary energy includes that of coal, crude oil, natural gas, hydro power and electricity generated by other means such as wind power and geothermal power. However, it excludes the production of fuels of low calorific value, bioenergy, solar energy and the secondary energy converted from the primary energy.

Total Energy Consumption refer to the total consumption of energy of various kinds by industry and residential in the country (region) in a given period of time. The total energy consumption includes that of coal, crude oil and their products, natural gas and electricity. However, it excludes the consumption of fuel of low calorific value, bioenergy and other non – commercial energy. Total energy consumption can be divided into three parts:

(1) **Final Energy Consumption:** refers to the total energy consumption by industry and residential in the country (region) in a given period of time, but excludes the consumption in conversion of the primary energy into the secondary energy and the loss in the process of energy transformation.

(2) **Loss During Energy Transformation:** refers to the total input of various kinds of energy for transformation, minus the total output of various kinds of energy in the country in a given period of time. It is an indicator to show the loss that occurs during the process of energy transformation.

(3) **Loss:** refers to the total of the loss of energy during the course of energy transport, distribution and storage and the loss caused by any objective reason in a given period of time. The loss of various kinds of gas due to gas discharges and stocktaking is excluded.

Elasticity of Energy Production: is an indicator to show the relationship between the growth rate of energy production and the growth rate of the national economy. The formula is:

$$\text{Elasticity of Energy Production} = \frac{\text{average annual growth rate of energy production}}{\text{average annual growth rate of national economy}}$$

The gross domestic products (GDP) is used to calculate the growth rate of national economy in this book.

Elasticity of Electricity Production: is an indicator to show the relationship between the growth rate of electricity production and the growth rate of the national economy. The formula is:

$$\text{Elasticity of Electricity Production} = \frac{\text{average annual growth rate of electricity production}}{\text{average annual growth rate of national economy}}$$

Elasticity of Energy Consumption: is an indicator to show the relationship between the growth rate of energy consumption and the growth rate of the national economy. The formula is:

$$\text{Elasticity of Energy Consumption} = \frac{\text{average annual growth rate of energy consumption}}{\text{average annual growth rate of national economy}}$$

Elasticity of Electricity Consumption: is an indicator to show the relationship between the growth rate of electricity consumption and the growth rate of the national economy. The formula is:

$$\text{Elasticity of Electricity Consumption} = \frac{\text{average annual growth rate of electricity consumption}}{\text{average annual growth rate of national economy}}$$

Efficiency of Energy Transformation: refers to the ratio of the total output of energy products after transformation and the total input of energy for transformation in the same reference period. It is an indicator to show the current conditions of energy processing and conversion equipment, production technique and management. The formula is:

$$\text{Efficiency of Energy Transformation} = \frac{\text{output of energy from transformation}}{\text{input of energy for transformation}} \times 100\%$$

附录4　各种能源折标准煤参考系数

Appendix Ⅳ Conversion Factors from Physical Units to Coal Equivalent

各种能源折标准煤参考系数

能源名称	平均低位发热量	折标准煤系数
原煤	20908 千焦/(5000 千卡)/千克	0.7143 千克标准煤/千克
洗精煤	26344 千焦/(6300 千卡)/千克	0.9000 千克标准煤/千克
其它洗煤		
洗中煤	8363 千焦/(2000 千卡)/千克	0.2857 千克标准煤/千克
煤泥	8363 ~ 12545 千焦/(2000 ~ 3000 千卡)/千克	0.2857 ~ 0.4286 克标准煤/千克
焦炭	28435 千焦/(6800 千卡)/千克	0.9714 千克标准煤/千克
原油	41816 千焦/(10000 千卡)/千克	1.4286 千克标准煤/千克
燃料油	41816 千焦/(10000 千卡)/千克	1.4286 千克标准煤/千克
汽油	43070 千焦/(10300 千卡)/千克	1.4714 千克标准煤/千克
煤油	43070 千焦/(10300 千卡)/千克	1.4714 千克标准煤/千克
柴油	42652 千焦/(10200 千卡)/千克	1.4571 千克标准煤/千克
液化石油气	50179 千焦/(12000 千卡)/千克	1.7143 千克标准煤/千克
炼厂干气	46055 千焦/(11000 千卡)/千克	1.5714 千克标准煤/千克
天 然 气	38931 千焦/(9310 千卡)/立方米	1.3300 千克标准煤/立方米
焦炉煤气	16726 ~ 17981 千焦/(4000 ~ 4300 千卡)/立方米	0.5714 ~ 0.6143 千克标准煤/立方米
其它煤气		
发生炉煤气	5227 千焦/(1250 千卡)/立方米	0.1786 千克标准煤/立方米
重油催化裂解煤气	19235 千焦/(4600 千卡)/立方米	0.6571 千克标准煤/立方米
重油热裂解煤气	35544 千焦/(8500 千卡)/立方米	1.2143 千克标准煤/立方米
焦炭制气	16308 千焦/(3900 千卡)/立方米	0.5571 千克标准煤/立方米
压力气化煤气	15054 千焦/(3600 千卡)/立方米	0.5143 千克标准煤/立方米
水煤气	10454 千焦/(2500 千卡)/立方米	0.3571 千克标准煤/立方米
煤焦油	33453 千焦/(8000 千卡)/千克	1.1429 千克标准煤/千克
粗苯	41816 千焦/(10000 千卡)/千克	1.4286 千克标准煤/千克
热力(当量)		0.03412 千克标准煤/百万焦耳 (0.14286 千克标准煤/1000 千卡)
电力(当量)	3596 千焦/(860 千卡)/千瓦小时	0.1229 千克标准煤/千瓦小时
(等价)	按当年火电发电标准煤耗计算	
生物质能		
人粪	18817 千焦/(4500 千卡)/千克	0.643 千克标准煤/千克
牛粪	13799 千焦/(3300 千卡)/千克	0.471 千克标准煤/千克
猪粪	12545 千焦/(3000 千卡)/千克	0.429 千克标准煤/千克
羊、驴、马、骡粪	15472 千焦/(3700 千卡)/千克	0.529 千克标准煤/千克
鸡粪	18817 千焦/(4500 千卡)/千克	0.643 千克标准煤/千克
大豆秆、棉花秆	15890 千焦/(3800 千卡)/千克	0.543 千克标准煤/千克
稻秆	12545 千焦/(3000 千卡)/千克	0.429 千克标准煤/千克
麦秆	14635 千焦/(3500 千卡)/千克	0.500 千克标准煤/千克
玉 米 秆	15472 千焦/(3700 千卡)/千克	0.529 千克标准煤/千克
杂草	13799 千焦/(3300 千卡)/千克	0.471 千克标准煤/千克
树叶	14635 千焦/(3500 千卡)/千克	0.500 千克标准煤/千克
薪柴	16726 千焦/(4000 千卡)/千克	0.571 千克标准煤/千克
沼气	20908 千焦/(5000 千卡)/立方米	0.714 千克标准煤/立方米

Conversion Factors from Physical Unit to Coal Equivalent

Energy	Average Low Calorific Value	Conversion Factor
Raw Coal	20 908 kJ/(5 000 kcal)/kg	0.7143 kgce/kg
Cleaned Coal	26 344 kJ/(6 300 kcal)/kg	0.9000 kgce/kg
Other Washed Coal		
Middlings	8 363 kJ/(2 000 kcal)/kg	0.2857 kgce/kg
Slimes	8 363 ~ 12 545 kJ/(2 000 ~ 3 000kcal)/ kg	0.2857 ~ 0.4286 kgce/kg
Coke	28 435 kJ/(6 800 kcal)/kg	0.9714 kgce/kg
Crude Oil	41 816 kJ/(10 000 kcal)/kg	1.4286 kgce/kg
Fuel Oil	41 816 kJ/(10 000 kcal)/kg	1.4286 kgce/kg
Gasoline	43 070 kJ/(10 300 kcal)/kg	1.4714 kgce/kg
Kerosene	43 070 kJ/(10 300 kcal)/kg	1.4714 kgce/kg
Diesel	42 652 kJ/(10 200 kcal)/kg	1.4571 kgce/kg
Liquefied Petroleum Gas	50 179 kJ/(12 000 kcal)/kg	1.7143 kgce/kg
Refinery Gas	46055 kJ/(11 000 kcal)/kg	1.5714 kgce/kg
Natural Gas	38 931kJ/(9 310 kcal)/cu. m	1.3300 kgce / cu. m
Coke Oven Gas	16 726 ~ 17 981kJ/(4 000 ~ 4 300kcal)/ cu. m	0.5714 ~ 0.6143 kgce / cu. m
Other Coal Gas		
By Gas Furnace	5 227 kJ/(1 250 kcal)/cu. m	0.1786 kgce / cu. m
By Heavy Oil Catalytic Cracking	19 235 kJ/(4 600 kcal)/cu. m	0.6571 kgce / cu. m
By Heavy Oil Thermal Cracking	35 544 kJ/(8 500 kcal)/cu. m	1.2143 kgce / cu. m
Coke Gas	16 308 kJ/(3 900 kcal)/cu. m	0.5571 kgce / cu. m
By Pressure Gasification	15 054 kJ/(3 600 kcal)/cu. m	0.5143 kgce / cu. m
Water Coal Gas	10 454 kJ/(2 500 kcal)/cu. m	0.3571 kgce / cu. m
Coal Tar	33 453 kJ/(8 000 kcal)/kg	1.1429 kgce/kg
Benzene	41 816 kJ/(10 000 kcal)/kg	1.4286 kgce/kg
Heat (in calorific value)		0.03412 kgce / MJ(0.14286 kgce / 1000 kcal)
Electricity (in calorific value)	3 596 kJ/(860 kcal)/kW · h	0.1229 kgce / kW · h
(in coal equivalent)	calculated by average coal input for thermal power generation in the year	
Biomass Energy		
Night Soil	18 817 kJ/(4 500 kcal)/kg	0.643 kgce/kg
Cow Dung	13 799 kJ/(3 300 kcal)/kg	0.471 kgce/kg
Pig Dung	12 545 kJ/(3 000 kcal)/kg	0.429 kgce/kg
Sheep/Donkey/Horse/Mule Dung	15 472 kJ/(3 700 kcal)/kg	0.529 kgce/kg
Poultry Manure	18 817 kJ/(4 500 kcal)/kg	0.643 kgce/kg
Soybean Stalk, Cotton Stalk	15 890 kJ/(3 800 kcal)/kg	0.543 kgce/kg
Paddy Stalk	12 545 kJ/(3 000 kcal)/kg	0.429 kgce/kg
Wheat stalk	14 635 kJ/(3 500 kcal)/kg	0.500 kgce/kg
Maize Stalk	15 472 kJ/(3 700 kcal)/kg	0.529 kgce/kg
Fireweed	13 799 kJ/(3 300 kcal)/kg	0.471 kgce/kg
Leaves	14 635 kJ/(3 500 kcal)/kg	0.500 kgce/kg
Firewood	16 726 kJ/(4 000 kcal)/kg	0.571 kgce/kg
Biogas	20 908 kJ/(5 000 kcal)/cu. m	0.714 kgce/cu. m